高等院校经济管理类专业规划教材
普通高等教育精品课程教材

国际贸易理论与实务

李铮 李刚 刘波 主编

郝伟 孟秀丽 刘兴荣
李滨 李琳 杨国栋 副主编

中国农业出版社
北京

目　　录

第一章　导　　论

学习目标：

了解国际贸易的产生和发展；
掌握有关国际贸易的基本概念；
掌握国际贸易的分类。

引例：

据海关统计，2009 年我国对外贸易进出口总值为 22 072.7 亿美元，比 2008 年（下同）下降 13.9%，略高于 2007 年的贸易总值。其中，出口 12 016.7 亿美元，下降 16%；进口 10 056 亿美元，下降 11.2%。全年贸易顺差 1 960.7 亿美元，减少 34.2%。在与主要贸易伙伴的双边贸易中，2009 年欧盟成为我国第一大贸易伙伴，中欧双边贸易总值为 3 640.9 亿美元，下降 14.5%。同期，美国成为我国第二大贸易伙伴，中美双边贸易总值为 2 982.6 亿美元，下降 10.6%。日本占据第三大贸易伙伴的位置，2009 年中日双边贸易总值为 28.5 亿美元，同比下降 14.2%。

在进出口商品中，出口商品总值、出口量均下降，纺织品出口 599.7 亿美元，下降 8.4%；服装出口 1 070.5 亿美元，下降 11%；鞋类出口 280.2 亿美元，下降 5.7%；家具及零件出口 253.3 亿美元，下降 6%。进口商品总值下降，主要大宗商品进口量均有不同程度增长，其中矿砂进口 6.3 亿吨，增长 41.6%，进口均价为每吨 79.9 美元，下跌 41.7%；原油进口 2 亿吨，增长 139%，进口物价为每吨 438 美元，下跌 39.4%；大豆进口 4 256 万吨，增长 13.7%，出口均价为每吨 41.5 美元，下跌 24.3%。全年进口机电产品 49 147 亿美元，下降 8.7%，其中进口汽车 41.9 万辆，增长 2.8%。

思考：根据上述统计数据，分析 2009 年中国对外贸易处于何种发展状况。

第一节　国际贸易的产生和发展

国际贸易是在人类社会生产力发展到一定的阶段时才产生和发展起来的，它是一个历史范畴。国际贸易的产生必须具备两个基本的条件，一是要有国家的存在，二是产生了对国际分工的需要，而国际分工只有在社会分工和私有制的基础上才可能形成。这些条件不是人类社会一产生就有的，而是随着社会生产力的不断发展和社会分工的不断扩大而逐渐形成的。

小知识

人类历史上的三次社会大分工

第一次大分工：畜牧业与农业的分工。出现了偶然的物物交换。

第二次大分工：手工业从农业中分离出来。出现了直接以交换为目的的生产，即商品生产。

第三次大分工：商业从手工业和农牧业中分离出来。出现了商品和专门从事贸易的商人。原始社会末期出现了阶级和国家。商品交换一旦超出国家界限，就出现了对外商品交换的萌芽。

一、原始社会的贸易

在原始社会初期，人类的祖先结伙群居，打鱼捕兽，生产力水平极度低下，人们处于自然分工状态，劳动成果仅能维持群体最基本的生存需要，没有剩余产品用以交换，因此谈不上有对外贸易。

人类历史的第一次社会大分工，即畜牧业和农业的分工，促进了原始社会生产力的发展，产品除维持自身需要以外，还有少量的剩余。人们为了获得本群体不生产的产品，便出现了氏族或部落之间用剩余产品进行原始的物物交换。当然，这种交换还是极其原始并偶然发生的物物交换。

在漫长的年代里，随着社会生产力的继续发展，手工业从农业中分离出来成为独立的部门，形成了人类社会第二次大分工。由于手工业的出现，便产生了直接以交换为目的的生产——商品生产。当产品是专门为满足别人的需要而生产时，商品交换就逐渐成为一种经常性的活动。随着商品生产和商品交换的扩大，出现了货币，于是，商品交换就变成了以货币为媒介的商品流通。这样就进一步促使私有制和阶级的形成。由于商品交换的日益频繁和交换的地域范围不断扩大，又产生了专门从事贸易的商人阶层。第三次社会大分工使商品生产和商品流通进一步扩大。商品生产和流通更加频繁和广泛，从而阶级和国家相继形成。于是，到原始社会末期，商品流通开始超越国界，这就产生了对外贸易。

人类社会三次大分工，每次都促进了社会生产力的发展和剩余产品的增加，同时也促进了私有制的发展和奴隶制的形成。在原始社会末期和奴隶社会初期，随着阶级和国家的出现，商品交换超出了国界，国家之间的贸易便产生了。可见，在社会生产力和社会分工发展的基础上，商品生产和商品交换的扩大，以及国家的形成，是国际贸易产生的必要条件。

二、奴隶社会的国际贸易

在奴隶社会，自然经济占主导地位，其特点是自给自足，生产的目的主要是为了消费，而不是为了交换。奴隶社会虽然出现了手工业和商品生产，但在一国整个社会生产中显得微不足道，进入流通的商品数量很少。同时，由于社会生产力水平低下和生产技术落后，交通工具简陋，道路条件恶劣，严重阻碍了人与物的交流，对外贸易局限在很小的范围内，其规模和内容都受到很大的限制。

奴隶社会是奴隶主占有生产资料和奴隶的社会，奴隶社会的对外贸易是为了奴隶主阶级服务的。当时，奴隶主拥有财富的重要标志是其占有奴隶的多少，因此奴隶社会国际贸易中的主要商品是奴隶。据记载，希腊的雅典就曾经是一个贩卖奴隶的中心。此外，粮食、酒及其他专供奴隶主阶级享用的奢侈品，如宝石、香料和各种织物等也都是当时国际贸易中的重要商品。

奴隶社会时期从事国际贸易的国家主要有腓尼基、希腊、罗马等，这些国家在地中海东部和黑海沿岸地区主要从事贩运贸易。我国在夏商时代进入奴隶社会，贸易集中在黄河流域沿岸各国。

对外贸易在奴隶社会经济中不占有重要的地位，但是它促进了手工业的发展，奴隶贸易成为奴隶主经常补充奴隶的重要来源。

三、封建社会的国际贸易

封建社会时期的国际贸易比奴隶社会时期有了较大的发展。在封建社会早期，封建地租采取劳役和实物的形式，进入流通领域的商品并不多。到了中期，随着商品生产的发展，封建地租转变为货币地租的形式，商品经济得到进一步的发展。在封建社会晚期，随着城市手工业的发展，资本主义因素已孕育生产，商品经济和对外贸易都有较快的发展。

在封建社会，封建地主阶级占统治地位，对外贸易是为封建地主阶级服务的。奴隶贸易在国际贸易中基本消失。参加国际贸易的主要商品，除了奢侈品以外，还有日用手工业品和食品，如棉织品、地毯、瓷器、谷物和酒等。这些商品主要是供国王、君主、教堂、封建地主和部分富裕的城市居民享用的。

在封建社会，国际贸易的范围明显扩大。亚洲各国之间的贸易由近海逐渐扩展到远洋。早在西汉时期，中国就开辟了从长安经中亚通往西亚和欧洲的陆路商路——丝绸之路，把中国的丝绸、茶叶等商品输往西方各国，换回良马、种子、药材和饰品等。到了唐朝，除了陆路贸易外，还开辟了通往波斯湾以及朝鲜和日本等地的海上贸易。在宋、元时期，由于造船技术的进步，海上贸易进一步发展。在明朝永乐年间，郑和曾率领商船队七次下“西洋”，经东南亚、印度洋到达非洲东岸，先后访问了30多个国家，用中国的丝绸、瓷器、茶叶、铜铁器等同所到的国家进行贸易，换回各国的香料、珠宝、象牙和药材等。

在欧洲，封建社会的早期阶段，国际贸易主要集中在地中海东部。在东罗马帝国时期，君士坦丁堡是当时最大的国际贸易中心。公元7—8世纪，阿拉伯人控制了地中海的贸易，通过贩运非洲的象牙、中国的丝绸、远东的香料和宝石，成为欧、亚、非三大洲的贸易中间商。11世纪以后，随着意大利北部和波罗的海沿岸城市的兴起，国际贸易的范围逐步扩大到整个地中海以及北海、波罗的海和黑海的沿岸地区。当时，南欧的贸易中心是意大利的一些城市，如威尼斯、热那亚等，北欧的贸易中心是汉撒同盟的一些城市，如汉堡、卢卑克等。

综上所述，资本主义社会以前的国际贸易是为奴隶主和封建地主阶级利益服务的。随着社会生产力的提高，以及社会分工和商品生产的发展，国际贸易不断扩大。但是，由于受到生产方式和交通条件的限制，商品生产和流通的主要目的是为了满足剥削阶级奢侈生活的需要，贸易主要局限于各洲之内和欧亚大陆之间，国际贸易在奴隶社会和封建社会经济中都不占有重要的地位，贸易的范围和商品品种都有很大的局限性，贸易活动也不经常发生。那么，15世纪的“地理大发现”及由此产生的欧洲各国的殖民扩张则大大发展了各洲之间的贸易，从而开始了真正意义上的“世界贸易”，而到了资本主义社会国际贸易才获得了广泛的发展。

四、资本主义时期的国际贸易

15世纪末期至16世纪初，哥伦布发现新大陆，达·伽马从欧洲经由好望角到达亚洲，麦哲伦完成环球航行，这些地理大发现对西欧经济发展和全球国际贸易产生了十分深远的影响。大批欧洲冒险家前往非洲和美洲进行掠夺性贸易，运回大量金银财富，甚至还开始买卖黑人的罪恶勾当，同时还将这些地区沦为本国的殖民地，妄图长久地保持其霸权。这样，既加速了资本原始积累，又大大推动了国际贸易的发展。西班牙、荷兰、英国之间长期战火不断，目的就是为了争夺海上霸权，说到底，就是要争夺殖民地和国际贸易的控制权。可见，国际贸易是资本主义生产方式的基础，同争夺海运和国际贸易的霸权相呼应，这些欧洲国家的外贸活动常常具有一定的垄断性质，甚至还建立了垄断性外贸公司（如英国的东印度公司）。

17世纪中期英国资产阶级革命的胜利，标志着资本主义生产方式的正式确立。随后英国夺得海上霸权，意味着它在世界贸易中占据主导地位，这就为它向外掠夺扩张铺平了道路。18世纪中期的产业革命又为国际贸易的空前发展提供着十分坚实而又广阔的物质基础。一方面，蒸汽机的发明使用开创了机器大工业时代，生产力迅速提高，物质产品大为丰富，从而真正的国际分工开始形成。另一方面，交通运输和通信联络技术和工具都有突飞猛进的发展，各国之间的距离似乎骤然变短，这就使得世界市场真正得以建立。正是在这种情况下，国际贸易有了惊人的巨大发展，并且从原先局部的、地区性的交易活动转变为全球性的国际贸易。这个时期的国际贸易，不仅贸易数量和种类有长足增长，而且贸易方式和机构职能也有创新发展。显然，国际贸易的巨大发展是资本主义生产方式发展的必然结果。

19世纪70年代后，资本主义进入垄断阶段，此时的国际贸易不可避免地带有“垄断”的特点。主要资本主义国家的对外贸易被为数不多的垄断组织所控制，由它们决定着一国对外贸易的地理方向和商品构成。垄断组织输出巨额资本，用来扩大商品输出的范围和规模。

二战后的国际贸易它们又互相勾结，建立起国际联盟组织，共同瓜分势力范围。如果说自由竞争时期的国际贸易活动还在推动资本主义生产方式发展的话，此时资本主义国际贸易则完全是为了攫取高额垄断利润，为了更有效地争夺原料产地、商品市场和投资场所。正因为这样，从全球范围来看，总的说国际贸易的范围和规模在不断扩大，国际贸易越来越成为各国经济发展的重要因素。

两次世界大战之间时期，资本主义世界爆发了三次经济危机，战争的破坏和空前的经济危机使世界工业生产极为缓慢，在1912—1938年的26年间，世界工业生产量只增长了83%，这一时期贸易保护主义显著加强，进出限制措施交互推进，螺旋上升，给国际贸易的发展设置了层层的人为障碍。因此，两次世界大战期间，国际贸易的扩大过程几乎处于停滞状态。1913—1938年，世界贸易量只增长了3%，年增长率为0.7%，世界贸易值反而减少了32%，而且这一时期，国际贸易的增长更为明显地落后于世界工业生产的增长，许多国家对外贸易的依赖性减小了。

在这一时期，国际贸易的地理格局发生了变化。第一次世界大战阻断了各国间特别是欧洲国家与海外国家间的经济贸易联系，使欧洲在国际贸易中的比重下降，而美国的比重却有了较大的增长。亚洲、非洲和拉丁美洲经济不发达国家在国际贸易中的比重亦有所上升。但在这一时期，欧洲国家仍然处于国际贸易的控制地位，因为两次世界大战间的经济危机和超保护主义政策措施在限制欧洲各国间贸易的同时，鼓励和扩大了欧洲对其他国家的贸易。

两次世界大战之间时期，国际贸易商品结构的特点表现为初级产品和制成品上。在1913—1937年的初级产品贸易中，食品和农业原料所占的比重都下降了，而燃料和其他矿产品所占比重均有增加。制成品贸易结构的突出变化使重工业品贸易所占比重显著增加和纺织品贸易比重下降。金属和化学品的国际贸易比重也有所增加，但其他轻工产品贸易比重则下降了。制成品贸易日益从消费品贸易转向资本货物贸易，半制成品贸易也稍有增加。

小知识

黑　奴　贸　易

近代殖民主义的入侵打乱了非洲正常的社会发展进程。随着资本主义的兴起，非洲成为商业性猎获黑人的场所。黑奴贸易发展成为一个专门的行业，成为一种特殊的历史现象。数以千万计的非洲黑人背井离乡，漂洋过海，被贩卖到美洲以及印度洋、亚洲由殖民者开办的种植园和矿井中工作，另一些黑人在捕奴、掠奴战争及贩运途中死去。非洲人民及其社会经济生活遭受空前浩劫。生产力遭到严重破坏。而殖民主义、资本主义制度却随着贩卖和奴役非洲黑人而兴盛起来。马克思曾指出，非洲变成商业性猎获黑人的场所，是资本原始积累的主要因素之一，标志着资本主义生产时代的曙光。后来，黑奴贸易以及美洲的黑人奴隶制又为工业革命积累了资本。因此可以说，资本主义从头到脚沾满了非洲人民的鲜血。

五、第二次世界大战后

第二次世界大战后，世界经济又一次发生了巨大变化，国际贸易再次出现了飞速增长，其速度和规模都远远超过了 19 世纪工业革命以后的贸易增长。从 1950 年到 2000 年的 50 年中，全世界的商品出口总值从约 610 亿美元增加到 61 328 亿美元，增长了将近 100 倍。即使扣除通货膨胀因素，实际商品出口值也增长了 15 倍多，远远超过了工业革命后乃至历史上任何一个时期的国际贸易增长速度。而且，世界贸易实际价值的增长速度（年平均增长 6%左右）超过了同期世界实际 GDP 增长的速度（年平均增长 3.8%左右）。这意味着国际贸易在各国的 GDP 中的比重在不断上升，国际贸易在现代经济中的地位越来越重要。

二战后国际贸易领域出现了两个不同于以前的特征：服务贸易的快速发展和电子商务的广泛应用。二战后，伴随着第三次科学技术革命的发生，各国，尤其是发达国家产业结构不断优化，第三产业急剧发展，加上资本国际化和国际分工的扩大和深化，国际服务贸易得到迅速发展。发达国家服务业占其国内生产总值比重达 2/3，其中美国已达 3/4，发展中国家服务业所占比重也达 1/2。发达国家服务业就业人数占其总就业人数比重达 2/3，发展中国家的这一比重达 1/3。随着服务业的发展，其专业化程度日益提高，经济规模不断扩大，从而效率不断提高，为国际服务贸易打下了坚实的基础。在国际贸易商品结构不断软化的过程中，国际贸易的交易手段也发生着变化。特别是 20 世纪 90 年代，随着信息技术的发展，信息、计算机等高科技手段在国际贸易上的应用，出现了电子商务这种新型的贸易手段，无纸贸易和网上贸易市场的发展方兴未艾，已经引起了全球范围的结构性商业革命。有人声称，没有 EDI，就没有订单。据统计，EDI 使商务文件传递速度提高 81%，文件成本降低 44%，文件处理成本降低 38%，由于错误信息造成的商贸损失减少 40%，市场竞争能力则提高 34%。利用国际互联网络的网上交易量也呈逐年上扬的势头。

电子商务的蓬勃发展，为企业生存注入了强大的活力。为推动我国电子商务的发展，各级外经贸部门要充分发挥掌握国际市场信息的优势，加紧研究，为实施“科技兴贸”战略发挥积极的市场导向作用。运用现代先进的电子网络技术，建立高新技术产品的信息数据库和电子交易系统，形成连接国际市场和国内高技术企业产品出口的专用信息网、交易网，使广大中、小高技术企业能够及时获得国内外高技术产业发展状况和高技术产品的供求信息，并根据这些信息，完成自己的技术创新，跻身国际市场。

随着历史的演进，科学技术的发展，国际贸易无论是其总量、规模，还是结构、形式都将逐步改变。

第二节 国际贸易的基本概念

一、国际贸易（International Trade）

国际贸易，是指不同国家或地区之间进行的商品交换活动。这里讲的商品交换是广义的，即包括有形商品和无形商品的贸易活动。既然国际贸易泛指国家与国家之间的商品交换，那么，它就既包括本国与他国之间的贸易，也包括别的国家之间的贸易。因此，从全世界范围来看，国际贸易也就是世界贸易（World Trade），一般讲的国际贸易，就是指世界贸易。

二、对外贸易（Foreign Trade）

如果从某个国家或地区的角度来看，是指该国（或地区）同别国（或地区）进行的商品交换活动。因为这是立足于一个国家的立场来看待这种商品贸易活动，所以称为对外贸易，或者也可称为“国外贸易”或“外部贸易”（External Trade）。有一些海洋岛国或者对外贸易活动主要依靠海运的国家（如英国、日本等），又很自然地将对外贸易称作“海外贸易”（Oversea

Trade)。由于对外贸易是由商品的进口和出口两部分构成的，人们有时又把它叫做“进出口贸易”或者“输出入贸易”(Import and Export Trade)。

可见，这两个概念紧密相连又有所区别，是不能被等同起来的。它们都是国际的商品交换活动，不过就其涵盖的范围而言，任何一国的对外贸易都远远不及国际贸易，它只是后者这个总体的一个组成部分，占着其中较小的份额(如我国对外贸易额目前仅为世界贸易额的3%左右)。但是，一国对外贸易只有遵循国际贸易所通行的规则和惯例，才能得以顺利进行和不断发展。从这个意义上讲，对外贸易又可视为国际贸易，所以，本章论及的国际贸易知识自然也是我国开展对外贸易活动所不可缺少的。

小知识

世界出口总额和进口总额

把世界上所有国家的进口总额或出口总额用同一种货币换算后加在一起，即得世界进口总额或世界出口总额。就国际贸易来看，一国的出口就是另一国的进口，如果把各国进出口值相加作为国际贸易总值就是重复计算。因此，一般是把各国进出口值相加，作为国际贸易值。由于各国一般都是按离岸价格(FOB，即起运港船上交货价，只计成本，不包括运费和保险费)计算出口额，按到岸价格(CIF，即成本、保险费加运费)计算进口额，因此，世界出口总额略小于世界进口总额。

三、贸易额(Value of Trade)

贸易额又叫贸易值，是用货币表示的反映贸易规模的指标。各国一般都用本国货币加以表示，但为了便于国际比较，许多国家按汇率折算成国际上通用的美元来计量。贸易额通常分为对外贸易额和国际贸易额两种。

对外贸易额是一个国家在一定时期内(如一年)出口贸易额和进口贸易额的总和。从世界范围来看，一国的出口即意味着其他国家的进口。

国际贸易额则专指世界各国出口贸易额的总和，它亦称世界贸易额。因此，计算一国对外贸易额占世界贸易额的比重时，通常只能用本国的出口贸易额与世界贸易额相比较而得出。不注意这点，则可能因重复计算而夸大了一国的国际贸易地位。同时，考虑到有关的运费和保险费等不应算作出口贸易额，世界上一般都用离岸价格(FOB)来计算出口额。只有少数国家的出口贸易额是按到岸价格(CIF)计算的。

用国际贸易额来反映一国对外贸易的规模和水平，既简洁明了，又便于国际比较，因而它最为通用。可是，如果有关货币的价值发生变动，这个指标就可能会有虚假的反映。例如，由于本国货币或者美元的汇率发生变动，同样数量的出口商品就表现为不同的出口贸易额，有时这个差额还相当巨大。

四、国际贸易量（Quantity of Trade）

国际贸易量是用进出口商品的计量单位（如数量、重量等）表示的反映贸易规模的指标。按照实物计量单位进行计算，可以剔除价格变动等因素带来的虚假成分，更准确地反映实际贸易情况。贸易值增加了，贸易量不一定增加，还可能减少。但对一个国家千千万万种进出口商品来说，无法用同类计量单位来表示一国对外贸易的总和，只有同种货币的金额才能相加，因此，技术上以剔除价格变动的贸易值来替代贸易量，即许多国家和联合国通常用贸易量指数来表示进出口贸易的实际规模，这样，贸易量的计量单位仍是货币单位。

五、净出口与净进口（Net Export and Net Import）

一个国家在同类产品上既有出口又有进口。在一定时期里（如一年）将某种商品的出口数量与进口数量相比较，如果出口量大于进口量，叫做净出口；如果出口量小于进口量，叫做净进口。在某一类商品上是净出口还是净进口，反映了一国对该商品的生产能力和消费能力。如果一国对某类商品的生产能力大于消费能力，则该国在该类商品的外贸中会出现净出口；反之则出现净进口。另外，净出口或净进口也可能是由于一国的某类商品在国际竞争中的地位造成的。竞争力强，会出现净出口；竞争力弱，则会出现净进口。

六、贸易差额（Balance of Trade）

一个国家（或地区）在一定时期（如一年）里，出口额与进口额的相差数，叫做贸易差额。如果出口额大于进口额，叫做“贸易顺差”或“贸易盈余”，亦称“出超”（Favorable Balance of Trade）。如果出口额小于进口额，则叫“贸易逆差”或“贸易赤字”，亦称“入超”（Unfavorabe Balance of Trade）。贸易差额是衡量一国对外贸易状况的重要标志。一般说来，贸易顺差表明一国在对外贸易收支上处于有利地位，贸易逆差则处于不利地位。争取贸易顺差的手段首先是扩大出口。

但是，贸易长期顺差不一定是好事。这是因为，要长期赚取贸易顺差就必须把国内大量的商品和劳务让外国人享受和使用，手中只留有充当国际清偿手段的外汇，这样一来本国自己可用的经济资源反而相对减少，从而实际上降低了广大国民的经济福利。同时，长期顺差往往易引发同他国的经济摩擦，给本国今后的外贸发展增加了障碍和困难。当今的日本便是一个典型的例子。同样，逆差也并非绝对是坏事，贸易逆差若是发生于为加速经济发展而适度举借外债，引进先进技术及生产资料，也不是坏事。况且逆差也是减少长期顺差的手段。因此，从长期趋势来看，一国的进出口贸易应保持基本平衡。

小知识

顺差、逆差与经济增长

一般认为贸易顺差可以推进经济增长、增加就业，因此各国无不追求贸易顺差。但是，通常情况下，一国不宜长期大量出现对外贸易顺差，因为此举很容易引起与相关贸易伙伴国的摩擦。例如，美、日两国双边关系市场发生波动，主要原因之一就是日方长期处于巨额顺差状况。与此同时，大量外汇盈余通常会致使一国市场上本币投放量随之增长，进而很可能引起通货膨胀，不利于国民经济持续、健康发展。最新数据显示，美国 2013 年 5 月份的贸易逆差为 450 亿美元，环比增长 49 亿美元。其中，5 月份美国与中国的贸易逆差扩大至 22.8 亿美元，为 2012 年 10 月以来的最高水平，环比涨幅达 15%。有分析称，随着贸易活动日益广泛地展开，双边贸易摩擦的产生难以避免。

七、国际收支（Balance of Payment）

国际收支是指一国在一定时期内（通常为 1 年）所有对外经济交易的收入与支出总额的对比。如果收入大于支出，称为国际收支顺差（或黑字）；如果支出大于收入，则称为国际收支逆差（或赤字）；如果收入等于支出，则称为国际收支平衡。但是，一般很少见国际收支绝对平衡的。国际收支是由经常账户、资本账户、官方结算账户等组成的。对外贸易收支是经常账户中的主要内容，因此，贸易差额对国际收支具有重要影响。

八、贸易条件（Terms of Trade）

贸易条件是指出口一单位商品可以换回多少单位的外围商品。换回的外国商品越多，称为贸易条件好转；换回的外国商品越少，称为贸易条件恶化。在以货币为媒介、以价格表示交换价值的条件下，贸易条件一般以一定时期内出口商品价格与进口商品价格之间的比率表示。所以贸易条件又叫“进出口交换比价”，或简称“交换比价”。这里涉及的是所有进出口商品的价格，而一个国家的进出口商品种类又很多，因此通常用一国在一定时期（如一年）里的出口商品价格指数同进口商品价格指数对比进行计算。其具体公式是：

贸易条件指数（TOT）＝出口价格指数/进口价格指数×100

TOT 的计算值有三种情况：(1) TOT 大于 100，即贸易条件好转；(2) TOT 小于 100，即贸易条件恶化；(3) TOT 等于 100，即贸易条件不变。

例如现以1994年为基准年，其进出口价格指数均是100，而1995年出口价格上涨6%，进口价格下降2%。这样，该年出口价格指数为106，进口价格指数为98，那么贸易条件指数就是108.16（106/98×100）。可见贸易条件改善了8.16%。贸易条件改善或有利，就是指交换比价上升，即同等数量的出口商品能换回比以前更多的进口商品。反之则称贸易条件恶化。必须注意，这种改善或恶化只是就进出口时期与基期相比较而言的，因而完全是相对的。应该看到，随着我国外贸活动从粗放型向集约型的转变，贸易条件和其他一些反映外贸效益的概念（如换汇成本等）将越来越为我国外贸界人士所普遍重视。

九、对外贸易依存度（Ratio of Dependence on Foreign Trade）

它是指一国对外贸易额在该国国内生产总值（GDP）中所占的比重。也有人用国民生产总值（GNP）来计算外贸依存度，但现在较多地使用GDP来计算外贸依存度。若以X表示出口，M表示进口，则外贸依存度的公式为：

$$\text{外贸依存度}=\frac{X+M}{GDP}$$

外贸依存度表明一国的经济对外贸的依赖程度，也可表明一国的经济贸易实务演进国际化的程度。由于进口值不是该国在一定时期内新创造的价值，使外贸依存度表现得较高，因此，很多人使用出口依存度这个概念。出口依存度是指一国在一定时期内出口值在国内生产总值中所占的比重。出口依存度的公式为：

$$\text{出口依存度}=\frac{X}{GDP}$$

另外，可以把进口额在GDP中的比重称为进口依存度。进口依存度的公式为：

$$\text{进口依存度}=\frac{M}{GDP}$$

进口依存度可以用来表示一国的市场开放度。

第二次世界大战后，世界出口总额占世界GDP的比重在不断地提高：1950年为5%，1960年为10.5%，1970年为14.9%，1980年为16.6%，1990年为19.9%，2000年为29.9%。这充分反映了世界各国之间的经济贸易联系越来越密切，外贸在各国国民经济中的地位也越来越重要。我国自改革开放后，出口依存度也在大幅度提高。1978年为5.22%，1980年为6.68%，1990年为14.56%，2000年为22.3%。由此可见，我国的对外贸易在国民经济中的地位在日益提高，我国经济与世界经济的联系也越来越密切。

十、国际贸易商品结构（Composition of International Trade）

一国在一定时期里（如一年）各类商品在进出口贸易额中所占的比重，叫做该国的对外贸易商品结构。商品的种类繁多，一种常见的分类方法是根据商品的加工程度，把商品分为初级产品和工业制成品两大类。前者是指未经加工或简单加工的农、林、牧、渔和矿藏的产品，如食品、工业原料、燃料等。后者是指经过机器完全加工的产品，如机器设备、化学制品和其他工业品等。还有一种常见的分类方法是根据商品生产中所需要的某种较多的生产要素，把商品分为劳动密集型商品、资本密集型商品等。联合国正式采用的《国际贸易标准分类》（SITC）把贸易商品分为十大类，其中前五类即为初级产品，后五类是工业制成品。一国出口商品构成取决于它的国民经济状况、自然资源丰歉以及对外经济政策等因素。

必须指出，不断提高外贸商品结构中工业制成品的比重，是一国增强国际竞争力的重要方面。一国出口制成品所占的比重越大，反映它的生产力水平越高，从而它在国际分工的优势地位越明显。何况，由于大多数初级产品的国际需求难以大幅度上升，增加它们的出口量并非易事，并且初级产品的相对价格一般呈现下跌趋势，其贸易利益明显不及工业制成品。总的来说，发达国家主要出口制成品和进口初级产品，发展中国家则主要出口初级产品和进口制成品。近年来，一些发展中国家的出口商品构成已有较大变化，但尚未根本改变上述的基本状况。同时，一国出口商品构成还应力求多元化。一国出口商品的种类越是多样化，越是多方面适应国际市场的广泛需求，就越能抵御国际市场大起大落的猛烈冲击，使它在国际贸易竞争中处于有利地位。

小知识

联合国国际贸易标准分类法

联合国国际贸易标准分类法（SITC）把商品分为十类：⓪食品及主要供食用的活动物；①饮料及烟类；②燃料以外的非食用原料；③矿物燃料、润滑油及有关原料；④动植物油脂及腊；⑤化学品及有关产品；⑥主要按原料分类的制成品；⑦机械及运输设备；⑧各项制品；⑨没有分类的其他产品。在国际贸易统计中，一般把⓪～④类商品称为初级产品，把⑤～⑧类商品称为制成品。

十一、国际贸易地理方向（Direction of Trade）

从一国对外贸易的角度而言，地理方向是指一国对外贸易额的地区分布和国别分布状况，即该国的出口商品流向和进口商品来自哪些国家或地区。该指标反映了一国同世界各国或各地区的经济贸易联系的程度。以中国为例，2000年，中国的主要对外贸易地理方向排名前四位的是日本（17.53%）、美国（15.70%）、欧盟（14.56%）、中国香港（11.37%）。这表明，我国同日本、欧盟、中国香港、美国的对外贸易额所占比重很大，而同拉美国家的贸易交往相对就很少。从国际贸易方面来看，地理方向是指世界贸易额的国别分布或洲别分布情况，反映了各国或各洲在国际贸易中的地位。例如，2000 年，中国的对外贸易额占世界贸易总额的比重为 7.67%，排名第 7 位。该年，国际贸易排名前三位的是美国（32.98%）、德国（17%）、日本（13.88%）。这表明，这些发达国家参加国际商品流通水平较高，在世界贸易中具有举足轻重的地位。

第三节 国际贸易的主要分类

关 境 与 国 境

关境（Customs frontier，Customs boundary），又称税境或海关境域，是一国关税领域的界限。在关境之内，适用同一海关法或实行同一关税制度。一般情况下，一国的关境与国境是一致的，即关境等同于国境；特殊情况下，关境可能大于或小于国境。国境是指一个国家行使全部国家主权的国家空间，包括领陆、领海、领空。第二次世界大战后，关税同盟和自由区、自由港大量出现，国境等于关境的原则被突破，国境和关境有时不完全一致。例如在几个国家结成关税同盟时，其关境是几个国境之和，关境便大于国境；而一国设立自由港、自由贸易区或其他特区，其关境便小于国境。

在我国，海关的关境是除单独关境以外的中华人民共和国全部领域。目前，我国法律已明确的单独关境有香港特别行政区、澳门特别行政区和台澎金马单独关税区。因此，我国关境是小于国境的。

试问：一国对外贸易是如何统计的？对外贸易有哪些贸易形式？

国际贸易范围广泛，性质复杂，可以从不同角度进行分类，主要的分类有七种。

一、按商品流向划分：出口贸易、进口贸易、过境贸易、转口贸易、复出口、复进口

（一）出口贸易（Export Trade）

出口贸易是指一国把自己生产的商品输往国外市场销售，又称输出贸易。如果商品不是因外销而输往国外，则不计入出口贸易的统计之中，如运往境外

使馆、驻外机构的物品，或者携带个人使用物品到境外等。

（二）进口贸易（Import Trade）

进口贸易是指一国从国外市场购进用以生产或消费的商品，又称输入贸易。如果商品不是因购入而输入国内，则不计入进口贸易。同样，若不是因购买而输入国内的商品，则不称为进口贸易，也不列入统计，如外国使领馆运进自用的货物，以及旅客携带个人使用物品进入国内等。

（三）过境贸易（Transit Trade）

某种商品从甲国经由乙国输往丙国销售，对乙国来说，这项买卖就是过境贸易。在过境贸易中，又可分为直接过境贸易和间接过境贸易。直接过境贸易是指A国的商品进入本国境内后不存放海关仓库而直接运往B国；间接过境贸易是指A国的商品进入C国境内后存放仓库，然后再运往B国。在过境贸易中，由于本国未通过买卖取得货物的所有权，因此，过境商品一般不列入本国的进出口统计中。

（四）转口贸易（Entreport Trade）

即指本国从A国进口商品后，再出口至B国的贸易，本国的贸易就称为转口贸易。转口贸易中的货物运输可以有两种方式：一种方式是转口运输，即货物从A国运入本国后，再运往B国；另一种方式是直接运输，即货物从A国直接运往B国，而不经过本国。

小知识

世界知名的转口贸易中转地

有些国家（地区）由于地理的、历史的、政治的或经济的因素，适合作为货物的销售中心。这些国家（地区）输入大量货物，除了部分供本国（地区）消费外，又将这些货物再出口到邻近的国家（地区）。如新加坡、香港、伦敦、鹿特丹等，都是国际著名的中转地，拥有数量很大的转口贸易。它们通过转口贸易除了可以得到可观的转口利润和仓储运输、装卸、税收等收入外，同时推动了当地金融、交通、电信等行业的发展。

（五）复出口（Re-export）

从国外输入的商品，没有在本国消费，又未经加工就再出口，称作复出口或复输出。如进口货物的退货、转口贸易等。

（六）复进口（Re-import）

输往国外的商品未经加工又输入本国，则叫做复进口或再输入。产生复进口的原因，或者是商品质量不合格，或者是商品销售不对路，或者是国内本身就供不应求。从经济效益考虑，一国应该尽量避免出现复进口的情况。

二、按商品形态划分：有形贸易和无形贸易

（一）有形贸易（Tangible Goods Trade）

即指买卖那些看得见、摸得着的具有物质形态的商品（如粮食、机器等）的交换活动。为了便于统计和分析，联合国秘书处于 1950 年公布了《国际贸易标准分类》(Standard International Trade Classification，简称 SITC)。1960 年、1975 年、1985 年还分别对其作过三次修订。在这个标准分类中，把有形商品分为 10 大类（Section)、67 章（Division)、261 组（Group)、1 033 个分组（Sub-group）和 3 118 个项目（Item）（表 1-1)。SITC 几乎包括了所有的有形贸易商品。每种商品都有一个五位数的目录编号。第一位数表明类，前两位数表示章，前三位数表示组，前四位数表示分组，五位数一起表示某个商品项目。例如，活山羊的标准分类编号为 001.22。其中，0 表示类，名称为食品及主要供食用的活动物；00 表示章，名称为主要供食用的活动物；001 表示组，名称为主要供食用；001.2 表示分组，名称为活绵羊及山羊；001.22 表示项目，名称为活山羊。

表 1-1　国际贸易标准分类

大类编号	类别名称
0	食品及主要供食用的活动物
1	饮料及烟草
2	燃料以外的非食用粗原料
3	矿物燃料、润滑油及有关原料
4	动植物油脂
5	未列名化学品及有关产品
6	主要按原料分类的制成品
7	机械及运输设备
8	杂项制品
9	没有分类的其他商品

（二）无形贸易（Intangible Goods Trade）

即指买卖一切不具备物质形态的商品的交换活动，例如运输、保险、金融、文化娱乐、国际旅游、技术转让、咨询等方面的提供和接受。无形贸易可以分为服务贸易和技术贸易。一般来说，服务贸易（Trade in Services）是指提供活劳动（非物化劳动）以满足服务接受者的需要并获取报酬的活动。为了便于统计，世界贸易组织的《服务贸易总协定》把服务贸易定义为四种方式：

①过境交付，即从一国境内向另一国境内提供服务；②境外消费，即在一国境内向来自其他国家的消费者提供服务；③自然人流动，即一国的服务提供者以自然人的方式在其他国家境内提供服务；④商业存在，即一国的服务提供者在其他国家境内以各种形式的商业或专业机构提供服务。技术贸易（International Technology Trade）是指技术供应方通过签订技术合同或协议，将技术有偿转让给技术接受方使用。有形贸易与无形贸易有一个鲜明的区别，即有形贸易均需办理海关手续，其贸易额总是列入海关的贸易统计，而无形贸易尽管也是一国国际收支的构成部分，但由于无须经过海关手续，一般不反映在海关资料上。但是，对形成国际收支来讲，这两种贸易是完全相同的。

然而，无形贸易在国际贸易活动中已占据越来越重要的地位。它的贸易额在最近几年接近于国际商品贸易额的1/4。不少发达国家的服务贸易额已占其出口贸易额的相当比重，有的（如美国）达一半左右。近年来，服务贸易的增长速度明显快于有形贸易的增长速度，且继续保持着十分强劲的势头。特别是关贸总协定乌拉圭回合谈判达成了《服务贸易总协定》，规定把服务贸易纳入国际贸易的规范轨道，逐步实现自由化。这将促使各国进一步大力发展服务贸易。我国提出的发展大经贸的工作思路，实际上就强调了发展无形贸易的重要意义。

小知识

有形贸易和无形贸易的区别

有形贸易因要结关，故其金额显示在一国的海关统计上；无形贸易不经过海关办理手续，其金额不反映在海关统计上，但显示在一国国际收支表上。

三、按境界标准划分：总贸易和专门贸易

这是由于国境和关境不一致所产生的统计标准。

（一）总贸易（General Trade）

是以国境为标准统计的进出口贸易。凡因购买输入国境的商品一律计入进口，凡因外销输出国境的商品一律计入出口。总贸易可以分为总进口和总出口。总进口是指一定时期内（如一年内）跨国境进口的总额。总出口是指一定时期内（如一年内）跨国境出口的总额。将这两者的总额相加，即总进口和总出口之和，称作总贸易（General Trade）额。世界上某些国家，如英国、日本、加拿大、澳大利亚等，采用总贸易方式来统计。

（二）专门贸易（Special Trade）

是以关境为标准统计的进出口贸易。凡因购买输入关境的商品一律计入进

口，凡因外销输出关境的商品一律计入出口。专门贸易可以分为专门进口和专门出口。专门进口是指一定时期内（如一年内）跨关境进口的总额，专门出口是指一定时期内（如一年内）跨关境出口的总额。专门贸易（Special Trade）额就是专门进口额与出口额的总和。这样，外国商品直接存入保税仓库（区）的一类贸易活动不再列入进口贸易项目之中。显然，专门贸易与总贸易在数额上不可能相等，但两者都是指一国在一定时期时（如一年）对外贸易的总额。世界上某些国家，如美国、法国、意大利、德国、瑞士等，采用专门贸易方式来统计。

各国都按自己的统计方式公布对外贸易的统计数据，并向联合国报告。联合国公布的国际贸易统计数据一般注明总贸易或专门贸易。过境贸易列入总贸易，不列入专门贸易。

四、按贸易关系分：直接贸易和间接贸易

（一）直接贸易（Direct Trade）

是指商品直接从生产国（出口国）销往消费国（进口国），不通过第三国转手而进行的贸易，这两国之间的贸易称为直接贸易。

（二）间接贸易（Indirect Trade）

是指商品从生产国销往消费国中通过第三国转手的贸易。对生产国和消费国来说，开展的是间接贸易；而对于第三国来说，则进行的是转口贸易。

直接贸易和间接贸易的区别是以货物所有权转移是否经过第三国（中间国）为标准，而与运输方式无关。直接贸易可以是生产国的商品直接运往消费国，间接贸易可以是生产国的商品通过第三国转运至消费国。

五、按贸易国数目划分：双边贸易和多边贸易

（一）双边贸易（Bilateral Trade）

是指两国政府之间商定的贸易规则和调节机制下的贸易。两国政府往往通过签订贸易条约或协定来规定贸易规则和调节机制，要求两国在开展贸易时必须遵守贸易条约或协定中的规定。双边贸易所遵守的规则和调节机制不适用于任何一个签约国与第三方非签约国之间开展的贸易。例如，在《中美贸易条约》下开展的中美贸易就是一种双边贸易。

（二）多边贸易（Multilateral Trade）

是指在多个国家政府之间商定的贸易规则和调节机制下的贸易。同样，多个国家政府之间也需要通过签订贸易条约或协定来规定贸易规则和调节机制，而且这些贸易规则和调节机制也不适用于任何一个签约国与其他非签约国之间的贸易。例如，世界贸易组织中的国家所开展的贸易就属于多边贸易。

六、按清偿工具划分：自由结汇贸易和易货贸易

自由结汇贸易（Free - Liquidation Trade）指的是以国际货币作为清偿手段的国际贸易，又称现汇贸易。能够充当这种国际支付手段的，主要是美元、英镑、马克、法郎和日元这些可以自由兑换的货币。反之，以经过计价的商品作为清偿手段的国际贸易，则称易货贸易（Barter Trade），或叫换货贸易。它的特点是，进口与出口直接相联系，以货换货，进出基本平衡，可以不用现汇支付。这就解决了那些外汇匮乏国家开展对外贸易的困难。加上现在各国之间经济依赖性加强，有支付能力的国家有时也不得不接受这种贸易方式，因此，易货贸易在国际贸易中十分兴盛，大致已接近世界贸易额的1/3。

必须注意，倘若两国间签订了贸易支付协定，规定双方贸易经由清算账户收付款，则一般不允许进行现汇贸易。因此，从清偿工具的角度看，这是一种特殊形式的国际贸易。

七、按经济发展水平划分：水平贸易和垂直贸易

经济发展水平比较接近的国家之间开展贸易活动，叫做水平贸易（Horizontal Trade）。例如，北北之间、南南之间以及区域性集团内的国际贸易，一般都是水平贸易。相反，经济发展水平不同的国家之间的贸易，称为垂直贸易（Vertical Trade）。这两类国家在国际分工中所处的地位相差甚远，其贸易往来有着许多与水平贸易大不一样的特点。南北之间贸易一般就属此类。区分和研究这两者的差异，对一国确定其对外贸易的政策和策略具有重要作用。

本章主要术语

国际贸易　对外贸易　出口贸易　进口贸易　过境贸易　总贸易　专门贸易　直接贸易　间接贸易

复习思考题

1. 什么叫国际贸易？它与对外贸易有何区别？
2. 国际贸易主要有哪些分类？试举例说明。
3. 如何理解一个国家的贸易顺差和贸易逆差？
4. 直接贸易、间接贸易、转口贸易有何区别？
5. 你怎样认识国际贸易的作用？

阅读资料

[1] 薛荣久．国际贸易（第五版）[M]．北京：对外经济贸易大学出版

社，2011.

［2］张二震，马野青．国际贸易学（第二版）［M］．南京：南京大学出版社，2003.

［3］何元贵．新编国际贸易［M］．北京：清华大学出版社，2007.

［4］贾金思．国际贸易——理论·政策·实务（第三版）［M］．北京：对外经济贸易大学出版社，2013.

［5］陈岩．国际贸易理论与实务［M］．北京：清华大学出版社，2007.

［6］逯宇铎．国际贸易（第二版）［M］．北京：清华大学出版社，2008.

第二章　国际贸易理论

学习目标：

了解国际分工的含义、影响因素和作用；
理解国际价值的概念；
掌握绝对优势贸易理论的主要内容；
掌握比较优势贸易理论的主要观点。

引例：

1970 年，加纳与韩国的生活水平大致相同。当年加纳的人均国内生产总值为 250 美元，韩国为 260 美元。到了 1992 年，情况发生了极大的变化：韩国的人均国内生产总值达 6 790 美元，而加纳仅为 450 美元，这反映出两国完全不同的经济增长率。1968 年到 1988 年间，加纳的年均国内生产总值增长率仅为 1.5%，而 1980 年到 1992 年间仅为 0.1%。相反，1968 年到 1992 年间，韩国的年均国内生产总值增长率高达 9%。

思考：什么原因导致了加纳和韩国之间形成这么大的差别呢？

第一节　国际分工的产生和发展

一、国际分工（International Division of Labour）

国际分工是指超越了国家界限的专业化分工，是社会分工的延伸和发展。社会分工是社会生产力发展到一定阶段的产物，是商品经济的基础。当各国国民经济内部分工冲破了国界并广泛发展时，又出现了国际分工。国际分工是国际贸易和世界经济联系的基础。

国际分工和社会分工当然有相同的方面，即它们都是劳动分工，都是劳动生产率提高的原因和结果。但是它们又有不同之处：第一，形成的历史时期不同。社会分工出现于原始社会时期，并存在于其他社会经济形态。国际分工则形成于资本主义大机器工业时代。第二，商品交换方式不同。前者的商品交换表现为国内贸易，后者的商品交换受到种种限制，一般来说还不能自由地进行。第三，受制约的价值规律不同。国内社会分工的商品交换受国内价值规律所制约，而国际分工的商品交换受制于国际价值规律，两种价值规律的内涵和作用不尽相同。

国际分工的产生和发展是一个漫长的历史过程，是社会生产力不断发展提高的必然产物。在原始社会末期，特别是在奴隶社会和封建社会时期，虽然社会分工继续不断地有所发展，但总的来讲，生产力发展水平比较低，自然经济占着统治地位。此时的国内贸易尚不够发达，只有一些地方性的交易场所，国际贸易更是小规模的和低水平的。因此，各国的社会分工要演进到国际分工的条件并不成熟，邻近国家之间出现少量的国际分工，完全是一种偶然的局部性的现象。

15 世纪末和 16 世纪初的地理大发现以后，国际贸易活动开始迅速扩大，手工业生产向工场手工业生产过渡，促进了资本主义国际分工的形成，当时欧洲殖民主义者在拉丁美洲、非洲和亚洲建立的种植园，就是早期资本主义的国际专业化生产，它产生了宗主国与殖民地之间国际分工。

从 18 世纪中期英国产业革命的兴起到 19 世纪中期其他几个主要资本主义国家产业革命的大致完成，则是资本主义国家之间国际分工真正形成的时期。在这 100 年里，这些国家机器大工业的建立和发展，导致它们的生产力水平巨大发展和社会分工的极大进步。随之而来的交通运输和通信事业的迅速进步，又为大大推动国际贸易的发展提供了必要的工具。这样，经济活动必然超越国界和民族的局限，终于把各国的商品生产活动纳入国际分工的轨道，从而出现了真正的国际分工格局，正如马克思所说，由于机器和蒸汽机的应用，分工的规模已使大工业脱离了本国基地，完全依赖于世界市场、国际交换和国际分工。

19 世纪末和 20 世纪初，新的科学技术革命推动资本主义国家的生产力又有新的迅速增长。新的工业部门的建立和发展，带来了经济结构和产业结构的变化。资本进一步积聚和集中，导致生产规模的急剧扩大和生产组织的重大变化，资本主义开始进入垄断阶段。垄断资本主义为了攫取高额利润，不仅扩大对外贸易活动，而且开始对外输出资本，使得资本主义生产和交换日益国际化。其结果是，宗主国与殖民地之间、发达工业国与初级产品生产国之间的经济联系日益加深，终于形成了资本主义的国际分工体系和世界经济体系。

第二次世界大战以后，第三次科技革命的深刻影响，世界政治经济形势的巨大变化，促使传统的国际分工格局发生了很大变动。一系列独立的发展中国家崛起，使得原来以宗主国与殖民地之间经济联系为主的国际分工形式几乎不复存在。许多社会主义国家参与国际经济活动，对国际经济联系的内容和实质也发生重要影响。这些都使战后的国际分工具有新的特征。例如，发达国家之间的工业分工迅速发展，同一工业部门内部的国际分工日趋加强，一些发展中国家进入工业制成品的分工行列，国际经济活动的范围和形式日益多样化，等等。特别是跨国公司的产生和发展，更使生产和资本的国际化有了极大发展。这些都赋予战后国际分工新的内容和形式。

特别是进入 90 年代之后，世界经贸格局呈现出众多新的特点和趋势。例如，整个世界的经济热战已替代往昔的政治冷战，合作与协调已成为世界经济活动的主流，世界贸易活动随着乌拉圭一揽子协议的达成而迅猛发展，区域性的经济一体化形式蓬勃发展，等等，这一切将推动生产和资本的国际化进入一个新的阶段，从而预示着全世界的国际分工必将进一步宽化和深化。

可见，国际分工的形成和发展是科学技术革命和社会生产力发展的必然结果，它对世界经济活动产生着重大影响。反过来，世界经贸活动的不断深化又进一步推动国际分工往更高的层次和更深的程度上发展。而各国在国际分工中的地位和作用，又取决于其本身的生产力水平及其对外经贸战略。因此，国际分工一方面促进了世界经济的发展，代表着一种进步的历史趋势，另一方面又成为资本主义发达国家进行剥削和掠夺的工具，以往的国际分工过程就是它们霸占商品市场、原料产地和投资场所的过程。尽管战后国际分工的特点和形式已有很大不同，但目前国际经济旧秩序并未根本改变，剥削、掠夺和不平等依然是当今国际分工的重要性质和内容。对此我们不能视而不见。因此，我们一方面必须积极参与国际分工，并以此来推动本国的经济发展和国际经济地位的提高，另一方面又应当采取恰当的策略步骤和切实可行的措施，坚决地改变当今仍不平等的国际分工格局，同其中的掠夺性行为展开斗争。

二、影响国际分工的因素

国际分工的产生和发展，受到了许多因素的影响或制约。它们主要是：

（一）社会生产力水平

社会生产力是开展国际分工的决定性因素，没有它的不断发展，就谈不上国际分工的必要和可能。生产力水平的高低又决定着一个国家在国际分工体系中的地位和作用。发展中国家大多生产力水平较低，科技能力较落后，原先主要只能生产初级产品和劳动密集型产品，在国际分工中明显处于从属地位。反之，发达资本主义国家凭借其先进的科技水平和雄厚的经济实力，占据着国际分工体系的支配地位。生产力的不断发展还导致国际分工日益多样化和细分化，例如出现了“三来一补”、“合作经营”、车间内部工种、工序、工艺细化的国际分工。生产力的发展状况也决定着国际分工中的产品构成。随着社会生产力不断提高，世界贸易总额中的比重，从最初的初级产品为主，发展到战后以工业制成品为主，再演进到当今技术贸易有了迅速发展和无形贸易已占相当份额。因此，一国要提高自身在国际分工中的地位，首先要立足于本国经济实力的不断进步。

（二）国际生产关系的性质

这是指以生产资料所有制为基础的，各国在世界物质资料的生产、分配、交换和消费中的各种经济关系。它决定国际分工的性质。社会主义性质的国际分工具有互助互利的基本特点，而资本主义国际分工则必然存在剥削、掠夺和不平等交换。从当今的世界经济体系来看，依然存在着多种生产关系（包括前资本主义生产关系），但资本主义生产关系占据主导地位。因此，当今国际分工体系的主要方面仍属于资本主义性质。但同时要看到，以发展民族经济为旨的南方（发展中国家）经济与北方（发达国家）经济的分工，以及南南之间的国际分工，从国际生产关系的角度而言，都已具有新的内涵和特点，不能笼统地一概而论。

（三）上层建筑

政府、军队和各种组织机构等具有能动地反作用于上层建筑的力量。其对国际分工也产生了深远的影响。发达国家至今对各种重要的国际经济组织（如世界银行、世界贸易组织、国际货币基金组织）拥有很大的控制权或影响力。例如，美国在世界银行所掌握的投票权足以否定一切重要的借贷项目，并且一直控制着该组织的行政管理权（历任行长均为美国人）。这样，发达国家有时利用这类经济组织来影响一些国家在国际分工中的作用，如项目贷款只用于初级产品部门，易于造成发展中国家的畸形经济结构；有时采用贸易保护主义政策来削弱和打击贸易对手尤其是发展中国家，试图人为地改变后者在国际分工格局中的地位和作用；有时则干脆运用封锁、禁运、制裁或断绝经济贸易关系等手段来对付某个国家，妄图强行割断该国的国际经济联系，从外部环境方面延缓其经济发展。

（四）自然因素

这主要是指各种各样的自然资源，如气候、土地、矿藏等。它是进行经济活动的重要物质基础，因而国际分工活动也离不开它。尽管科学技术的进步使得自然因素的作用相对下降，但它仍然对国际分工具有重要影响。赞比亚被誉为“铜矿之国”，有的东南亚国家有“橡胶之国”的美称，大多是由资源、气候等自然条件带来的。最典型的要数一些中东石油输出国家（如沙特阿拉伯等）。它们原来并无成熟的工业体系和农业生产，仅仅凭借地下蕴藏的石油资源，不仅成为高收入发展中国家（沙特因而成为国际货币基金组织的常任理事国），而且在国际分工格局中拥有颇令人注目的影响，20 世纪 70 年代两次石油危机的爆发即为一例。同样，日本这个资源相当贫乏的经济大国，必然比别的国家更加依赖国外市场，从而尤为注重国际分工的意义和作用。可见，自然因素对国际分工影响和制约非但不能忽视，有时甚至对某些国家具有决定性的作用。

（五）跨国公司

从战后的情况看，新的科技革命和跨国公司的出现，深刻影响着国际分工的进一步发展。新科技革命极大地改变着社会物质生产状况，促进新的生产部门和新产品不断涌现，因而它仍是作为一种社会生产力影响着国际分工。而跨国公司以新的经济组织形式直接对国际分工发生重大作用，完全是战后新出现的重要因素。跨国公司资产雄厚，规模巨大，控制着国际市场上的不少重要行业。它们的子公司遍及世界各地，利用不同国家和地区的有利条件分工合作生产，然后集中装配或实行专业化分工，并同许多国家的有关厂商保持较固定的供求关系。简言之，分布全球的子公司完全是跨国公司这个总工厂的生产车间甚至生产小组。这无疑是促使传统国际分工格局发生重大变动的直接原因之一。

上述因素决定或影响着现行国际分工体系的种种特点，以及各国在国际分工中的地位和作用。发展中国家只有发挥或解决上述因素的优势或不利条件，才可能扭转自己在国际分工中的不利地位，并改变不合理的现行国际分工格局。

三、国际分工对国际贸易的作用

当今世界的国际分工基本上有三种类型，即发达国家与发展中国家之间的、发达国家之间的、发展中国家之间的国际分工。这些分工类型的特点各不相同，世界各国参加国际分工的情况也有很大差异，但它们参与的方式基本上有如下三种。

（一）垂直型

这种类型的国际分工表现在国际贸易上是指进口原料和出口工业制成品，或者是出口原料和进口制成品。例如，日本身为富裕的经济大国，资源却极其贫乏。其进口额中原料占80%以上，而工业制成品却占出口的90%。这是十分典型的“垂直型”。中东石油输出国则主要出口原油，交换回所需的大部分制成品。它们参与国际分工的方式同样属于“垂直型”。

（二）水平型

这主要是指经济发展水平相同或相似的国家之间的生产专业化和协作。例如，欧洲联盟内部 15 个国家之间的分工合作，就是属于这种类型。

（三）混合型

这是指将垂直型和水平型相混合的国际分工方式。其中以德国最为典型。

它与发展中国家的分工是“垂直型”，从中得到了自己所需的大部分原料和其他初级产品；它与发达国家开展的国际分工则是“水平型”，特别是在欧盟内部平行进行的生产联合和专业化分工，都给其经济发展带来很大好处。

分析国际分工的类型和各国的参与方式，是为了更好地开展国际贸易。那么，应如何看待国际分工对于国际贸易的作用呢？

国际分工是社会分工的延伸和深化，当然同样能够带来分工所固有的经济利益。国际分工的产生和发展，推动生产日益国际化，促使专业化程度不断加强，这就能大量节约社会劳动，提高劳动生产率，从而增加使用价值和产品数量。同时，国际分工促使国际商品活动和交换关系空前发展。各国面对优胜劣汰的激烈贸易竞争，自然要取长补短，你追我赶，为自己的经济发展而不断地提高生产效率。这些都十分有益于物质财富的迅速增长。因此，节约社会劳动是国际分工带来的最基本经济效益，也是大多数国家参与国际分工的主要推动力。

正是基于这点，国际分工的发展必然大大促进国际贸易的增长。国际分工既是各国之间展开大规模商品交换活动的基本条件，又要借助商品形式来实现各国之间的经济联系，它的扩大和深化自然与国际贸易的增长紧密联系。国际生产专业化的加强，把许多国家越来越多的厂商联系到相关的或同一的生产过程，一件完整产品的零部件常常来自许多地方，这样国际商品流通势必呈现扩大趋势。显然，国际分工对国际贸易起到了积极的推动作用。战后世界贸易额持续地迅速增长，已经充分说明了这点。

但是，资本主义国际分工毕竟仍是当今世界国际分工的主要方面，我们必须充分看到它的两重性。一方面，正如前述，国际分工能够节约社会劳动，增加社会物质财富，并推动了世界经济的发展，是人类社会的进步。另一方面，正如《共产党宣言》所指出的，资产阶级利用国际分工，按照自己的面貌为自己创造出一个世界。国际分工成为发达资本主义国家剥削和掠夺别国的工具，具有明显的资本主义剥削关系的性质。这表现为发达国家在国际贸易中，常常对发展中国家进行不平等交换。因此，我们应对资本主义国际分工剥削性质保持警觉并加以揭露。

必须指出，充分利用和积极参加国际分工，是我国应当采取的正确态度。这是因为，国际分工是不以人们意志为转移的客观经济现象，是社会化大生产的国家提高劳动生产率和增加社会财富的重要途径，是一种反映社会进步的历史趋势。所以，我们不仅要参加而且应推动国际分工的发展，这样做是坚持对外开放的具体体现，也能更好地推动经济增长和提高生产效率。同时，只有积极参与国际分工，才能行之有效地揭露和反对国际剥削，为改变国际经济旧秩序而努力奋斗。

第二节　绝对优势贸易理论

亚当·斯密（Adam Smith，1723—1790）是西方古典经济学的主要奠基人之一，也是国际贸易理论的创始者，是倡导自由贸易的带头人。亚当·斯密花了将近10年的时间，于1776年写出了一部奠定古典政治经济学理论体系的著作《国民财富的性质和原因的研究》（Inquiry into the Nature and Causes of the Wealth of Nations），简称《国富论》（The Wealth of Nations）。在这部著作中，亚当·斯密第一次把经济科学所有主要领域的知识归结成一个统一和完整的体系，而贯穿这一体系的基本思想就是自由的市场经济思想。

1776年正是英国资本主义的成长时期，英国手工制造业正在开始向大工业过渡，英国产业的发展，在很大程度上受到了残余的封建制度和流行一时的重商主义的限制政策的束缚。处在青年时期的英国资产阶级，为了清除它前进道路上的障碍，正迫切要求一个自由的经济学说体系为它鸣锣开道。《国富论》就是在这个历史时期，负有这样的阶级历史使命而问世的，此书出版以后，不但对于英国资本主义的发展直接产生了重大的促进作用，而且对世界资本主义的发展也产生了重要影响，没有任何其他一部资产阶级的经济著作曾产生那么广泛的影响，有些资产阶级学者把它奉为至宝。可是，历史很快就把它的局限性和缺点错误显示出来。在这部书出版后将近100年左右的19世纪七八十年代，资本主义经济已开始逐渐由自由竞争阶段进入垄断阶段，从此，亚当·斯密强调的自由而又自然的体制已经失灵了，再往后不到半个世纪时间，第一个社会主义国家登上了历史舞台，被斯密所强调的资本主义的永恒性就遭到彻底否定。

在《国富论》中，亚当·斯密通过对国家和家庭进行对比来描述国际贸易的必要性。他认为，既然每个家庭都认为只生产一部分它自己需要的产品而用那些它能出售的产品来购买其他产品是合算的，同样的道理应该适用于每个国家。

斯密首先从劳动分工开始论述国际贸易问题，他认为，国民财富的增长有两条途径：一是提高劳动生产率；二是增加劳动数量，其中前者的作用尤其大，而劳动生产率的提高则主要取决于分工。以制针为例，每个工人单独劳动时，一日绝对制不成20枚，说不定连1枚也造不出来。但经过较精细的分工后，一人一日竟可制成4 800枚针，劳动效率提高了百余倍。这表明，劳动生产率的极大提高正是来自分工的作用。同样，一国内部的劳动分工原则也应适用于各国之间。据此，他得出结论，国际贸易应该遵循国际分工的原则，使各国都能从中获得更大的好处。

一国内部的劳动分工原则也适用于各国之间，那么，国际分工如何进行呢？他强调，国际分工的基础是在各自占有优势的自然禀赋中后天获得的有利条件。前者是指导致自然赋予的有关气候、土壤、矿产、地理环境等方面的优势。一个国家在生产某些特定商品时，或许有非常巨大的自然优势，使得其他国家无法与之竞争。后者是指通过自身努力而掌握的特殊技艺，或称之为技术。各国应当按照各自的优势进行分工，然后交换各自的商品，从而使得各国的资源、劳力、资本都得到最有效的利用。相反，不注意发挥优势进行生产，只能导致国民财富的减少。譬如，苏格兰可以用暖房栽培葡萄，然后酿出上等美酒，但成本要比国外高 30 倍。如果苏格兰禁止一切外国酒进口而自己来生产，那就十分荒唐可笑。

亚当·斯密所讲的优势实际上是绝对优势或绝对利益，意在说明为了更多地增加国民财富，一国应该专业化生产和出口那些本国具有绝对优势的商品，进口那些本国具有绝对劣势，即外国具有绝对优势的商品。所以通常称之为“绝对优势理论”（Absolute Advantage）。一国的自然优势和后天获得的优势又总是体现为生产某产品的成本优势，即该国生产特定商品的实际成本绝对地低于其他国家所花费的成本，因此这个理论又称“绝对成本说”（Absolute Cost）。

根据绝对优势贸易理论，各国应该专门生产并出口其具有“绝对优势”的产品，不生产但进口其不具有“绝对优势”的产品。那么，怎样确定一国在哪种产品上具有绝对优势呢？绝对优势的衡量有两种办法。

一是用劳动生产率来衡量，即用单位要素投入的产出率来衡量。产品 j 的劳动生产率可用 Q_i/L 来表示，其中 Q_j 是 j 产品的产量，L 是劳动投入。一国如果在某种产品上具有比别国高的劳动生产率，该国在这一产品上就具有绝对优势。

二是用生产成本来衡量，即用生产 1 单位产品所需的要素投入数量来衡量。单位产品 j 的生产成本（劳动使用量）可用 $aL_i=L/Q_j$ 表示。如在某种产品的生产中，一国单位产量所需的要素投入低于另一国，该国在这一产品上就具有绝对优势。

为了进一步理解“绝对优势”贸易理论，我们用一个例子来说明。

我们假设有两个国家“英国”和“法国”，两国都生产两种产品“小麦”和“布”，但生产技术不同，劳动是唯一的生产要素。在国际分工发生前，英、法两国各自生产小麦和布两种产品，所消耗的劳动力数量如表 2-1。

表 2-1　国际分工前

	小麦		布	
	劳动力（人）	产量（吨）	劳动力（人）	产量（匹）
法国	100	50	100	20
英国	150	50	50	20
合计	250	100	150	40

按照判断绝对优势的方法，我们判断两国各自具有绝对优势的产品。

从劳动生产率的角度说，法国生产小麦的劳动生产率，即每人生产小麦的数量是0.5吨，英国生产小麦的劳动生产率，即每人生产小麦的数量是0.33吨，法国生产小麦的劳动生产率高于英国，所以法国在小麦的生产上具有绝对优势。法国生产布的劳动生产率是0.2匹，英国生产布的劳动生产率是0.4匹，英国生产布的劳动生产率高于法国，所以英国在布的生产上具有绝对优势（表2-2)。

表2-2 两国的劳动生产率（Q_j/L）

	小麦（人均产量）	布（人均产量）
法国	0.5	0.2
英国	0.33	0.4

从生产成本的角度来说，法国生产小麦的成本，即生产1吨小麦所需投入的劳动力数量是2人，英国生产小麦的成本，即生产1吨小麦所需投入的劳动力数量是3人，法国生产1单位小麦的生产成本低于英国，所以法国在小麦的生产上具有绝对优势。法国生产布的成本，即生产1匹布所需投入的劳动力数量是5人，英国生产布的成本，即生产1匹布所需投入的劳动力数量是2.5人，英国生产1单位布的生产成本低于法国，所以英国在布的生产上具有绝对优势（表2-3)。

表2-3 两国的生产成本（a_{Li}）

	小麦	布
法国	2	5
英国	3	2.5

通过两种方法确定两国各自具有的绝对优势的产品是一致的，所以按照绝对优势的贸易理论，法国应该专业化生产小麦，英国应该专业化生产布。进行国际分工后，两国各自生产的商品数量如表2-4所示。

表2-4 国际分工后

	小麦		布	
	劳动力（人）	产量（吨）	劳动力（人）	产量（匹）
法国	200	100		
英国			200	80
合计	200	100	200	80

两国进行专业化分工后，法国专门生产小麦，英国专门生产布，法国将其所有的劳动力资源200人用于生产小麦，可生产100吨小麦；英国将其所有的劳动力资源200人用于生产布，可生产80匹布。所以，在同样的劳动投入情况下，小麦的生产总量并没有变化，但布的生产总量由原来的40匹增加到80匹。因此，从世界范围来看，虽然技术条件等并没有变化，而仅仅是由于开展了国际分工，两国都专业化生产其具有绝对优势的产品，使世界范围内的总产量增加了。现假定国际市场上按照1吨小麦换1匹布的交换比例开展国际贸易，则交换后两国各自可供消费的两种商品的数量如表2-5所示。

表2-5　开展国际贸易后

	小麦（吨）	布（匹）
法国	50	50
英国	50	30
合计	100	80

按照1小麦∶1布的交换比例开展国际贸易后，虽然两国小麦的消费数量没有发生变化，但布的消费数量都增加了。这说明，两国按照绝对优势理论进行专业化生产并开展国际贸易，对英、法两国都有好处，使两国的可供消费的商品的数量都增加了。

亚当·斯密还论述了自由贸易所带来的好处，概括说来大致有三个方面：第一，互通有无，交换多余的使用价值。就是说，把本国多余的商品输出国外，换回本国无法生产或生产不足的商品，满足了双方需要。第二，增加社会价值，获取更大利益。由于各国的社会劳动生产率参差不齐，商品价值的货币表现自然不尽相同，这样，通过对外贸易得到的某些商品的数量会超过本国所可能生产的，从而节省了本国的劳动力或增加了使用价值。第三，互惠互利，共同富裕。一国从对外贸易中得到的主要利益在于输出了本国消费不了的剩余货物，因此，即使两国贸易平衡，由于都为对方的剩余货物提供了市场，双方还是都有利益。所以对外贸易具有共同利益，而不是一方得到，一方受损。不难看出，亚当·斯密关于国际分工和国际贸易利益的分析基本上是正确的。他对国际贸易的产生原因首先作了理论探讨，同样应予肯定。同时，他指出，国际贸易可以是一个“双赢”的局面，而不是一个“零和游戏”。可以说，斯密把国际贸易理论纳入了市场经济的理论体系，开创了对国际贸易的经济分析。但绝对优势贸易理论的局限性很大，因为在现实社会中，有些国家比较先进发达，有可能在各种产品的生产上都具有绝对优势，而另一些国家可能不具有任何生产技术上的绝对优势，但是贸易仍然在两种国家之间发生，而斯密的理论无法解释这种绝对先进和绝对落后国家之间的贸易，从而暴露出他的理论具有明显的缺陷和不足。

第三节　比较优势贸易理论

在亚当·斯密之后的另一位著名的古典经济学家是大卫·李嘉图（David Ricardo，1772—1823），其贸易学说是他整个经济理论中的一个重要组成部分。大卫·李嘉图所创立的著名的“比较优势贸易理论”（Comparative Advantage Doctrine）奠定了国际贸易理论演进的重大基础，以后一个多世纪的有关研究很大程度上都是对其理论的补充、发展和修正。李嘉图在其代表作《政治经济学及赋税原理》（1817）一书论证了以“比较优势贸易理论”为中心的国际贸易理论。

作为英国古典经济学的完成者，李嘉图考察国际贸易产生的原因同亚当·斯密一样，也是从论述个人的分工和专业化开始，而且也明确指出，国际分工和国际交换活动应该根据各国的自然优势和后天获得的优势来进行。所不同的是，斯密讲的优势是指绝对的优势即生产成本绝对低于别国，而李嘉图心目中的优势则是一种相对的优势，也就是比较优势。李嘉图反对把国际贸易产生的原因和基础建立在各国绝对优势的差别上，认为这种理论无法解释所有产品都不具有绝对优势的国家同样要参与国际交换的现实。

那么，什么是比较优势呢？某种商品所具有的比较优势可以用相对劳动生产率、相对生产成本或者机会成本三种方法来确定。

（1）用产品的相对劳动生产率来衡量。相对劳动生产率是不同产品劳动生产率的比率，或两种不同产品的人均产量之比。用公式表示则可写成：

$$\begin{array}{c}\text{产品 A 的相对劳动生产率}\\\text{（相对于产品 B）}\end{array}=\frac{\text{产品 A 的劳动生产率（人均产量：}Q_A/L\text{）}}{\text{产品 B 的劳动生产率（人均产量：}Q_B/L\text{）}}$$

如果一个国家某种产品的相对劳动生产率高于其他国家同样产品的相对劳动生产率，该国在这一产品上就拥有比较优势。反之，则只有比较劣势。

（2）用相对成本来衡量。所谓“相对成本”，指的是一个产品的单位要素投入与另一产品单位要素投入的比率。用公式表示：

$$\begin{array}{c}\text{产品 A 的相对成本}\\\text{（相对于产品 B）}\end{array}=\frac{\text{单位产品的要素投放量（}a_{LA}\text{）}}{\text{单位产品的要素投放量（}a_{LB}\text{）}}$$

如果一国生产某种产品的相对成本低于别国生产同样产品的相对成本，则该国就具有生产该产品的比较优势。

（3）一种产品是否具有生产上的比较优势还可用该产品的机会成本来衡量。

$$\text{产品 A 的机会成本}=\frac{\text{减少的 B 产量（}\triangle Q_B\text{）}}{\text{增加的 A 产量（}\triangle Q_A\text{）}}$$

李嘉图指出，从个人之间的分工来看，每个人都可以拥有生产某种产品的比较优势。例如，在制鞋和制帽两方面甲都比乙强，不过制帽只强 1/5，而制鞋要强 1/3，甲的更大优势在制鞋，乙的更小劣势是制帽。所以，甲专门制鞋而乙只制帽，然后双方通过交换都能得到更多的鞋和帽。这就是说，尽管乙在两方面都具有绝对劣势，但那种绝对劣势较小的商品生产（制帽）实际上就是他能得到“比较利益”的相对优势。因此，贸易活动中的相对优势既是指更大的绝对优势，或较小的绝对劣势。这种优势是由生产商品所耗费的劳动的相对差异带来的，反映了它在生产成本上的相对差异，所以又称为“比较成本说”(Comparative Cost Doctrine)。李嘉图进一步强调，这种优势标准其实更加适用于国际贸易。这是因为，劳动、资本、资源等生产要素不可能轻易地在国与国之间随意流动，经济处于绝对劣势的国家既不会也不可能把它们的居民全部移送到富国，它们唯有正视本国实情，通过国际分工与贸易来增加本国财富。所以发挥相对优势是至关重要的。对此，他举了一个有名的例子。

假设英国和葡萄牙都生产毛呢和葡萄酒，但两国生产两种产品的劳动生产率不同，每单位产品所耗费的劳动量如表 2-6 所示。

表 2-6 国际分工前

	一单位毛呢	一单位酒
葡萄牙	90 人/年	80 人/年
英国	100 人/年	120 人/年

如果按照斯密的绝对优势贸易理论，两国似乎没有进行国际贸易的可能性。现在，让我们按照上述的方法来确定两国各自所具有的比较优势的商品。

其一，用相对劳动生产率来衡量的话，葡萄牙毛呢的相对劳动生产率是 0.89，酒的相对劳动生产率是 1.125；英国毛呢的相对劳动生产率是 1.2，酒的相对劳动生产率是 0.83。由此可见，英国毛呢的相对劳动生产率较高，所以英国在毛呢的生产上具有比较优势；葡萄牙酒的相对劳动生产率较高，所以葡萄牙在酒的生产上具有比较优势，如表 2-7 所示。

表 2-7 两国生产商品的相对劳动生产率

	毛呢	酒
葡萄牙	0.89	1.125
英国	1.2	0.83

其二，用相对成本来衡量的话，葡萄牙毛呢的相对成本是 1.125，酒的相对成本是 0.89；英国毛呢的相对成本是 0.83，酒的相对成本是 1.2。由此可

见，葡萄牙酒的相对成本较低，所以葡萄牙在酒的生产上具有比较优势；英国毛呢的相对成本较低，所以英国在毛呢的生产上具有比较优势，如表 2－8 所示。

表 2－8　两国生产商品的相对成本

	毛呢	酒
葡萄牙	1.125	0.89
西班牙	0.83	1.2

其三，用机会成本来衡量的话，葡萄牙生产毛呢的机会成本是 1.125，生产酒的机会成本是 0.89；英国生产毛呢的机会成本是 0.83，生产酒的机会成本是 1.2。由此可见，葡萄牙生产酒的机会成本低于英国，所以葡萄牙在酒的生产上具有比较优势；英国生产毛呢的机会成本低于葡萄牙，所以英国在毛呢的生产上具有比较优势，如表 2－9 所示。

表 2－9　两国生产商品的机会成本

	毛呢	酒
葡萄牙	1.125	0.89
英国	0.83	1.2

由此可见，三种方法的结论是相同的，都能确定两国各自具有的比较优势的产品。然后，两国开展国际分工，专门生产其具有比较优势的产品，即葡萄牙专门生产酒，英国专门生产毛呢，其结果如表 2－10 所示。

表 2－10　国际分工后

	毛呢	酒
葡萄牙	/	(90＋80) ÷80＝2.125
英国	(100＋120) ÷100＝2.2	/

葡萄牙专门酿酒而英国专门生产毛呢的情况下，两国的一年劳动总量，即葡萄牙的（90＋80）人/年和英国的（100＋120）人/年，就能生产比分工前更多的产量。具体地说，正如表 2－10 所示，葡萄牙生产出 2.125 单位酒，比原先总共的 2 单位多出（2.125－2）＝0.125 单位酒，英国生产出 2.2 单位毛呢，比原先的 2 单位增加（2.2－2）＝0.2 单位毛呢。显然，按照比较优势进行国际分工，一定的劳动总量就能创造出更多的财富或使用价值。现在假定国际市场上按照 1 单位毛呢换 1 单位酒的交换比例进行交换，则交换后两国各自

消费的两种商品的数量如表 2-11 所示。

表 2-11 分工后贸易利益

	毛呢	酒
葡萄牙	1.1 单位	1.025 单位
英国	1.1 单位	1.1 单位

至于两国从贸易中获得利益的多寡，则取决于这两种商品的国际市场交换比率。李嘉图假定这里的交换比率为 1 单位毛呢与 1 单位酒相交换。按照这一贸易条件，如果葡萄牙用 1.1 单位酒与英国 1.1 单位毛呢相交换，两国所得的贸易利益可用表 2-11 说明，即：葡萄牙增加（1.1－1）0.1 单位毛呢和（1.025－1）0.025 单位酒，英国增加（1.1－1）0.1 单位毛呢和（1.1－1）0.1 单位酒。

可以看到，李嘉图的“比较优势贸易理论”不仅论述了国际贸易能够互惠互利，而且阐明这种国际贸易利益具有适用于所有国家的普遍意义。更重要的是，他指明了取得国际贸易利益的关键所在，那就是在自由贸易条件下扬长避短、发挥自己的相对优势。这是其国际贸易理论的核心思想，它准确地概括出国际贸易的基本原则，极具启迪意义。

必须指出，李嘉图的“比较利益说”是个简化了的理论模式，有着许多重要的假定作为前提条件。大致说来，主要有如下八条：

（1）世界上只有两个国家，它们只生产两种产品。此即所谓的两个国家、两种产品模型或 2×2 模型；

（2）两种产品的生产都只有一种要素投入：劳动；

（3）两国在不同产品上的生产技术不同，存在着劳动生产率上的差异；

（4）给定生产要素的供给量，要素可以在国内不同部门流动但不能在国家之间流动；

（5）规模报酬不变；

（6）完全竞争市场；

（7）无运输成本；

（8）两国之间的贸易是平衡的。

以上八个假设条件对正确理解“比较优势说”十分重要。

李嘉图实际上还提出了国际价值论问题。他是一个比较彻底的劳动价值论者，但又认为价值规律的国际作用与国内交换不同，依他所见，国内商品的价值是由社会必要劳动时间所决定的，但国际贸易中两种商品的交换比率决定于两种产品的比较优势即比较成本。因此，国际商品交换虽则对交换双方都有利益，却可能是不等量劳动的交换，它反映出两国生产力发展水平的差异。他的这些论述给后人如何正确决定国际交换标准和建立科学的国际价值论，留下了经久不衰的讨论话题。

李嘉图的“比较优势贸易理论”不仅在历史上起着重要的进步作用，而且对西方贸易理论产生了广泛深远的影响。进行国际贸易要扬长避短、将劣势转为优势的思想，也显然具有很重大的现实意义。不过，单纯强调取得比较利益主要是一种静态的微观的分析，而出于整体利益和长远发展的考虑，有些外贸活动（如进口生活必需品、对外援助等）并不能把经济利益放在首位，因此，不加分析地对待比较成本说，也是不恰当的。

本章主要术语

绝对优势　国际分工　比较优势　机会成本　完全竞争市场　不完全竞争市场　完全垄断　寡头垄断　规模经济

复习思考题

1. 根据下表中的数据，分析贸易形态，并说明贸易后分工状况及利益所得。

X、Y 的单位产出所需的劳动数量

	A 国	B 国
X	10	8
Y	20	10

2. 什么是产业间贸易？哪些贸易理论属于产业间贸易理论？
3. 什么是产业内贸易？哪些贸易理论属于产业内贸易理论？

阅读资料

[1] 薛荣久．国际贸易（第五版）[M]．北京：对外经济贸易大学出版社，2011.

[2] 张二震，马野青．国际贸易学（第二版）[M]．南京：南京大学出版社，2003.

[3] 何元贵．新编国际贸易 [M]．北京：清华大学出版社，2007.

[4] 陈传兴．现代国际贸易 [M]．上海：上海外语教育出版社，2004.

[5] 朱钟棣．国际贸易学 [M]．上海：上海财经大学出版社，2005.

[6] 逯宇铎．国际贸易（第二版）[M]．北京：清华大学出版社，2008.

第三章　国际贸易政策概述

学习目标：

掌握国际贸易政策的含义及构成；

了解重商主义的政策构成；

掌握自由贸易政策、保护贸易政策及演变过程；

了解发达国家的对外贸易政策。

引例：

为了对抗日本的VLSI计划并夺回失去的半导体市场，在美国政府政策的激励下，SEMATECH在1987年成立，其主要目标在于推动生产半导体生产技术的发展，为新技术的论证和深化提供渠道。SEMATECH由美国14家半导体产品生产厂商与美国国防部（Department of Defense，DOD）共同组建，主要成员厂商的生产能力占到美国该产业的75%以上。SEMATECH也致力于与上游原料和设备厂商的联合（通过Semi/ Sematech机构）。IBM和AT8T虽未加入SEMATECH，但也为其提供了技术、设备和工艺支持。SEMATECH主要的运营费用由成员共同出资，最初700人的职员里有400人是专职研究人员。这些研究人员基本上来自各成员单位，大部分是借调到这里来工作6～30个月。管理层全部来自美国生产厂商，原则上该联盟对非美国厂商是排他的。据统计，在最初的10年内SEMATECH就投入了17亿美元。其中一半资金都由美国政府提供。

思考：试分析美国政府向SEMATECH提供资金支持合乎WTO的规定吗?

第一节　国际贸易政策的类型与演变

一、国际贸易政策的内容与类型

一国的对外贸易政策是该国在一定时期内对进口贸易和出口贸易所实行的政策，是一国总的经济政策的组成部分，是为该国经济基础和对外政策服务的。各国的对外贸易政策因各自的经济体制、经济发展水平及其产品在国际市场上的竞争能力而有所不同，并且随其经济实力的变化而不断变换，但就其制定对外贸易政策的目的而言，大体上是一致的：第一，保护本国的市场；第二，扩大本国产品的出口市场；第三，促进本国产业结构的改善；第四，积累资金；第五，为本国的对外政策服务。

国际贸易政策的主要内容有：

（1）各国对外贸易总政策。它是各国从整个国民经济出发，根据本国国民经济的整体状况及发展战略，结合本国在世界经济格局中所处的地位而制定的、在较长时期内实行的政策。它是各国发展对外经济关系的基本政策，是整个对外贸易政策的立足点。

（2）进出口商品政策。它是各国在本国对外贸易总政策的基础上，根据经济结构和国内外市场的供求状况而制定的政策。其基本原则是对不同的进出口商品实行不同的待遇。主要体现在关税的税率、计税价格和课税手续等方面的差异。例如对某类进口商品，有时采用较高税率和数量限制手段来阻挡其进口，有时则对其实施较宽松的做法，允许较多的进口。

（3）国别政策。它是各国根据对外贸易总政策，依据对外政治经济关系的需要而制定的国别和地区政策。它在不违反国际规范的前提下，对不同国家采取不同的外贸策略和措施。对不同国家规定差别关税率和差别优惠待遇是各国国别政策的基本做法。

从一国对外贸易政策的具体内容来看，一般而言，它主要包括一国的关税制度和政策、非关税壁垒的种类和做法、鼓励出口的体制和手段、管制出口的政策和手段等。这些范围内的有关体制、政策和基本做法都反映着上述三方面的含义，因而构成了国际贸易政策的基本内容。

关于一国经济政策的制定和实施，历来存在着两种对立的思潮和理论主张。一种叫经济自由主义，它主张全社会的经济活动应该按照市场机制的调节功能自由地进行，政府不必加以干预和管制；另一种叫政府干预主义，即认为本国政府应该对社会经济活动进行干预和控制，有时候这甚至是决定性的，让其放任自流是不行的。这两种基本思潮在实现国际贸易政策目标的做法上，同样表现为两种不同的主张。前者主张自由贸易，后者推行保护贸易政策。

所谓自由贸易政策。是指国家对商品进出口活动不加干预，即对商品进口不加限制，不设障碍，对商品出口也不给予特权和优惠，任其依据市场经济规律自由地竞争与发展。所谓保护贸易政策，是指国家对商品进出口活动积极进行干预甚至管制，利用各种措施限制商品进口，以保护国内市场和国内产品免受外国商品的竞争，而对本国商品的出口则给以优惠和补贴，鼓励扩大出口。长期以来，两派各执一词，争论激烈，其结果对国际贸易政策的演变发生着互为消长的重要影响。

二、国际贸易政策的演变

与国际贸易政策理论主张的分野相一致，在过去数百年的世界贸易发展中，现实的贸易政策演进也呈现出了两个倾向的冲突：一个倾向是减少贸易壁垒，朝着自由贸易的方向发展；另一个倾向是维持乃至加强贸易保护，与自由贸易目标背道而驰。就世界贸易史来看，大多数国家、多数历史时段所奉行的贸易政策均带有鲜明的保护主义色彩，但也有一些国家、一些较少的历史时段，贸易政策朝着自由放任方向发展。

（一）重商主义的贸易政策

最早的国际贸易政策应属重商主义，它产生于15世纪，时值资本主义经济的原始积累时期。重商主义认为，贵金属或货币就是财富，人们获取财富的来源是金银矿的采掘和商品的交换，其中商品的交换更具持续性。从一个国家的角度看，要想使这种商品交换能够增加一国的财富总量，就必须开展对外贸易，因为一国范围内的商品交换只能使贵金属或财富实现在不同居民手中的转移，而不能增加该国的财富总量，只有对外贸易才能够增加该国贵金属的总量（假定本国不生产贵金属）。因此，重商主义贸易政策的理论是，国际贸易是一种“零和游戏”，一方得益必定使另一方受损，要增加一国的财富总量就必须在国际贸易中多出口、少进口，实现贸易收支的顺差，形成外国对本国的贵金属支付。为此，国家需要采取的政策措施是奖励出口、限制进口，使贵金属或财富在本国积累起来，从而增加本国的财富总量。

在具体贸易政策重心上，不同时代的重商主义者的主张是不同的，由此而使重商主义的发展呈现出了早期与晚期两个阶段。

早期重商主义流行于15世纪到16世纪中叶，其贸易政策主张的鲜明特征是，强调限制进口甚于鼓励出口，禁止金银输出。这一时期的重商主义者坚持认为，一国的所有进口都会减少它所积累的货币或“财富”，而所有的出口则会增加它所积累的货币或“财富”，因此增加国民财富的贸易政策应该是尽可能少地输入且尽可能多地输出，最好的政策是光输出不输入。由于早期重商主义者特别强调金属货币余额，因此又被称为重金主义或货币差额论。在16世纪中叶之前的大约150年时间内，欧洲主要君主国的贸易政策都带有重金主义的特征。其中最典型的做法，莫过于严禁输出贵金属。比如，英国在爱德华四世统治期间，即1461—1483年间，就将输出金银定为大罪，与叛国罪相提并论。而欧洲大陆的西班牙、葡萄牙、法兰西等国，亦有类似法规或政策。对于这一时期欧洲主要国家的政策，恩格斯在《政治经济学批判大纲》中曾经这样来形象地予以描述：“各国彼此对立着，就像守财奴一样，双手抱住他心爱的钱袋，用嫉妒和猜忌的目光打量着自己的邻居。”

晚期重商主义盛行于16世纪下半叶之后。其鲜明特征是，强调鼓励出口甚于限制进口，为着扩大出口的目的，赞成适当输出金银。认为既然对外贸易是增加国民财富的主要源泉，一国政府就应该大力鼓励对外贸易，而增加国家财富的外贸政策不仅应该鼓励出口，而且应该鼓励那些可以增强本国未来出口能力的进口；只要出于扩大贸易的目的，适当的金银输出是有利的；只要在贸易中始终保持顺差，即出口大于进口，就会增加一国货币存量，因而增加一国的财富。这些思想在英国最著名的重商主义者托马斯·孟（Thomas Mun，1571—1641）的论著中表现得淋漓尽致。孟在1641年出版的一本小册子中写道："对外贸易是增加我们的财富和现金的通常手段，在这一点上，我们必须时时谨守这一原则：在价值上，每年卖给外国人的货物，必须比我们消费他们的为多。"对于出于扩大贸易的金银输出，孟打了个形象的比喻：这就像农民把玉米撒在土地上，初看起来有点疯，但到收获季节，则可以看到他们的远见与智慧。由于晚期重商主义强调贸易差额甚于货币差额，因此晚期重商主义又被称为贸易差额论。

贸易差额论是重商主义国际贸易思想中的核心内容，比货币差额论得到更为广泛的运用。在这重商主义流行的几个世纪中，西欧各君主国采取的贸易政策措施主要有以下几种：①严格的关税保护政策。对进口货除原材料外，征收高额的进口关税，限制外国制成品尤其是奢侈品的进口。②积极的出口鼓励补贴政策。对出口制成品实施财政补贴，现金奖励在国外市场上出售本国产品的商人，禁止本国熟练工人外流和工具设备的出口，为工场手工业者发放贷款等。③独占性的海外殖民政策与国家特许贸易体制。各国纷纷开辟海外独占殖民地，发展贸易，政府设立特许贸易公司，独占与某个地区的贸易。④国家武力垄断的海上运输。各国竞相颁布《航海法》，实行国家对外贸运输的特许与垄断经营。

（二）自由竞争时期的贸易政策

18世纪末到19世纪中叶，欧洲各国和美国相继完成了产业革命，建立了大机器工业，改善了交通运输通讯工具，消灭了古老的民族工业，资本主义生产方式得以完全确立并占统治地位，世界经济进入商品资本国际化阶段，产生了适应工业资产阶级利益的国际贸易政策。在这个时期，由于各国的经济发展水平不同，在世界市场上的竞争地位不同，因而也就采取了不同的对外贸易政策。英国推行自由贸易政策，美、德等国实行贸易保护政策。

在英国，1817年，李嘉图"比较成本"学说的问世，给自由贸易政策的推行奠定了理论基础。此后，新兴的产业资本家与土地贵族两种势力进行了长期斗争，新兴资产阶级逐步占据了上风。19世纪20年代初，英国放宽了对外贸易的管制，减低了进口税率，但同时采取了带有保护色彩的滑动关税政策，如粮食的进口税率随国内粮价的跌涨而升降。直到1846年废除代表土地贵族利益的《谷物法》，才标志着自由贸易在英国取得了决定性胜利。1860年，英国与法国“科伯登条约”的签订，从此为欧洲开辟了一个经济自由主义的新时代，形成了国际贸易史上的第一次自由贸易趋势。

在英国推行自由贸易政策的同时，美国和德国则开始实施严格的保护贸易政策。美国首任财政部长汉密尔顿于1791年提出了著名的《关于制造业报告》，为美国实行保护贸易政策奠定了理论基础。他的保护幼稚工业思想被德国历史学派先驱李斯特吸收并进一步发挥，并集中反映在后者于1841年出版的巨著《政治经济学的国民体系》之中。从此，国家主义、幼稚工业保护理论为后起资本主义国家所奉行。在美国，建国之初就提倡新工业，利用保护关税手段来扶持民族工业，甚至不惜冒战争危险禁止英国商品输入。从1789年到1866年，美国将平均关税税率从8.5%逐步提高到48.3%，许多商品的税率越过100%，到1897年平均关税税率达到57%。在德国，19世纪40年代后开始不断提高关税，实行保护关税政策。1871年统一后，为使新兴的产业避免外国工业品竞争，继续采取了贸易保护措施。

1870年开始的第二次产业革命打破了原有世界经济秩序，美国与德国借助这次产业革命迅速崛起，对英国等欧洲老牌资本主义工业国构成威胁。英国则因依然沉醉于第一次工业革命取得的优势地位而不忍淘汰旧的产业及设备，加上巨额的海外资本输出，工业技术设备的更新和扩大受到了很大的限制，因而逐步丧失了在世界经济中的主宰地位。自由贸易政策越来越难以维持。经过第一次世界大战，英帝国的经济实力终于被后起的美国所超越，国际竞争力急剧下降，不得不废除维持了半个多世纪的自由贸易政策，时在1919年。

（三）垄断资本主义时期超保护贸易政策的兴起

超保护贸易政策是一种侵略性的保护贸易政策，与自由竞争时期的保护贸易政策相比有着明显的区别：它不是防御性地保护国内幼稚工业，以增强其自由竞争能力，而是保护国内高度发达或出现衰落的垄断工业，以巩固对国内外市场的垄断；保护的对象不是一般的工业资产阶级，而是垄断资产阶级；保护的手法也趋于多样化，不仅仅是提高关税，还有其他各种奖出限入的措施。

19世纪末20世纪初，垄断组织在发达国家取得支配地位。资本过剩，市场狭小，各国垄断组织争夺世界市场地位的斗争取代了英国领导的自由贸易和自由竞争。1929—1933年大危机之后，各国普遍大幅度地提高关税，同时非关税措施如配额、许可证、外汇管制泛滥，外汇倾销、出口信贷、补贴等鼓励出口的政策手段被广泛使用。无论是在一贯倡导自由贸易的英国，还是长期实行保护主义政策的美、德等国，都推行了带有进攻性的超保护贸易政策，并且在凯恩斯宏观干预主义确立之后得到了强化。

英国在进入20世纪之后30年，其经济江河日下，从20年代起对许多商品规定了高额保护税率，30年代大危机，使它完全抛弃自由贸易政策，彻底走上保护贸易政策的道路。美国在进入20世纪后逐渐取代英国成为世界头号强国。30年代大危机以后，比较成功地实行了国家干预政策，经济恢复和发展很快，实力进一步增强。德国是实行超保护贸易政策最早的国家。19世纪70年代末开始恢复60年代前的关税水平，80年代末又大幅度提高。20世纪30年代，为备战需要，在普遍提高工业品关税同时，一再提高农产品关税。法国继德国之后也实行超保护贸易政策。从19世纪80年代开始不断调整税则，工农业产品关税不断提高。

（四）第二次世界大战后贸易自由化的发展

在两次世界大战期间，各国政府对贸易实行了严格的管制，以保证外汇用于购买食物和战争物资。许多国家将这种管制延续到战后，以便将稀缺的外汇用于重建家园。美国作为世界政治和经济的新领袖，第二次世界大战后积极倡导贸易自由化，具体表现为：一是建立促进自由贸易的国际组织——关税与贸易总协定。在1947—1962年五轮贸易谈判中，在关贸总协定的主持下，共减低关税35%。根据1962年扩大贸易法的授权，美国发起了第六轮谈判即肯尼迪回合，谈判于1967年结束，产生了一项减让工业品平均关税税率的协议，到1972年底，该协议获得了完全的执行，发达国家对工业品征收的平均关税税率已低于35%。二是欧洲经济共同体的一体化发展。欧洲经济共同体对内取消关税，对外通过谈判达成关税减让的协议，导致了关税的大幅度的下降。三是普遍优惠制度的实施。第二次世界大战后发展中国家为了改善贸易条件，增加外汇收入，要求发达国家对其出口商品给予关税优惠待遇。经过长期的斗争，终于在1968年第二届联合国贸易与发展会议上通过了普惠制决议。自1971年7月1日起，发达国家对于来自发展中国家或地区的制成品和半制成品给予普遍的、非歧视的和非互惠的关税优惠。四是放宽或逐步取消了进口限额、外汇管制等非关税壁垒措施。

值得一提的是，战后出现的贸易自由化倾向和资本主义自由竞争时期由英国等少数国家倡导的自由贸易不同。资本主义自由竞争时期的自由贸易反映了英国工业资产阶级资本自由扩张的利益与要求，代表了资本主义上升阶段工业资产阶级的利益和要求。而战后的贸易自由化倾向是在国家垄断资本主义日益加强的条件下发展起来的，它主要反映了垄断资本的利益，是世界经济和生产力发展的内在要求。它在一定程度上和保护贸易政策相结合，是一种有选择的贸易自由化。在具体实行中，这种自由化政策形成了这样的趋势：工业制成品的贸易自由化程度超过农产品；机器设备一类资本品超过工业消费品；区域性经济集团内部的超过其外部；发达国家之间的超过发展中国家。因此，这种贸易自由化倾向发展并不平衡，甚至是不稳定的。当本国的经济利益受到威胁时，保护贸易倾向必然重新抬头。

（五）20世纪70年代中期以来的新贸易保护主义浪潮

进入20世纪70年代中期以后，在欧共体和日本等国经济崛起的同时，新兴工业化国家和地区的世界市场份额不断上升，而两次石油危机又使发达国家从经济的高速增长转向滞胀时期，失业问题深深困扰着各国，贸易保护主义的压力强烈地上升。此外，由于工业国家发展不平衡，美国的贸易逆差迅速上升，其主要工业产品如钢铁、汽车、电器等不仅受到日本、西欧等国家的激烈竞争，甚至面临一些新兴工业化国家以及其他出口国的竞争威胁。在这种情况下，美国一方面迫使拥有巨额贸易顺差的国家开放市场，另一方面则加强对进口的限制。因此美国成为新贸易保护主义的重要策源地。美国率先采取贸易保护主义措施，引起了各国贸易政策的连锁反应，各国纷纷效尤，致使新贸易保护主义得以蔓延和扩张。

新贸易保护主义不同于传统的贸易保护主义，其表现出以下鲜明的特点：第一，贸易保护措施由过去以关税壁垒和直接贸易限制为主逐渐被间接的贸易限制所取代。发达国家求助于关贸总协定的免责条款，即为了保护本国暂时性的国际收支平衡或为了避免进口国国内工业受到大量进口的严重损害等，从本国的需要和目的出发，重新进行贸易立法的解释，设置进口限制，并且越来越倾向于滥用反补贴、反倾销这些所谓的维持“公平”贸易的武器，来削弱新兴工业化国家及其他出口国在劳动密集型产品成本方面的优势，阻挡发展中国家新的进口竞争。第二，贸易政策措施朝制度化、系统化和综合化的方向发展。贸易保护制度越来越转向于管理贸易制度，不少发达国家越来越把贸易领域的问题与其他经济领域的问题甚至包括某些非经济领域的问题联系起来，进而推动许多国家的贸易政策明显向综合性方向发展。第三，其重点从限制进口转向鼓励出口，双边和多边谈判与协调成为扩展贸易的重要手段。第四，从国家贸易壁垒转向区域性贸易壁垒，实行区域内的共同开放和区域外的共同保护。

（六）新自由主义的贸易政策

20世纪60年代末，在西方经济品尝到凯恩斯主义刺激经济而带来的通货膨胀乃至停滞膨胀的涩果后求助于新保护贸易政策的同时，另一股思潮——新自由主义几乎同时兴起。新自由主义强调“竞争性秩序”，强调市场的完美性，认为政府干预是市场失灵的原因，使得市场机制不能顺畅自由地运行，所以要重新加强市场机制的作用。这种思潮在20世纪60年代也渗入国际贸易领域，在贸易理论和政策如对保护成本、贸易扭曲、中性贸易体制、贸易与经济增长、开放以及贸易自由化等方面的研究有了长足的进展，形成了一套以新自由主义为基础的贸易政策理论。在这一领域有重要影响的新自由主义代表人物有贝拉·巴拉萨、杰格·迪什巴格瓦蒂等。和50年代所强调的“有选择的贸易自由化”所不同的是，新自由主义贸易政策理论将市场的完美性推广到国际贸易，强调没有干预的自由贸易才能在世界范围内实现资源的最有效配置，才能最大限度地增进各国的福利。相反，贸易保护会减少财富。这些理论立足于正统的新古典经济学，但新自由主义者不满于新古典的静态分析和对保护主义的容忍，从而开始了以开放经济研究为核心的“新古典主义复兴”。与传统的新古典主义相比，他们的主张通常带有更加浓厚的经济自由主义色彩。对市场完美性的推崇没能帮助新自由主义击败新贸易保护主义，但这种思潮在后来拉美、东亚等地区的市场化改革中起到了一定的影响作用，并且也体现在GATT/WTO的管理之中。

（七）基于新贸易理论的战略性贸易政策

就在新自由主义者还在与新贸易保护主义者纠缠不休之际，一种基于新贸易理论的战略性贸易政策脱颖而出，对自由贸易主义的现实意义提出质疑。战略性贸易政策理论家们引入新贸易理论强调的不完全竞争，认为市场的不完全竞争性决定了政府在对外贸易政策上要根据市场结构的不同采取不同的贸易政策。这种战略性贸易政策就是，政府借助不同的政策行为改变或支持本国企业的战略行为，并影响外国不完全竞争企业的战略行为，使对外贸易朝着有利于本国获得最大限度利润的方向转变。其最具代表性的论文是詹姆士·布兰德和巴巴拉·斯本塞于1981年8月在《加拿大经济学》杂志上发表的《存在潜在进入者条件下对外国厂商征收关税和抽取垄断租》和詹姆士·布兰德发表在美国国家经济研究局的工作论文《战略性贸易政策》（5020号）。他们指出，战略性贸易政策是在不完全竞争，特别是寡头垄断的条件下，一国通过政府行为改变企业战略行为的政策。在这里，政府是企业博弈的前提，并影响着企业在博弈中的行为，特别是获得本国政府支持的一方可以采取更具进攻性的政策，使竞争朝着有利于自己的方向转移。战略性贸易政策不是一种单纯的贸易保护政策，有时还表现为自由贸易政策主张，是战略性进口政策、用进口保护促进出口政策和战略性出口政策三者的统一。按战略性贸易政策的观点，只要市场是不完全竞争的，政府就要干预对外贸易，干预的目标不再是贸易收支的顺差，而是本国获取最大限度的经济利益或利润。在这种利润动机的支配下，政府可能支持少出口（对出口征税），甚至多进口（采取抽取垄断租金，而不是将外国厂商挤出市场的战略）。因此战略性贸易政策不是一个单纯的贸易保护政策，而是一个使本国利益最大化的政策。该政策的另一个重要特征在于，它是一个针对不同产业或行业所实施的贸易政策，而不是一个宏观性的总体贸易政策。这一点与幼稚产业保护政策有类似之处，但与凯恩斯主义的贸易政策有明显的差异。

从对外贸易政策的发展可以看出，历史上具有主导作用的贸易政策理论主要有五个方面：重商主义贸易保护；完全竞争基础上的自由贸易；幼稚产业保护贸易；凯恩斯主义贸易保护和战略性贸易政策。由于自由贸易政策并没有在根本上被各个保护贸易政策彻底否定或代替，所以它应该是一个一直伴随国际贸易发展的政策，而其他四种贸易政策却在不同的历史时期出现过。其中，单纯的重商主义式的贸易保护政策已经成为历史；凯恩斯主义的贸易保护政策在发达国家经济萧条时期还不断地被人们想起并启用；幼稚产业保护理论一直是作为发展中国家走上工业化道路的重要政策选择；而战略性贸易政策也逐步被越来越多的国家作为制定对外贸易政策的重要参考。

第二节　国际贸易政策的理论依据

一、自由贸易政策的理论依据

实行自由贸易还是保护贸易，历来是贸易政策中争论最激烈的问题。自由贸易论者和保护贸易论者在长期的论战中，各自对自己所偏爱的贸易政策类型大加颂扬，并用许多支持论据阐述其政策类型的必要性和优越性。

在自由贸易论者看来，一般而言，自由贸易政策比保护贸易政策要优越得多，因为自由贸易可以带来最佳的生产效率和最大的经济福利。世界作为一个整体，如果各国都参加其中的国际分工，并且实行完全的自由贸易，那么在市场机制的作用下，全世界生产资源就能得到最佳的配置。具体地说，不仅世界各国的生产资源配置处于最佳境地，而且各种具体产品的要素投入、人们的收入以及消费水平都最为理想。同样，自由贸易能最大限度地为社会获取经济福利，而保护关税一类保护政策则使少数人受益和多数人受损。简言之，一是经济效率高，二是社会福利大，即为自由贸易政策的两大基本长处。这就是自由贸易信奉者共同所持的基本理由。可以看出，这些阐述实际上是西方标准市场理论在国际贸易政策理论上的体现和发挥而已。除此之外，开展自由贸易还能对贸易双方的经济和社会发展产生间接的积极影响。首先，一国实行自由贸易政策，使得出口企业不得不同外国生产同类商品的企业竞争，国内企业不得不同进口同类商品的企业竞争，这无疑是提高企业素质和竞争能力的必要途径。其次，开展自由贸易可以促使出口企业去寻求新的市场，而国际市场的扩大及其带来的新需求又会促进原有工业企业的发展和新工业企业的产生，从而促进经济增长。再次，实行自由贸易可以促使一国发展本国具有现实或潜在比较优势的产业，淘汰和放弃某些不合理的产业，促进企业的技术进步，促进产业结构由劳动密集型向资本密集型和技术密集型转变。最后，开展自由贸易必然带来人员的交流、文化的传播和思想的交换，特别是现代商品经济和社会化大生产孕育出的效率观念、福利观念、服务观念、冒险精神、开拓进取精神等，必然会对一国的政治、经济、文化和社会进步产生积极影响。上述见解同样成了一些自由贸易论者各自的主要理论根据。

二、保护贸易政策的理论依据

大多数贸易理论支持自由贸易政策，但现实中从未有过纯而又纯的自由贸易政策。自由贸易虽会给世界带来经济利益，但也会引起经济利益在不同国家以及不同利益集团间的重新分配。一国政府出于某种目的，可以并且必须采取某种手段来干预这种经济利益的分配过程，这正是保护贸易理论的出发点。在一国的不同发展阶段，其保护贸易政策的依据是不同的。

（一）主要流行于欠发达国家的保护贸易理论

1. 保护幼稚工业论

在欠发达国家中，贸易保护最重要最流行的依据是保护幼稚工业（infant Industry）论。保护幼稚工业论的主要观点是：后起国家的新兴工业起步时如同幼儿一样没有自立能力，在自由贸易环境下，必然会被国外有竞争力的同类工业所摧毁而永无长大的可能，因此在欠发达国家中，政府必须通过征收关税限制国外同类产品的进口，以保护本国的幼稚工业。

这种理论最早是由美国第一任财政部长亚历山大·汉密尔顿（A. Hamilton，1757—1804）于1791年在其《关于制造业的报告》中提出来的。后由美籍德国经济学家弗·李斯特（F. List，1789—1846）予以阐发。李斯特在其名著《政治经济学的国民体系》（1841）中详细阐述了后起国家推行贸易保护政策的历史与理论。

李斯特认为，自由贸易理论的基础是世界经济主义，即只考虑全人类与个人的利益，而没有考虑作为两者中间体的国家的存在。国家之间进行贸易，不能单纯按照商人的看法从价值理论来衡量，还必须时时考虑与国家现在和将来的生存、发展以及权力等有重要关系的因素，即一国的生产力。按照他的理解，财富的生产力比财富本身更重要。他指出，从经济方面看，国家必须经过以下各发展阶段：原始开化时期、畜牧时期、农业时期、农工时期，农工商时期。根据不同发展阶段的特点，各国应采取不同的贸易政策：在农工时期以前的三个阶段，应采取自由贸易政策，以便于国内农产品的出口和外国工业品的进口，逐步培育本国工业基础；进入农工时期后，由于本国产业处于幼稚阶段而缺乏竞争力，应采取保护贸易政策以利于本国工业的生存和发展；而到了农工商时期，随着本国工业国际竞争力的提高，应消除保护政策来充分享受自由贸易的利益。李斯特主张的保护贸易政策的目的是促进本国生产力的发展，保护的对象是受到国外强有力竞争的有发展潜力的幼稚工业，保护的期限最长不超过30年，具体措施是以禁止进口和征收高额进口关税为手段。

该理论在逻辑和实践上都证明是正确和有效的，但在具体操作中存在着困难，主要体现在以下两方面：一是保护对象的选择。正确地选择保护对象是保护幼稚工业政策成败的关键，为此，许多经济学家提出了各种选择保护对象的标准和方法。如成本差距标准将保护对象定位于具有成本下降趋势，且国内与国际的差距越来越小的产业；要素动态禀赋标准则提出若一国对某种产业的保护，使该国的要素禀赋发生有利于该产业发展或获得比较利益的变化，则该产业是有前途的。二是保护手段的选择。保护幼稚工业的传统手段主要是征收进口关税，但很多经济学家认为，既然保护的目的是增加国内生产，而不是减少国内消费，最佳的策略应是采取生产补贴而不是关税的手段来鼓励国内生产。由于采用关税手段政府可以得到关税收入，而采取生产补贴政府既失去关税收入，又要增加财政开支，因而欠发达国家更多地倾向于采用征收关税限制进口的手段来保护本国工业。

另外，通过限制进口的手段来保护幼稚工业还可能付出一种常常不被人注意的社会代价，即推迟接受和普及先进技术和知识所造成的损失，尤其是在大多数欠发达国家处于幼稚阶段的新兴工业或高科技工业领域。最明显的例子是对电子计算机（电脑）工业的保护。为了保护国内幼稚的电子计算机工业，一些国家对国外的电子计算机实行进口管制。结果是，在发达国家电脑已普及到家庭的电子时代，这些国家的电子计算机仍因价格昂贵而使大多数人望而却步。与彩电、冰箱等不同，电脑不是一般的消费品，电脑的普及价值是整个社会生产效率的提高和先进技术的外溢与普及，限制电脑进口，保护的只是一个行业，拖延的是整个社会的进步，其损失是远远超过所得的。

2. 改善国际收支论

贸易虽然是有进有出，但不一定平衡。如果出口额多于进口额，称为贸易出超或贸易顺差；反之，则是贸易入超或贸易逆差。贸易的出超和入超对一国的国际收支和外汇储备有很大影响，出超时给国家带来外汇净收入，外汇储备增加；入超则是外汇净支出，外汇储备减少。改善国际收支论认为，实行贸易保护可以减少进口，从而减少外汇支出，增加外汇储备。

该观点从理论上说没有问题，但实施起来有两个问题必须考虑到：

第一，别国的对策以及这种对策对本国出口的影响。贸易是双方的，一国实行保护，别的国家也会跟进，不管是有意报复还是进口能力下降，都会反过来影响本国的出口，其结果是，虽然少买了东西省了钱，但也少出口少赚了钱。国际收支也许没改善多少，本国消费者和出口行业都要为之付出很大的代价。

第二，要平衡收支，不仅要“节流”，更要注重“开源”。少进口省外汇只是一种消极的、代价昂贵的平衡方法，而提高出口产业的劳动生产率，挖掘更多的出口潜力去多赚外汇，才是积极的、代价较少的改善国际收支的办法。

以国际收支方面的理由作为贸易保护的依据，在发展中国家很普遍。从1979年东京回合到80年代末，发展中国家在向关贸总协定通报进口限制时，85%以上都以平衡国际收支为理由，这主要与发展中国家普遍出口能力低、外债严重有关。

通过贸易保护手段来达到出超和增加外汇储备的目的，往往以牺牲其他领域的利益为代价，有可能得不偿失。出超越多并不表示一国的福利水平越高。从宏观范围来说，出超只是表明一国的消费水平低于生产水平，生产出来的一部分产品出口到外国去了。在生产水平给定的前提下，出超越多，本国应有的当前消费越少。当然，出超增加了外汇储备，积攒了今后进口和消费的能力，因此，出超只相当于一种储蓄。此外，通过贸易保护（包括限制进口和鼓励出口）来追求出超还会引起与入超国的矛盾和纠纷。比如，近年来美国多次指责中国实行贸易保护从而使美对华贸易出现巨额逆差，并一再扬言，如果中国不采取措施开放市场，就要对中国的出口产品采取相应的报复行动，对中美的正常贸易带来不少负面影响。

3. 改善贸易条件论

改善贸易条件论认为，用增加关税等贸易保护的手段限制进口减少需求可以降低进口商品的价格。贸易条件是出口商品的国际价格与进口商品的国际价格的比率，进口商品的国际价格降低可以使贸易条件得到改善，即同样数量的出口商品可以换回更多的进口商品，从而使整个国家获利。以改善贸易条件为依据进行贸易保护的最终目的是想从中获利，而获利的手段则是迫使别国降价，这种做法等于把别人的财富占为己有。从经济学角度来说，不管是个人、企业还是国家，都把追求利益最大化作为自身经济行为的目标。但是，通过贸易保护来改善贸易条件的有效性仍然值得考虑。

首先，能否成功地通过贸易保护来降低产品的进口价格，首先取决于该国对国际市场的影响力。事实上，只有贸易大国才会对市场价格有影响力，才能通过限制进口来降低进口价格。如果是一个贸易小国，本身在国际市场上的地位无足轻重，那么，再怎么保护也不会对世界市场产生影响，哪怕完全不进口，进口产品的国际价格也不会下降。

其次，即使是贸易大国也未必能通过降低进口价格来获益。因为贸易是互相的，如果为了改善贸易条件而实行保护，很容易引起别国相应的报复措施。最终结果是，贸易条件没有得到改善，贸易量却因此下降。不仅进口商品的消费者受到损失，出口商品的生产者也遭池鱼之殃。

再次，无论别国报复与否，为改善贸易条件所进行的贸易保护会造成国际市场价格的扭曲，从而不利于资源的有效利用。

4. 增加政府收入论

通过关税来增加政府收入，与其说是一种政策理论，不如说是一种利益行为。不管消费者和整个社会所付的代价如何，作为政府，征收的关税则是实实在在的收入，这也是政府要实行贸易保护的动力之一。对于一些私有化较彻底的欠发达国家来说，政府既没有什么自己拥有的企业，又由于本国工业生产能力有限，国内人民生活水平低而没有多少收入税可征，关税就成了政府收入的重要来源。另外，征收关税比增加国内的各种税收要容易得多。国内的各种税收，无论收入税、销售税还是生产税，国内的消费者或生产者都直接看到，征税的阻力自然就大，而关税则在外国商品进入本国市场前就征收了，由此产生的商品价格上涨似乎并不是政府的原因。虽然，最终还是消费者支付了一定的关税，但消费者对这种间接的支付感觉并不灵敏，反对的声浪也不会太大。这一点，对政府来说，尤其是对那些要靠选民投票的政治家们来说是很重要的。而且，在发展程度越低的国家，关税在政府收入中的比重就越高。

从理论上说，征收关税的另一个好处是可以将一部分税赋转嫁到外国生产者或出口商身上。如果是进口大国的话，通过关税减少进口，会压低国际市场价格，结果相当于外国生产者为此承担了部分税赋负担，而且如果税率恰当的话，进口国的总福利水平还会得到提高。当然，这里的必要条件是：实行贸易保护的必须是举足轻重的进口大国。事实上，有这种地位的发展中国家几乎没有，尤其是那些国内没有多少税源的穷国，根本不可能有钱大量进口外国商品，无法大量进口自然就无法成为进口大国。因此，大多数国家的政府关税所得主要还是由国内消费者支付，并且，消费者的支付要超过政府关税税收所得。

5. 民族自尊论

进口商品并不仅仅是一种与国内产品无差别的消费品，进口商品的品种、质量常常反映了别国的文化和经济发展水平，而且进口的商品上都带有“某某国制造”的标签，以示与进口国商品的区别。一般来说，进口货总是比国产的要“物美”一些，比同质产品又“价廉”一些（否则也不会进口），尤其是欠发达国家所进口的先进工业商品，许多是本国不能制造的。在消费者“崇洋赞洋”的时候，政府往往会觉得有损民族自尊心和自信心，为了增加民族自豪感，政府一方面从政治上把使用国货作为爱国主义来宣传，另一方面企图通过贸易保护政策来减少外来冲击，发展本国工业。当然，这种保护也应有战略眼光。韩国鼓励购买国产车的主张在过去的半个世纪里还算是成功的。

（二）主要流行于发达国家的保护贸易理论

1. 保护就业论

保护就业论虽不像保护幼稚工业论那样具有悠久历史，但流行范围却同样广泛，而且主要是在西方发达国家。每当经济不景气、失业率上升时，西方国家的一些政治家和工会领袖就归罪于来自外国的尤其是发展中国家的竞争，纷纷主张以限制进口来保障本国工业的生产和就业。20 世纪八九十年代的西方贸易保护主义加强的一个重要理论依据，就是保护本国的生产和就业。

保护就业论可以从微观和宏观两方面来解释。从微观上说，某个行业得到了保护，生产增加，工人就业也就增加。从宏观上说，保护就业论是建立在凯恩斯主义经济学说基础之上的。

1929—1933 年的经济大萧条导致的空前失业浪潮，使自由贸易政策成立的前提条件之一即“充分就业”不复存在。约翰·梅纳德·凯恩斯(J. M. Keynes，1883—1946）完全放弃了自由经济思想，认为增加贸易顺差可以增加国内需求，从而扩大生产，同时又可增加国内货币供应量，降低利率，促进国内投资。他主张政府放弃自由贸易政策，采取直接措施奖出限入来干预对外贸易，实现贸易顺差，以使增加就业，刺激经济繁荣。凯恩斯主义的保护就业论带有超保护贸易的特征，与以前的贸易保护主义相比，这种政策主张将贸易保护的对象从幼稚产业转向了国内高度发展了的或出现衰落的产业，保护的目的从培养自由竞争能力转向加强对国内外市场的垄断，保护的措施也日益多样化，出现了关税以外的各种奖出限入的措施，并建议通过组建货币集团来争夺世界市场。

2. 保护公平竞争论

保护公平竞争是许多国家特别是西方发达国家用来进行贸易保护的另一依据。这一理论最初是用来对付国际贸易中因为政府参与而出现的不公平竞争行为的，后来又被广泛用来要求对等开放市场。保护公平竞争论是以一种受害者的姿态出现来进行贸易保护，这种保护似乎是迫不得已的，保护的目的也似乎是为了更好地保证国际上的公平竞争，以推动真正的自由贸易。

但是，对国际贸易中的不公平竞争的界定在各国很不一样。一般来说，凡是由政府通过某些政策直接或间接地帮助企业在国外市场上竞争，并造成对国外同类企业的伤害，即被看成是不公平竞争。具体来说，出口补贴、低价倾销等都算不公平竞争，将监狱中犯人或其他奴工制作的产品，或使用童工生产的产品出口到国外，也是不公平贸易行为。因为犯人、童工的工资被强迫性压低，生产成本当然就低，正常企业无法与之竞争。通过不同的汇率制度人为地降低出口成本，对外国知识产权不加保护等也包括在不公平贸易的范围之内。

近年来，不公平竞争的定义扩大到不对等开放市场。许多西方国家指责发展中国家的市场开放不够，指责中央计划经济没有按市场经济的原则实行自由竞争。美国还用这一论点来针对欧洲、日本等别的发达国家，指责他们对美国产品的进入设置重重障碍。一些国家甚至把自己的贸易逆差归罪于对方市场开放上的不平等。

用公平竞争作理由来保护贸易的最主要是美国，美国不仅在理论上觉得自己理直气壮，还在法律上对不公平贸易行为作出报复性的明文规定。早在1897年美国就通过了《反补贴关税法》，1930年的《关税法案》的第701节对反补贴作了更具体规定，并在1979年和1984年作了进一步修改。《反倾销法》在1916年首次通过，后列入《关税法案》的第731节。1974年通过的《贸易法案》中的301条款进一步明确授权政府运用限制进口等贸易保护措施来反对任何外国不公平的贸易行为，以保护本国企业的利益。其中有一个“特别301条款”（Special 301），专门用来对那些没有很好保护版权、专利、商标和其他知识产权的国家实行贸易制裁或制裁威胁。1988年《贸易和竞争综合法案》（The Omnibus Trade and Competitiveness Act）更是把焦点集中于对付不公平贸易和竞争方面。该法案中的“超级301条款”（super 301 Clause）不仅将不公平案的起诉权从总统下放到美国贸易代表（相当于外贸部长）手中，还要求贸易代表在每年4月30日将“不公平贸易国家”的名单递交国会。一旦上了这份“黑名单”，该国家就可能被列入报复对象。日本、中国都曾经被列入这种“黑名单”。用保护公平竞争为理由进行贸易保护的主要手段包括：反补贴税、反倾销税或其他惩罚性关税、进口限额、贸易制裁等。这些政策在理论上说可能有助于限制不公平竞争，促进自由贸易，但在实施中不一定能达到预期效果。首先，“反不公平竞争”可能被国内厂商用来作为反对进口的借口，一些国家的某些行业劳动生产率低下，面对国际竞争不求改进，反怪罪于外国商品。其次，像其他所有贸易保护一样，以公平竞争为由实行保护也同样可能遭到对方的反指控、反报复，尤其在国际交往中各国都有国家尊严，有时明知反报复行为会使本国损失更大，但为了在某种程度上维护国家的独立性或为了特定的政治利益，仍然会采取反报复政策。

3. 保护夕阳产业论

一国的某个产业丧失了国际竞争力，进入衰退阶段以后，会引起结构性的摩擦，使国际收支状况恶化，结构性失业加剧，因此，必须对现已失去比较优势的产业采用贸易壁垒措施加以保护。保护夕阳产业在短期内能成功地获得增加工资和就业机会，但从长远来看，保护阻碍了创新，使原来趋向衰落的企业对国际竞争的反应更为迟钝。对纺织、钢铁行业的保护并不必然改善国内机会，同时通常也使其他产业丧失了更多的机会。例如，由于美国对钢铁产业进行保护使其钢材涨价比国外高得多，结果损害了只得购买本国钢材的美国企业，导致了钢材消费产业工人的失业。在发达国家中，夕阳产业的利益集团常常通过院外活动而谋求保护，使消费者承担高价格的损失。这种寻租活动导致国民收入的转移，降低了资源的使用效率。

4. 社会公平论

这里的社会公平主要指的是社会各阶层或各种生产要素在收入上的相对平衡。不少国家利用贸易保护来调节国内各阶层的收入水平，以减少社会矛盾和冲突，其中最典型的例子是发达国家对农产品的保护。在发达国家工业化的进程中，资本的加速积累和土地的相对稀缺，使工业产品的生产成本下降，农产品生产的成本相对上升。发达国家逐渐失去了用相对成本来衡量的农产品的比较优势，如果仍然坚持自由贸易的话，农民势必竞争不过其他生产成本较低的国家，农民收入即使不下降，也跟不上其他行业收入的增加。为了保证农民和地主的收入能跟上社会发展的平均水平，或者说为了缩小农民与社会其他阶层收入的差距，不少国家（主要是发达国家和新兴工业化地区）就通过限制进口、价格支持、出口补贴等各种保护手段将社会其他行业的一部分收入转移到农民和地主手中，以达到一定的社会公平。

5. 国家安全论

贸易保护主义有时还以国家安全为依据，主张限制进口，以保持经济的独立自主。国家安全论认为，自由贸易会增强本国对外国的经济依赖性。这种情况可能会危害到国家安全，一旦战争爆发或国家之间关系紧张，贸易停止，供应中断，过于依赖对外贸易的经济会出现危机，在战争中可能会不战自败。

以国家安全为理由限制贸易的思想由来已久，可以追溯到17世纪英国的重商主义，当时的贸易保护主义就以国家安全为依据，主张限制使用外国海运服务和购买外国商船。20世纪以来战争连续不断，第二次世界大战后又经历了长期的东西方“冷战”，国家安全论也就经久不衰。国家安全的理论认为，有关国家安全的重要战略物资必须以自己生产为主，不能依靠进口。在这些行业面临国际市场竞争时，政府应加以保护。这些重要商品包括粮食、石油等重要原料、燃料。对某些不友好国家的出口也要控制，任何有可能加强敌方实力、威胁自身安全的商品都应严加控制，“巴统”就是其中的一个典型。

（三）战略性贸易政策的观点

战略性贸易政策是以市场的不完全性为基础的。根据不同的情况，学者们提出三种政策可供选择。

1. 抽取垄断租金

当本国尚不具有潜在的进入者时，政府对外国垄断厂商商品的进口，可选择征收最佳关税的政策。面对进口国政府的政策措施，外国出口商需要确定自己的对策——是将这种关税转嫁给消费者，还是自己承担全部关税。如果转嫁给消费者，进口国市场上该商品的价格就会上升，从而进口国生产成本比较高的厂商就可能进入市场，形成同外国厂商的竞争局面；如果外国出口商承担全部关税，它必须牺牲掉因垄断市场所获得的一部分额外利润或垄断利润。倘若选择后者，进口国政府的关税收入并非是外国进口产品的加价，而是来自外国厂商为保住自己的市场份额，被迫让出的一部分垄断利润。对进口国政府而言，这种租金征收的原则不是满足于单纯的征收关税，而是征收尽可能多的关税或最佳关税。这种关税达到最佳是指，外国企业处在被迫承担关税的边缘。如果征税水平或关税率过高，外国出口商将放弃阻止进口国企业进入市场的战略。

2. 政府征收关税高到外国出口商放弃阻止本国厂商进入市场的战略

外国厂商在进口国市场上居于垄断地位的情况下，如果进口国政府希望通过贸易政策，使本国生产同类商品的企业发展起来，进入市场，那么政府将采取征收关税的措施。在此情况下，外国厂商可能有两种选择：一是继续承担征收的关税，以便阻止进口国企业进入该市场；二是放弃承担关税，默许进口国厂商进入市场，自己只是作为市场价格的领先者，决定市场价格的水平。而后者正是进口国政府所希望看到的，即希望市场价格高到这样的程度，以致进口国的厂商也能卖出自己生产的商品，获取高额垄断利润，从而达到鼓励本国厂商进一步增加商品生产的目的。对外国出口厂商而言，其被迫接受进口国厂商进入的条件是：采取承担关税战略所获得的垄断利润，少于采取允许进口国企业进入市场战略所获得的利润。相应地，对于进口国政府而言，迫使外国出口厂商选择第二种战略的最佳关税水平是：使外国厂商选择承担关税战略后所得的利润水平，低于选择允许进口国企业进入的利润水平。对进口国自己的企业而言，当它进入市场后，能够在跟随垄断厂商定价的基础上弥补自己的生产成本，并获得可观的垄断利润。由此它受到激励，增加商品的生产，使市场的供应量不断增加，进而使市场价格下降。直到外国垄断者认为，该市场不再具有获取垄断利润的价值时，进口国自己的企业将外国企业挤出该国市场。这一结果正是进口国政府实施贸易政策的目标。

3. 政府对本国的出口采取某种干预政策

当外国厂商退出本国市场后，本国的生产不断增加，直到能够满足本国自己的需求而有余。实际上，在规模经济能够发挥作用的部门或产业，当企业的生产规模足够大时，它的生产成本也会随之降低，从而该国商品不仅在本国市场上代替了外国商品，而且在第三国市场上也会有与外国厂商展开竞争的实力。在本国厂商与外国厂商势均力敌的情况下，政府的某种支持或资助将有利于本国企业竞争能力的提高，也就是说，在势均力敌的企业博弈中，额外的支持将改变整个博弈的天平。因此，政府对本国企业的某种支持或补贴是非常重要的。当然，如果在外国市场上，本国企业处于绝对的竞争优势地位，而外国企业处在竞争劣势地位，以致不需要政府的干预或支持，本国企业也能占据竞争的有利地位时，政府宁愿鼓吹自由贸易。但是这里的自由贸易不是一般意义上的自由放任，而是在一定的市场结构下，政府所作出的战略性贸易政策选择。如果本国出口企业规模过小，以致在国外市场有限的情况下，形成了本国企业在国外市场上相互竞争的局面，那么，在此情况下，政府为使本国获得最大限度的利润或利益，即使本国企业有强有力的价格竞争能力，也要对过度的出口实施干预，从而使本国的出口规模适度。政府的干预工具是对出口征收关税，以便阻止一些生产成本比较高的企业难以在国外市场上获得利润。

三、贸易政策制定中的政治经济学

现实中，有各种各样的理由支持贸易保护，但为什么政府最终采用的是这样一种保护措施而非另一种呢？为什么政府要对一种商品征收较高的关税而对另一种商品征收较低的关税呢？事实上，贸易政策的决定不仅仅是政府的一种经济选择，同时也是一项政治与社会决策。

（一）贸易政策制定中的基本思路

正如产品的价格是由市场的供给与需求来决定，一项具体贸易政策的决定也是由对这项政策的需求和供给决定的。从需求方面来看，对一项政策的需求，既要有相关的个人利益和集团利益，还要有代表和反映这些利益的组织。任何一项政策的实施必定会涉及各种集团的利益。如斯托尔珀—萨缪尔森理论所述，开放贸易的结果是使本国原来充裕的要素受益，使原来稀缺的要素受损。因此，我们不难理解，一国的稀缺要素通常会要求保护而充裕的要素会希望更自由的贸易。在贸易政策的具体分析中，我们将会知道生产者和消费者对贸易政策有不同的要求。

那么，这些不同的利益集团是通过什么样的形式和渠道来表达对政策的偏好和需求的呢？是通过对政府的游说工作，通过在政府中代表这些利益集团的政党或代言人来表达，还是直接通过社会舆论或民间团体来对政府施加压力？具体的表达方式取决于一个国家的政治体制，不同的政治体制会使同样的政策需求出现不同的表现方式，对政策的最终制定也会产生不同的影响。

从政策的供给角度看，也有两个重要方面：一个是政府对政策的偏好，另一个是制定具体政策的机制。政府对政策的偏好取决于政府的目标函数，也就是说，政府采用不同政策所要求达到的目的是什么。从经济理论上说，政府应是全民利益的代表，政府经济政策的目标应是资源的最有效利用和社会福利的最大化；但在现实中，政府的目标往往是多重的，既有经济的考虑，也有政治和社会的考虑。对于任何执政党来说，维持政权的稳定和保证继续执政都是最根本的。因此，不管政治体制如何，政府在制定或选择经济政策（包括贸易政策）时，都会权衡利弊，考虑其对政治、经济和社会的影响。

在经济学的分析中，是否实行某种贸易政策应取决于社会总体福利水平。

在国际贸易政策的政治经济学分析中，任何一项贸易政策的实施是利益集团的需求和政府的供给的均衡。

（二）贸易政策制定中的政治经济学模型

20世纪80年代以来，国际贸易政策制定中的政治和社会因素越来越受到经济学家的重视。与此相应地，经济学家们在国际经济学领域中建立起了一些政治经济学模型，在这些模型中，政府的目标是成功地掌握政权和维护政权的稳定而非社会福利最大化。

1. 中点选民模型

中点选民模型假设政府是民主选举产生的，任何一个政党只有得到了多数选民的支持，该政党才有可能执政，因而政府在选择任何经济贸易政策的时候，必须要考虑如何得到多数选民的支持。

怎样才能选择得到多数选民支持的政策呢？重要的方法就是尽可能地选择靠近中点选民的意见的政策。所谓中点选民的意见，一般表现为两种意见之间的观点。以中点意见为界，一边更为保守，另一边更为激进，且两边人数基本相等。

我们可以通过一个简单的例子来说明这一模型。假设本国有9个选民，他们对关税的偏好都不同。假设第1人主张关税率为1%，第2人主张2%，依此类推，第9个人主张9%的关税率。在这里，中点选民是第5个，中点选民的意见是关税率定在5%。再假设本国有两个政党存在，如民主党和社会党。两党都想得到大多数选民的支持。在贸易政策的选择中，假定民主党选择了征收7%的关税，而社会党选择了6%的关税，这时，主张高关税的选民（7、8、9）就会支持民主党，但主张低关税的选民，包括从第1到第6个选民就都会支持社会党。从第1到第5个选民的意见虽然没有被采纳，但相对于主张7%的关税的民主党来说，社会党更接近他们的意见。如果这时有一个第三党，比如说进步党，选择了关税率为5%的政策，那么，从第1到第5个选民就会转而支持进步党，支持社会党的就只剩下第6个选民一人了。由此可见，越接近中点选民意见的政策越能得到大多数选民的支持。这就是中点选民模型。

2. 集体行动和有效游说

贸易政策的中点选民决定论理论上似乎没有问题，可是如果观察一下民主选举制国家的贸易政策实践，不难发现，在许多情况下贸易政策保护的恰恰都是少数人。例如，几乎所有的发达国家都保护农产品，而农民占这些国家的总人口都不到10%。在发展中国家中农民是大多数，但这些占大多数的农民不但得不到保护，政府还通过对出口的控制压低国内的农产品市场价格，间接地保护了人数较少的城市中的农产品消费者。钢铁、纺织品等行业在美国也是夕阳工业，就业人数越来越少，但他们受到的保护仍很高，占大多数的消费者为保护这些少数人而支付了不小的代价。那么，怎样解释政府选择这种牺牲大多数人利益来保护少数人利益的贸易政策的行为呢?

研究公共政策的经济学家提出了集体行动（collective action）的理论，认为一种政策是否被政府采纳并不在于受益或受损人数的多少，而在于利益集团的集体行动是否有效。

假如一国政府在考虑是否要对进口的苹果征10%的关税，征税的结果是损害消费者的利益，消费者因而会反对这项政策，但本国的苹果生产者则会因得到保护获得利益而支持征税。从人数上来说，苹果的消费者一定比生产者多，但在集体行动方面，消费者一定不如生产者有效。其主要原因是，人越多，“搭便车的人”（free rider）越多，积极参与的人反而少，意见也不容易统一，集体行动的效率低，而人少的一方却更容易组织得好。在影响政府政策的游说中，人数较少的利益集团容易统一，从而在集体行动中步调一致，在游说中取得成效。

决定利益集团集体行动有效性的另一个重要因素是集团中个人利益的大小。政府如果对苹果征10%的关税，消费者作为一个整体来说，其总损失要比生产者收益和政府关税收入的总和还要大，但如果将总损失除以消费者总人数，每一个消费者的损失就很小了。另一方面，对于每个生产者来说这一政策所产生的利益就会很大，值得为此不遗余力地拼搏一下。所以，生产者参与影响政府政策的集体行动和游说活动的积极性都远远超过消费者，甚至会因此而极力支持政府或反对政府，对政府能否实现其稳定执政的目标影响较大。政府面对的一边是对任何政策实际上都无所谓的众多消费者，另一边却是弄得不好会为此拼命少数生产者，在这种情况下，政府往往会选择总福利水平下降，大多数人利益受损而少数人受益的贸易政策。

3. 竞选贡献或政治贡献

在民主选举政府的国家里，贸易政策的制定还要受到各执政党支持者的影响。一般来说，每个政党都代表一些特殊集团的利益，而这些利益集团也在竞选中积极支持能考虑他们利益的政党。例如，在美国的两党中，工会（尤其是劳联、产联）一般支持民主党，大财团或企业主一般会支持共和党。这些利益集团在国会和总统的竞选中出钱出力极力支持各自的党派当选，这些党派的候选人一旦当选之后就会在力所能及的范围里制定或维持有利于这些利益集团的政策。否则他们就会在下一轮竞选中失去这些利益集团的资金、支持和选票。

由于大多数政府政策的目标函数是维护其政权的稳定性，所以对于帮助其当选或连任的利益集团，政府会握力地去加以保护。政府实行有利于这些利益集团的贸易政策是为了对他们政治支持的一种回报。保护这些利益集团本身也就是保护政府本身。

(三)国际谈判与贸易政策

在古典政治经济学中，亚当·斯密和大卫·李嘉图作为自由竞争和自由贸易的倡导者，其自由观点基于以下假定前提：个人是政治经济学的基本角色和分析单位；个人是理性的；个人是通过商品交换来实现其效用满足最大化的。结论是政府的经济角色相对有限，任何形式的政府干预会限制市场力量，从而阻碍贸易的发生。诚然，自由主义者也承认某些“公共物品”应由政府而不是由市场提供，认为政府在维护自由竞争中起到了不可缺少的作用。推广到国际经济领域，自由主义者强调了不仅国家内部而且国家之间利益协调的重要性。一个有力的历史例证是，19 世纪英国废除谷物法取得自由贸易的伟大胜利，不仅给英国而且给其他国家带来利益。自由贸易将增进各国福利水平，从而亦使国家冲突和战争缺乏经济基础。

产生于 20 世纪 30 年代的国际现实主义，则一定程度上解释了大萧条时期主要工业化国家实行“以邻为壑”贸易政策的福利原因。现实主义者认为，国家是国际政治经济学的主要角色和分析单位；理性的国家追求自身权力最大化，各国都有其国家的整体利益，而各国政府则是这种利益的保证。不同于经济，政治是一种零和游戏；国家通过成本与收益分析，作出实现利益最大化的选择。自由主义者认为，经济学和政治学很大程度上属于各为其政的领域，而现实主义者认为，国际政治学是国际经济学的基础。他们强调了国家政治与经济利益之间的关系，认为一国的贸易政策仅仅是一国对外政策的反映，贸易政策的制定目的在于增强与国家利益相关的竞争力。此外，现实主义者也强调了贸易的外部性，认为安全因素对一国贸易政策有着重要的影响。

贸易政策的这种国际经济学分析，最有代表性的当属金德尔伯格等提出的“霸权安定理论”。这种理论认为，一国在国际政治经济中的地位决定了其对外经济政策。当国际体系中具有超群的军事力量、政治力量和经济力量的某一突出国家即所谓霸权国家出现的时候，它必然要求并试图建立开放的国际贸易体制，并且通过制裁、报复等强制手段来执行规则。霸权国家提供了自由贸易这一公共物品，并具有稳定和维护国际体制的能力。霸权安定理论从英国 19 世纪中叶到 20 世纪初这一时期贸易政策演化中受到了启发，旨在解释各国相对国际地位变化过程中国际经济体制的演变。金德尔伯格甚至认为，20 世纪 30 年代的大萧条部分地是英国作为霸权国家角色的接力棒交给尚未完全形成霸权国家的美国而不幸落地的结果。拿这一理论来检验第二次世界大战后的贸易政策，可以发现，美国作为霸权国家期间，它构筑起自由贸易体制并竭力维持；一旦其霸权地位下降，便逐步从自由贸易的立场后退，转向新贸易保护主义。

贸易政策的国际政治经济学从国际关系的角度解释了贸易政策的变化，认为国际贸易是国与国之间关系的一种形式和途径，各国的相互作用决定了贸易政策的选择。各国在选择贸易政策时虽然按国家利益行事，但常处于自由贸易与保护贸易的两难境地，并且常有实施贸易保护的冲动，结果往往背离了效率的原则。因此，在贸易政策实践中，赫莱尼尔（Helleiner）等用国际谈判模型解释了 20 世纪 30 年代以来特别是第二次世界大战后关税不断下降的趋势。通过两国或多国谈判达成协议要比单方而实施减税政策容易，单方面实施关税减让会引起国内较强烈的反对，而双边或多边协议可以得到那些因关税减让而得益的部门、集团和阶层的支持；而且政府之间达成协议之后，各自都承担了相应的国际义务，有助于避免贸易战的发生。事实上，当今的国际贸易体系正是维系在一系列双边或多边的国际贸易协定之上的。通过一系列国际谈判，第二次世界大战后贸易自由化取得了巨大的进展，各国政府同意共同进行关税减让。这些协议把各国减少进口竞争行业的保护与降低对这些国家出口行业的外国进口保护联系起来。

（四）贸易政策中的政治经济学之现实应用

根据政治决策过程中的成本与收益分析，贸易政策的政治经济学阐明了贸易保护的产业特征，并在多方面得到应用。

消费品等进口所占比例较高的产业、纺织业等就业人数较多的产业和钢铁、汽车等寡头竞争产业易于得到更多的保护。这种分析也具体印证了贸易政策的格局：一是阶梯关税的格局。利益集团决定关税结构，各种产业对贸易保护的游说活动有着不同的收益和成本。对最终消费品征收的关税一般高于中间产品和原料，这归因于分散的消费者利益集团受困于大量的免费搭车者，在政治上缺乏组织力量；集体行动的困难解释了有些政策不但得不偿失而且受损选民远超过受益选民却仍被采纳。二是美国和加拿大的保护格局。政府在决定关税率时存在偏袒组织得好、与进口竞争的集团的倾向，这表明出口集团在维护与它们利益相关的自由贸易方面，不如受到进口威胁的集团为实行保护贸易而组织得好。三是关税减让的格局。第二次世界大战后在 GATT/WTO 主持下以关税减让为核心的贸易自由化谈判实际上是各国相互间的一种让步，谈判者把削减关税当作让步正是出于政治上的考虑，以迎合与进口竞争的生产者集团。

贸易政策的政治经济学分析还在多方面得到了运用。一是在有关“直接非生产性寻租活动”的经济研究上。克鲁格曼认为，政府的关税政策旨在保护民族工业的发展，但是当国内市场被少数几家企业垄断时，这些企业可能就没有很强的激励去改进技术，提高质量，增强市场竞争力，从而使关税政策成为对寻租行为的保护。此外，与进口替代政策体制相伴随的进口配额、进口许可证制、汇率高估以及外汇管制等都将产生追求经济寻租的活动，这种对社会有限经济资源的耗费构成贸易保护社会成本的重要组成部分。二是在贸易政策工具的选择上。当今世界各国广泛使用的政策工具与国际贸易理论分析是相违背的。之所以选择直接让国外承担保护成本的反倾销税、反补贴税和自愿出口限制等造成更大福利损失的政策工具，而不运用经济效率最优或次优的政策工具，是因为政治决策者不但从经济上而且更多地从政治上考虑其影响。三是在贸易政策的决策分析上。多数发达国家的政府管理，形成了两个分离的政策领域——产业部门领域和国民经济领域。政策焦点本应是国民经济宏观管理，但实际上却偏向单个产业部门。例如，各行政部门之间的妥协、与各种利益集团的讨价还价，是美国寡头政治的核心特点，行政部门之间的互相牵制反而可能使代表大多数人利益的贸易政策无法得到实施。

本章主要术语

自由贸易政策　保护贸易政策　超保护贸易政策　管理贸易政策　进口替代战略　出口导向战略

复习思考题

1. 对外贸易政策包括哪几个方面的内容？
2. 什么是自由贸易政策和保护贸易政策？
3. 什么是超保护贸易政策？它与一般保护贸易政策有何区别？
4. 发达资本主义国家的贸易政策的发展趋势是什么？

阅读资料

[1] 岳咬兴．国际贸易政策教程 [M]．上海：上海财经大学出版社，2006.

[2] 严国辉．国际贸易理论与实务（第二版）[M]．北京：对外经济贸易大学出版社，2009.

第四章　国家实施贸易政策的措施

学习目标：

掌握关税的定义、特点；
熟悉关税的种类；
掌握关税征收标准、依据和程序；
掌握非关税措施的定义、特点；
掌握非关税措施的种类；
了解出口促进措施的定义和种类；
掌握出口管制的对象、形式和措施类型。

第一节　关税措施

引例：

20 世纪 80 年代中期，美国曾因日本将高级计算机出口到苏联，而对日本输美的电子产品征收 100%关税。同时美国是 90 年代以来运用“报复性关税”最频繁的国家，1999 年 3 月因“香蕉贸易战”，美国对欧盟的部分产品加征报复性关税。

思考：

(1) 为什么美国要对日本输美的电子产品征收关税?

(2) 征收“报复性关税”合理吗? 为什么?

一、关税的含义与作用

(一) 关税的含义

关税 (customs duties；tariff) 是指进出口货物经过一国关境时，由政府设置的海关向本国进出口商课征的一种税收。由于征收关税提高了进出口商品的成本和价格，客观上限制了进出口商品的数量，故关税又被称为关税壁垒 (tariff barriers)。早在欧洲古希腊、雅典时代，关税就已出现。但统一国境关税是在封建社会解体和出现了资本主义国家后产生的。这种国境关税制一直沿用至今，成为世界各国对外贸易政策借以实施的主要措施之一。

关税是国家税收的一种。与其他税种相比，关税有两个主要特点：第一，关税的征收对象是进出境的货物和物品；第二，关税具有涉外性，是对外贸易政策的重要手段。由于关税在商品的流通过程中征收，进出口商可以把关税税额作为成本的一部分追加到进出口商品上，最终将关税负担转嫁给消费者，因此，关税是一种间接税。

同其他赋税一样，关税的征收具有强制性、无偿性和可预见性等特点。也就是说，关税是依照有关法律规定强制征收的，是国家无偿取得的国库收入，其数额是按照国家事先规定的税则计征缴纳的，一般不得随意变动和减免。

关税的征收是通过海关来执行的。海关是设立在关境上的国家行政管理机构，其职责是依照国家法令，对进出口货物、货币、金银、行李、邮件、运输工具等进行监督管理、征收关税、查禁走私、临时保管通关货物和编制进出口统计等。

海关执行海关法令规章、行使管辖权、征收关税的领域称为关境（customs territory；customs frontier），亦称税境或关税领域。货物只有在进出关境时才被视为进出口货物而征收关税。一般情况下，一国关境与国境重合，但也有不一致的情况。自由港、出口加工区、保税区等经济特区虽在国境之内，但却在关境之外，因此，设有经济特区的国家关境小于国境。另一种情况，当几个国家结成关税同盟（如欧盟），对内取消一切贸易限制，对外建立统一的关税制度，则这些国家的关境大于国境。

（二）关税的作用

征收关税的作用主要有两个方面：一是增加本国财政收入；二是保护本国的产业和国内市场。其中以前者为目的而征收的关税称为财政关税（revenue tariff），以后者为目的而征收的关税称为保护关税（protective tariff）。

最初征收关税的目的主要是为了获得财政收入。财政关税在资本主义发展初期占有重要的位置。由于当时经济不够发达，其他税源有限，财政关税便成为一国财政收入的重要组成部分。以美国为例，1805 年美国联邦政府的财政收入中，关税收入约占 90%～95%。以后随着资本主义经济的发展，发达国家的财政收入改为以直接税为主，关税作为财政收入的作用逐渐减弱。目前，发达国家的关税仅占其财政总收入的 2%～3%。然而，就发展中国家而言，由于国内经济不发达，直接税源有限，关税收入仍然是国家财政收入的一个重要来源。目前，发展中国家关税收入一般约占其财政收入的 13.2%，我国则约为 7%。财政关税的税率视国库的需要和影响贸易的数量而定，如果税率过高将减少或阻碍进口，反而达不到增加财政收入的目的。财政关税的征收对象也应是进口数量多、消费量大、税赋力强的商品，如烟、酒、茶、咖啡等，而不应是本国生活必需品和生产必需品，这样才能既有稳定的税源，又不影响国内生产和人民生活。

随着关税的财政收入作用逐渐减弱，关税的保护作用却一度明显增强。保护关税的一个重要问题是税率的确定，税率越高就越能保护本国生产和本国市场。保护关税通过提高税率来加重进口商品的成本负担，削弱其竞争力，从而限制外国商品进口和保护国内同类商品生产。另外，保护关税还可以通过调整关税税率的高低来控制进出口商品的数量，以此调节国内价格，保证国内市场供求平衡，从而达到保护国内市场的目的。于是，在资本主义生产方式发展后，各资本主义国家为了保护本国的生产，纷纷使用保护关税作为自由竞争的防卫手段，保护本国的幼稚工业和竞争中的敏感商品。到了20世纪30年代大危机时，各国为了转嫁危机，竞相提高税率，使用了超保护关税。其税率之高超过了一般保护程度，保护对象也变成本国的成熟工业和衰退工业或垄断资本需要大量出口的商品，以保护其既得利益。一时间关税战狼烟四起，严重阻碍了国际贸易的发展。

直至二战后，为了实现贸易自由化、推动世界经济贸易顺利开展，关贸总协定得以面世。自生效以来，关贸总协定在消除关税壁垒方面作出巨大努力，取得了丰硕的成果。经过前七轮国际多边贸易谈判，发达国家进口工业品的平均关税由40％下降到4.7％，发展中国家进口工业品的加权平均关税也下降到14％。关税壁垒的大幅度下降使关税的保护作用被严重削弱。但是，关贸总协定并没有取消关税，而是允许各国把关税作为唯一合法的经济保护手段。因此，即使是发达国家也没有完全放弃保护关税这个防卫手段，相反还经常以提高关税或使用惩罚关税、报复关税相威胁，以迫使别国作出贸易方面的让步。发展中国家更有理由、有必要使用关税这个武器，保护本国民族经济，并在世界市场上取得应有的地位。

财政作用和保护作用是关税作用的两个重要方面，除此之外，关税还有涉外作用。关税一直与国际经济关系和外交关系有着密切的联系。比如，各国可以利用关税税率的高低和不同的减免手段来对待不同类型国家商品的进口，以此开展其对外经贸关系；通过提供优惠待遇可以改善国际关系，争取友好贸易往来；利用关税壁垒，可以限制对方商品进口甚至作为惩罚或报复手段。发展中国家还普遍利用关税减让作为“入门费”来取得关贸总协定缔约国地位，或者作为对外谈判的筹码，迫使对方让步。

二、关税的种类

（一）关税种类繁多，按照征收对象或商品流向，关税可分为进口税、出口税和过境税

1. 进口税

进口税（import duties）是指进口商品进入一国关境时或者从自由港、出

口加工区、保税仓库进入国内市场时，由该国海关根据海关税则对本国进口商所征收的一种关税。进口税又称正常关税（normal tariff）或进口正税。

进口税是保护关税的主要手段。通常所说的关税壁垒，实际上就是对进口商品征收高额关税，以此提高其成本，进而削弱其竞争力，起到限制进口的作用。关税壁垒是一国推行保护贸易政策所实施的一项重要措施。

各国进口税税率的制定要考虑多方面的因素。从有效保护和经济发展出发，应对不同商品制定不同的税率。一般地说，进口税税率随着进口商品加工程度的提高而提高，即工业制成品税率最高，半制成品次之，原料等初级产品税率最低甚至免税，这称为关税升级（tariff escalation）。进口国也可以根据对商品的需求程度对不同商品实行差别税率，对于国内紧缺而又急需的生活必需品和机器设备予以低关税或免税，而对国内能大量生产的商品或奢侈品则征收高关税。另外，进口国也可以结合政治经济关系的需要，对来自不同国家的同一种商品实行不同的税率。

一般说来，进口税税率可分为以下几种：

（1）普通税率。如果进口国未与该进口商品的来源国签订任何关税互惠贸易条约，则对该进口商品按普通税率征税。普通税率通常为一国税则中的最高税率，一般比优惠税率高1～5倍，少数商品甚至高达10倍、20倍。目前仅有个别国家对极少数（一般是非建交）国家的出口商品实行这种税率，大多数只是将其作为其他优惠税率减税的基础。因此，普通税率并不是被普遍实施的税率。

（2）最惠国税率。最惠国税率是一种优惠税率，往往和双边或多边最惠国待遇相关。所谓最惠国待遇（most - favoured - nation treatment - MFNT），是指缔约国各方实行互惠，凡缔约国一方现在和将来给予任何第三方的一切特权、优惠和豁免，也同样给予对方。最惠国待遇的内容很广，但主要是关税待遇。最惠国税率是互惠的且比普通税率低，有时甚至差别很大。例如，美国对进口玩具征税的普通税率为70%，而最惠国税率仅为6.8%。由于世界上大多数国家都加入了签订有多边最惠国待遇条约的关贸总协定（现由世界贸易组织继承其协定），或者通过个别谈判签订了双边最惠国待遇条约（如中美之间），因而这种关税税率实际上已成为正常的关税率。

不过，最惠国税率并非是最低税率。在最惠国待遇中往往规定有例外条款，如在缔结关税同盟、自由贸易区或有特殊关系的国家之间规定更优惠的关税待遇时，最惠国待遇并不适用。

（3）特惠税。特惠税（preferential duties）又称优惠税，是对来自特定国家或地区的进口商品给予特别优惠的低关税或免税待遇。使用特惠税的目的是为了增进与受惠国之间的友好贸易往来。特惠税有的是互惠的，有的是非互惠的，税率一般低于最惠国税率和协定税率。

特惠税最早开始于宗主国与其殖民地及附属国之间的贸易。目前仍在起作用的且最有影响的是 2000 年 6 月 23 日欧盟 15 国与非洲、加勒比海及太平洋地区 77 国（简称非加太集团）签订的《科托努协定》（前身为《洛美协定》）的特惠税，它是欧共体向参加协定的非洲、加勒比海和太平洋地区的发展中国家单方面提供的特惠关税。根据协定，在协定的 8 年过渡期中，非加太国家 97%的产品可免税进入欧盟市场。

（4）普惠制税率。普惠制是普遍优惠制（generalized system of Preferences——GSP）的简称，是发达国家给予发展中国家出口的制成品和半制成品（包括某些初级产品）普遍的、非歧视的、非互惠的一种关税优惠制度，税率一般比最惠国税率低约三分之一。普遍性、非歧视性和非互惠性是普惠制的三项基本原则。普遍性是指发达国家对所有发展中国家出口的制成品和半制成品给予普遍的关税优惠待遇；非歧视性是指应使所有发展中国家都无歧视、无例外地享受普惠制待遇；非互惠性即非对等性，是指发达国家应单方面给予发展中国家作出特殊的关税减让而不要求发展中国家对发达国家给予对等待遇。普惠制的目的是通过给惠国对受惠国的受惠商品给予减、免关税优惠待遇，使发展中的受惠国增加出口收益，促进其工业化水平的提高，加速国民经济的增长。

普遍优惠制是发展中国家在联合国贸易与发展会议上长期斗争的成果。从 1968 年联合国第二届贸发会议通过普惠制决议至今，普惠制已在世界上实施了 30 余年。目前，全世界已有 190 多个发展中国家和地区享受普惠制待遇，给惠国则达到 29 个，分别是：欧洲联盟十五国（德国、英国、法国、意大利、荷兰、比利时、卢森堡、爱尔兰、希腊、西班牙、葡萄牙、丹麦、奥地利、芬兰、瑞典）、瑞士、挪威、波兰、俄罗斯、乌克兰、白俄罗斯、日本、加拿大、澳大利亚、新西兰，以及美国、保加利亚、匈牙利、捷克，其中 28 个给惠国给予了中国普惠制待遇。

给惠国为实施普惠制而制定的具体执行方法体现在普惠制方案之中。各发达国家（即给惠国）分别制定了各自的普惠制实施方案，而欧盟作为一个国家集团给出共同的普惠制方案。因此，目前全世界共有 16 个普惠制方案。从具体内容看，各方案不尽一致，但大多包括了给惠产品范围、受惠国家和地区、关税削减幅度、保护措施、原产地规则、给惠方案有效期等六个方面。

给惠产品范围。一般而言，农产品的给惠商品较少，工业制成品或半制成品只有列入普惠制方案的给惠商品清单，才能享受普惠制待遇。一些敏感性商品，如纺织品、服装、鞋类以及某些皮制品、石油制品等常被排除在给惠商品之外或受到一定限额的限制。例如，欧盟 1994 年 12 月 31 日颁布的对工业产品的新普惠制法规（该法规于 1995 年 1 月 1 日开始执行），将工业品按敏感程度分为五类，并分别给予不同的优惠税率。具体地说，对第一类最敏感产品，即所有的纺织品，征正常关税的 85%；对第二类敏感产品，征正常关税的 70%；对第三类半敏感产品，征正常关税的 35%；对第四类不敏感产品，关税全免；而对第五类部分初级工业产品，将不给优惠税率，照征正常关税。又如美国的普惠制方案规定，纺织品协议项下的纺织品和服装、手表、敏感性电子产品、敏感性钢铁产品、敏感性玻璃制品或半制成品及鞋类不能享受普惠制待遇。

受惠国家和地区。发展中国家能否成为普惠制方案的受惠国是由给惠国单方面确定的。因此，各普惠制方案大都有违普惠制的三项基本原则。各给惠国从各自的政治、经济利益出发，制定了不同的标准要求，限制受惠国家和地区的范围。例如，美国就曾以我国不是关贸总协定成员为由拒绝把普惠制待遇给予我国的出口产品。

给惠商品的关税削减幅度。给惠商品的减税幅度取决于最惠国税率与普惠制税率之间的差额，即普惠制减税幅度＝最惠国税率－普惠制税率，并且减税幅度与给惠商品的敏感度密切相关。一般说来，农产品减税幅度小，工业品减税幅度大，甚至免税。例如，日本对给惠的农产品实行优惠关税，而对给惠的工业品除其中的“选择性产品”给予最惠国税率的 50%优惠外，其余全都免税。

保护措施。各给惠国为了保护本国生产和国内市场，从自身利益出发，均在各自的普惠制方案中制定了程度不同的保护措施。保护措施主要表现在例外条款、预定限额及毕业条款三个方面。

原产地规则（rules of origin）。为了确保普惠制待遇只给予发展中国家和地区生产和制造的产品，各给惠国制定了详细和严格的原产地规则。原产地规则是衡量受惠国出口产品能否享受给惠国给予减免关税待遇的标准。原产地规则一般包括三个部分：原产地标准、直接运输规则和书面证明书。所谓原产地标准（origin criteria），是指只有完全由受惠国生产或制造的产品，或者进口原料或部件在受惠国经过实质性改变而成为另一种不同性质的商品，才能作为受惠国的原产品享受普惠制待遇。所谓直接运输规则（rule of direct consignment），是指受惠国原产品必须从出口受惠国直接运至进口给惠国。制定这项规则的主要目的是为了避免在运输途中可能进行的再加工或换包。但由于地理或运输等原因确实不可能直接运输时，允许货物经过他国领土运转，条件是货物必须始终处于过境国海关的监管下，未投入当地市场销售或再加工。所谓书面证明书（documentary evidence），是指受惠国必须向给惠国提供由出口受惠国政府授权的签证机构签发的普惠制原产地证书，作为享受普惠制减免关税优惠待遇的有效凭证。

普惠制的有效期。普惠制的实施期限为 10 年，经联合国贸易发展会议全面审议后可延长。目前正处于普惠制第四个实施期。

普惠制在实施30年来，确实对发展中国家的出口起了一定的积极作用。但由于各给惠国在提供关税优惠的同时，又制定了种种繁琐的规定和严厉的限制措施，使得建立普惠制的预期目标还没有真正达到。广大发展中国家尚需为此继续斗争。

2. 出口税

出口税（export duties）是出口国家的海关在本国产品输往国外时对出口商所征收的关税。目前大多数国家对绝大部分出口商品都不征收出口税。因为征收出口税会抬高出口商品的成本和国外售价，削弱其在国外市场的竞争力，不利于扩大出口。但目前世界上仍有少数国家（特别是经济落后的发展中国家）征收出口税。

征收出口税的目的主要有：第一，对本国资源丰富、出口量大的商品征收出口税，以增加财政收入。第二，为了保证本国的生产，对出口的原料征税，以保障国内生产的需要和增加国外商品的生产成本，从而加强本国产品的竞争能力。例如，瑞典、挪威对于木材出口征税，以保护其纸浆及造纸工业。第三，为保障本国市场的供应，除了对某些出口原料征税外，还对某些本国生产不足而又需求较大的生活必需品征税，以抑制价格上涨。第四，控制和调节某些商品的出口流量，防止盲目出口，以保持在国外市场上的有利价格。第五，为了防止跨国公司利用“转移定价”逃避或减少在所在国的纳税，向跨国公司出口产品征收高额出口税，维护本国的经济利益。

我国历来采用鼓励出口的政策，但为了控制一些商品的出口流量，采用了对极少数商品征出口税的办法。被征出口税的商品主要有生丝、有色金属、铁合金、绸缎等。

3. 过境税

过境税（transit duties）又称通过税或转口税，是一国海关对通过其关境再转运第三国的外国货物所征收的关税。其目的主要是增加国家财政收入。过境税在重商主义时期盛行于欧洲各国。随着资本主义的发展，交通运输事业的发达，各国在货运方面的竞争激烈，同时，过境货物对本国生产和市场没有影响，于是，到19世纪后半期，各国相继废除了过境税。二战后，关贸总协定规定了“自由过境”的原则。目前，大多数国家对过境货物只征收少量的签证费、印花费、登记费、统计费等。

（二）按照差别待遇和特定的实施情况，关税可分为：进口附加税、差价税、特惠税、普惠制

1. 进口附加税（import surtaxes）

是指进口国海关对进口的外国商品在征收进口正税之外，出于某种特定的目的而额外加征的关税。进口附加税不同于进口税，在一国《海关税则》中并不能找到，也不像进口税那样受到关贸总协定的严格约束而只能降不能升，其税率的高低往往视征收的具体目的而定。

进口附加税通常是一种临时性的特定措施，又称特别关税。其目的主要有：应付国际收支危机，维持进出口平衡，防止外国产品低价倾销；对某个国家实行歧视或报复等。

进口附加税是限制商品进口的重要手段，在特定时期有较大的作用。一般来说，对所有进口商品征收进口附加税的情况较少，大多数情况是针对个别国家和个别商品征收进口附加税。这类进口附加税主要有反倾销税、反补贴税、紧急关税、惩罚关税和报复关税五种。

（1）反倾销税。反倾销税（anti - dumping duties）是指对实行倾销的进口货物所征收的一种临时性进口附加税。根据关贸总协定《反倾销守则》规定，征收反倾销税的目的在于抵制商品倾销，保护本国产品的国内市场。因此，反倾销税税额一般按倾销差额征收，由此抵消低价倾销商品价格与该商品正常价格之间的差额。而且，征收反倾销税的期限也不得超过为抵消倾销所造成的损害必需的期限。一旦损害得到弥补，进口国应立即停止征收反倾销税。另外，若被指控倾销其产品的出口商愿作出“价格承诺”（price undertaking），即愿意修改其产品的出口价格或停止低价出口倾销的做法，进口国有关部门在认为这种方法足以消除其倾销行为所造成的损害时，可以暂停或终止对该产品的反倾销调查，不采取临时反倾销措施或者不予以征收反倾销税。

（2）反补贴税。反补贴税（counter - veiling duties）又称反津贴税、抵消税或补偿税，是指进口国为了抵消某种进口商品在生产、制造、加工、买卖、输出过程中所接受的直接或间接的任何奖金或补贴而征收的一种进口附加税。征收反补贴税的目的在于增加进口商品的价格，抵消其所享受的贴补金额，削弱其竞争能力，使其不能在进口国的国内市场上进行低价竞争或倾销。

关贸总协定《补贴与反补贴税守则》规定，征收反补贴税必须证明补贴的存在及这种补贴与损害之间的因果关系。如果出口国对某种出口产品实施补贴的行为对进口国国内某项已建的工业造成重大损害或产生重大威胁，或严重阻碍国内某一工业的新建时，进口国可以对该种产品征收反补贴税。反补贴税税额一般按奖金或补贴的数额征收，不得超过该产品接受补贴的净额，且征税期限不得超过 5 年。另外，对于接受补贴的倾销商品，不能既征反倾销税，同时又征反补贴税。

（3）紧急关税。紧急关税（emergency tariff）是为消除外国商品在短期内大量进口对国内同类产品生产造成重大损害或产生重大威胁而征收的一种进口附加税。当短期内外国商品大量涌入时，一般正常关税已难以起到有效保护作用，因此需借助税率较高的特别关税来限制进口，保护国内生产。例如，1972年5月，澳大利亚受到外国涤纶和棉纶涤纶进口的冲击，为保护国内生产，澳大利亚决定征收紧急关税，在每磅20澳分的正税外另加征每磅48澳分的进口附加税。由于紧急关税是在紧急情况下征收的，是一种临时性关税，因此，当紧急情况缓解后，紧急关税必须撤除，否则会受到别国的关税报复。

（4）惩罚关税。惩罚关税（penalty tariff）是指出口国某商品违反了与进口国之间的协议，或者未按进口国海关规定办理进口手续时，由进口国海关向该进口商品征收的一种临时性的进口附加税。这种特别关税具有惩罚或罚款性质。例如，1988年日本半导体元件出口商因违反了与美国达成的自动出口限制协定，被美国征收了100%的惩罚关税。又如，若某进口商虚报成交价格，以低价假报进口手续，一经发现，进口国海关将对该进口商征收特别关税作为罚款。

另外，惩罚关税有时还被用作贸易谈判的手段。例如，美国在与别国进行贸易谈判时，就经常扬言若谈判破裂就要向对方课征高额惩罚关税，以此逼迫对方让步。这一手段在美国经济政治实力鼎盛时期是非常有效的，然而，随着世界经济多极化、国际化等趋势的加强，这一手段日渐乏力，且越来越容易招致别国的报复。

（5）报复关税。报复关税（retaliatory tariff）是指一国为报复他国对本国商品、船舶、企业、投资或知识产权等方面的不公正待遇，对从该国进口的商品所课征的进口附加税。通常在对方取消不公正待遇时，报复关税也会相应取消。然而，报复关税也像惩罚关税一样易引起他国的反报复，最终导致关税战。例如，乌拉圭回合谈判期间，美国和欧洲联盟就农产品补贴问题发生了激烈的争执，美国提出一个“零点方案”，要求欧盟十年内将补贴降为零，否则除了向美国农产品增加补贴外，还要对欧盟进口商品征收200%的报复关税。欧盟也不甘示弱，扬言反报复。双方剑拔弩张，若非最后相互妥协，就差点葬送了这一轮谈判的成果。

征收进口附加税主要是为弥补正税的财政收入作用和保护作用的不足。由于进口附加税比正税所受国际社会约束要少，使用灵活，因而常常会被用作限制进口与贸易斗争的武器。过去，我国在合理地、适当地应用进口附加税的手段方面显得非常不足。比如，因长期没有自己的反倾销、反补贴法规，不能利用反倾销税和反补贴税来抵制外国商品的不公平竞争，以保护我国同类产品的生产和市场。直到1997年3月25日，我国颁布了《中华人民共和国反倾销和反补贴条例》，才使我国的反倾销、反补贴制度法制化、规范化。

2. 差价税

差价税（variable levy）又称差额税，是当本国生产的某种产品的国内价格高于同类进口商品的价格时，为削弱进口商品的竞争力，保护本国生产和国内市场，按国内价格与进口价格之间的差额征收的关税。征收差价税的目的是使该种进口商品的税后价格保持在一个预定的价格标准上，以稳定进口国内该种商品的市场价格。

对于征收差价税的商品，有的规定按价格差额征收，有的规定在征收一般关税以外另行征收，这种差价税实际上属于进口附加税。差价税没有固定的税率和税额，而是随着国内外价格差额的变动而变动，因此是一种滑动关税（sliding duty）。

差价税的典型表现是欧盟对进口农畜产品的做法。欧盟为了保护其农畜产品免受非成员低价农产品竞争，而对进口的农产品征收差价税。欧盟征收差价税首先在共同市场内部按生产效率最低而价格最高的内地中心市场的价格为准，制订统一的目标价格（target price）；其次从目标价格中扣除从进境地运到内地中心市场的运费、保险费、杂费和销售费用后，得到门槛价格（threshold price），或称闸门价格；最后若外国农产品抵达欧盟进境地的 CIF（到岸价格）低于门槛价格，则按其间差额确定差价税率。实行差价税后，进口农产品的价格被抬至欧盟内部的最高价格，从而丧失了价格竞争优势。欧盟则借此有力地保护了其内部的农业生产。此外，对使用了部分农产品加工成的进口制成品，欧盟除征收工业品的进口税外，还对其所含农产品部分另征部分差价税，并把所征税款用作农业发展资金，资助和扶持内部农业的发展。因此，欧盟使用差价税实际上是其实现共同农业政策的一项重要措施，保护和促进了欧盟内部的农业生产。

特惠税和普惠制，此前已有介绍，不再赘述。

（三）按照关税的征收标准（又称征收方法）分类，一般可分为从量税、从价税和混合税三种

1. 从量税

从量税（specific duties）是以进口货物的重量、数量、长度、容量和面积等计量单位为标准计征的关税。其中，重量单位是最常用的从量税计量单位。例如，美国对薄荷脑的进口征收从量税，普通税率为每磅 50 美分，最惠国税率为每磅 17 美分。

以重量为单位征收从量税必须注意，在实际应用中各国计算重量的标准各不相同，一般采用毛重、净重和净净重。毛重（gross weight）指商品本身的重量加内外包装材料在内的总重量；净重（net weight）指商品总重量扣除外包装后的重量，包括部分内包装材料的重量；纯净重（net net weight）则指商品本身的重量，不包括内外包装材料的重量。

采用从量税计征关税有以下特点：①手续简便。不需审定货物的规格、品

质、价格，便于计算，可以节省大量征收费用。②税负并不合理。同一税目的货物，不管质量好坏、价格高低，均按同一税率征税，税负相同。因而对质劣价廉进口物品的抑制作用比较大，不利于低档商品的进口，对防止外国商品低价倾销或低报进口价格有积极作用；对于质优价高的商品，税负相对减轻，关税的保护与财政收入作用相对减弱。③不能随价格变动作出调整。当国内物价上涨时，税额不能随之变动，使税收相对减少，保护作用削弱；物价回落时，税负又相对增高，不仅影响财政收入，而且影响关税的调控作用。④难以普遍采用。征收对象一般是谷物、棉花等大宗产品和标准产品，对某些商品如艺术品及贵重物品（古玩、字画、雕刻、宝石等）不便使用。

在工业生产还不十分发达，商品品种规格简单，税则分类也不太细的一个相当长时期内，不少国家对大多数商品使用过从量税。但二战后，随着严重通货膨胀的出现和工业制成品贸易比重的加大，征收从量税起不到关税保护作用，各国纷纷放弃了完全按从量税计征关税的做法。目前，完全采用从量税的发达国家仅有瑞士一个。

2. 从价税

从价税（ad valorem duties）是以货物价格作为征收标准的关税。从价税的税率表现为货物价格的百分值。例如，美国规定对羽毛制品的进口，普通税率为 60%，最惠国税率为 4.7%。又如，到 2006 年中国的汽车关税率为 25%，如果进口一辆价值 2 万美元的汽车，关税额为 5 000 美元。

征收从价税的一个重要问题是确定进口商品的完税价格（dutiable value）。所谓完税价格，是指经海关审定的作为计征关税依据的货物价格，货物按此价格照章完税。长期以来，世界各国往往采用不同的估价方法来确定完税价格，目前大致有以下三种：出口国离岸价格（F. O. B.）、进口国到岸价格（C. I. F.）和进口国的官方价格。如美国、加拿大等国采用离岸价格来估价，而西欧等国采用到岸价格作为完税价格，不少国家甚至故意抬高进口商品完税价格，以此增加进口商品成本，把海关估价变成一种阻碍进口的非关税壁垒措施。

为了弥补各国确定完税价格的差异且减少其作为非关税壁垒的消极作用，关贸总协定东京回合达成了《海关估价协议》，规定了六种应依次使用的海关估价方法。其中采用进口商品或相同商品的实际价格（actual value）作为估价的主要依据，即以进口国立法确定的某一时间或地点，在正常贸易过程中与充分竞争的条件下，某一商品或相同商品出售或兜售的价格为依据，而不能以臆断或虚构的价格为依据。当实际价格不能确定时，应以可确定的最接近实际价格的相当价格作为确定完税价格的依据。

征收从价税有以下特点：①税负合理。同类商品质高价高，税额也高；质次价低，税额也低。加工程度高的商品和奢侈品价高，税额较高，相应的保护作用较大。②物价上涨时，税款相应增加，财政收入和保护作用均不受影响。但在商品价格下跌或者别国蓄意对进口国进行低价倾销时，财政收入就会减少，保护作用也会明显减弱。③各种商品均可适用。④从价税率按百分数表示，便与别国进行比较。⑤完税价格不易掌握，征税手续复杂，大大增加了海关的工作负荷。

由于从量税和从价税都存在一定的缺点，因此关税的征收方法在采用从量税或从价税的基础上，又产生了混合税和选择税，以弥补从量税、从价税的不足。目前单一使用从价税的国家并不太多，主要有阿尔及利亚、埃及、巴西、墨西哥等发展中国家。

3. 混合税

混合税（mixed duty）是在税则的同一税目中订有从量税和从价税两种税率，征税时混合使用两种税率计征。混合税又可分为复合税和选择税两种。

（1）复合税。复合税（compound duties）是指征税时同时使用从量、从价两种税率计征，以两种税额之和作为该种商品的关税税额。复合税按从量、从价的主次不同又可分为两种情况：一种是以从量税为主加征从价税，即在对每单位进口商品的数量征税的基础上，再按其价格加征一定比例的从价税。例如，美国进口小提琴每把征税 1.25 美元，另加征 35%的从价税。另一种是以从价税为主加征从量税，即在按进口商品的价格征税的基础上，再按其数量单位加征一定数额的从量税。我国进口征税以从价税为主，1999 年起对部分商品征收复合税。例如，对于完税价格低于或等于 2 000 美元/台的录像机执行单一的从价税，普通税率是 130%，优惠税率是 45%（2002 年降到 36%）；但对完税价格高于 2 000 美元/台的录像机征收复合税，普通税率每台 20 600 元人民币的从量税，再加征 6%的从价税，优惠税率是每台 7 000 元（2002 年降到 5 480 元）人民币的从量税，再加 3%的从价税。

（2）选择税。选择税（alternative duties）是指对某种商品同时订有从量和从价两种税率，征税时由海关选择其中一种征税，作为该种商品的应征关税额。一般是选择税额较高的一种税率征收，在物价上涨时使用从价税，物价下跌时使用从量税。有时，为了鼓励某种商品的进口，或给某出口国以优惠待遇，也有选择税额较低的一种税率征收关税的。

由于混合税结合使用了从量税和从价税，扬长避短，哪一种方法更有利，就使用哪一种方法或以其为主征收关税，因而无论进口商品价格高低，都可起到一定的保护作用。目前世界上大多数国家都使用混合税，如主要发达国家美国、欧盟成员国、加拿大、澳大利亚、日本等，以及一些发展中国家如印度、巴拿马等。

三、关税的征收依据

各国征收关税的依据是海关税则（customs tariff），又称关税税则，是一国对进出口商品计征关税的规章和对进出口应税与免税商品加以系统分类的一览表。海关税则是关税制度的重要内容，是国家关税政策的具体体现。

海关税则一般包括两个部分：一部分是海关课征关税的规章条例及说明，另一部分是关税税率表。其中，关税税率表主要包括税则号列（tariff No. 或 heading No. 或 tariff item，简称税号）、商品分类目录（description of goods）及税率（rate of duty）三部分。

商品分类目录将种类繁多的商品或按加工程度，或按自然属性、功能和用途等，把商品分为不同类别。随着经济的发展，各国海关税则的商品分类越来越细，这不仅是由于商品日益增多而产生技术上的需要，更主要的是各国开始利用海关税则更有针对性地限制有关商品进口和更有效地进行贸易谈判，将其作为实行贸易歧视的手段。

为了减少各国海关在商品分类上的矛盾，统一税则目录开始出现并不断完善。1950 年，有关国家签署了《海关税则商品分类目录公约》，使用《海关合作理事会税则商品分类目录（Customs Cooperation Council Nomenclature，CCCN)》，原称《布鲁塞尔税则目录（Brussels Tariff Nomenclature，BTN)》。该目录的分类原则是按商品的原料组成为主，结合商品的加工程度、制造阶段和商品的最终用途来划分。它把全部商品共分为 21 类（section)、99 章（chapter)、1 015 项税目号（heading No.）。前 4 类（第 1～24 章）为农畜产品，其余 17 类（第 25～99 章）为工业制成品。

《海关合作理事会税则商品分类目录》在世界各国海关税则中得到了普遍使用。与此同时，出于贸易统计和研究的需要，联合国经社理事会下设的统计委员会于 1950 年编制并公布了《国际贸易标准分类（Standard International Trade Classification，SITC)》。

两种商品分类目录在国际上同时并存，虽然制订了相互对照表，但仍给很多工作带来不便。为了更进一步协调和统一这两种国际贸易分类体系，1970 年，海关合作理事会决定成立协调制度委员会和各国代表团组成的工作团来研究探讨是否可能建立一个同时能满足海关税则、进出口统计、运输和生产等各部门需要的商品列名和编码的“协调制度”目录。60 个国家和 20 多个国际组织包括关贸总协定、联合国贸易与发展会议、国际标准化组织、国际商会、国际航运协会、国际航空协会、铁路国际运输组织等参加了研究工作。经过十多年的努力，终于完成制订了一套新型的、系统的、多用途的国际贸易商品分类体系《商品名称及编码协调制度》，简称《协调制度（Harmonized System，

HS)》，并于1988年1月1日正式生效实施。截至1991年10月，已有88个国家在其税则中正式采用了《协调制度》目录。并且关贸总协定也是按《协调制度》目录统计的数据作为关税减让谈判的基础。我国自1992年1月1日起也正式实施了以《协调制度》为基础编制的新的《海关进出口税则》和《海关统计商品目录》。

《协调制度》基本上按商品的生产部类、自然属性、成分、用途、加工程度、制造阶段等进行编制，共有21类（section）、97章，其中第1～24章为农副产品，第25～97章为加工制成品，第77章金属材料为空缺，是为新型材料的出现而留空。在章下设有用四位数编码的项目（heading）1 241个，其中有311个没有细分目录，其余930个项目被分为3 246个一级子目（one-dash subheading），这些子目中又有796个被进一步分出2 258个二级子目（two-dash subheading），因此，在《协调制度》中共有5 019个税目。

《协调制度》的基础目都用六位数字编码。六位数中的前四位数是协调制度的项目号（即税目号），其中，前两位数表示商品所在的章，后两位表示该商品在章中所处的位置。项目以下，第五位数字为一级子目，表示该商品在项目中的位置，第六位数为二级子目，是一级子目的进一步细分。前四位与后两位之间用实点隔开。各国可以在子目之下增设分目（additional subheading）。例如，我国的海关税则在《协调制度》目录六位数编码的基础上，加列了1 832个七位数子目和282个八位数子目，共有6 250个税目。此外，为了使《协调制度》执行起来清楚、明确，《协调制度》有类、章的注释及项目和子目的注释，并在目录之首列有六条归类总规则，作为商品归类的指导。

海关税则中的同一商品，可以以一种税率征税，也可以以两种或两种以上税率征税。按照税率表的栏数，可将海关税则分为单式税则和复式税则两类。

单式税则（single tariff）又称一栏税则，是指一个税目只有一个税率，即对来自任何国家的商品均以同一税率征税，没有差别待遇。目前只有少数发展中国家如委内瑞拉、巴拿马、冈比亚等仍实行单式税则。

复式税则（complex tariff）又称多栏税则，是指同一税目下设有两个或两个以上的税率，对来自不同国家的进口商品按不同的税率征税，实行差别待遇。其中，普通税率是最高税率，特惠税率是最低税率，在两者之间，还有最惠国税率、协定税率、普惠制税率等。目前大多数国家都采用复式税则。这种税则有二栏、三栏、四栏不等。我国目前采用二栏税则，美国、加拿大等国实行三栏税则，而欧盟等国实行四栏税则。

在单式税则或复式税则中，依据制订税则的权限又可分为自主税则或国定税则和协定税则。前者是指一国立法机构根据关税自主原则单独制定而不受对外签订的贸易条约或协定约束的一种税率。后者则指一国与其他国家或地区通过贸易与关税谈判，以贸易条约或协定的方式确定的关税率。协定税则是在本国原有的国定税则以外，通过与他国进行关税减让谈判而另行规定的一种税率，因此要比国定税率低。

此外，在单式税则或复式税则中，依据进出口商品流向的不同，还可分为进口货物税则和出口货物税则。

四、关税的征收程序

关税的征收程序即通关手续，又称报关手续，通常包括申报、查验、征税、放行四个基本环节。具体地说，是指进出口商在进出口商品时要向海关申报出口或进口，提交进出口货物的报关单以及有关证明，接受海关的监督与检查，履行海关规定的手续；然后，海关按照有关法令和规定，查验审核有关单证和货物，计算进出口税额；最后，进出口商结清应征税额和其他费用，海关在有关单证上签印，以示货物可以通关放行。

通常进口商在货物到达后所规定的工作日内办理通关手续。如果进口商对于某些特定的商品，如水果、蔬菜、鲜鱼等易腐商品，要求货到时立即从海关提出，可在货到前先办理提货手续，并预付一笔进口税，至次日再正式结算进口税。如果进口商想延期提货，在办理存栈报关手续后，可将货物存入保税仓库，暂时不缴纳进口税。在存仓期间，货物可再行出口，就不必付进口税，如打算运往进口国国内市场销售，在提货前必须办理通关手续。

货物到达后，进口商如在规定日期内未办理通关手续，海关有权将货物存入候领货物仓库，期间一切责任和费用均由进口商负责。如果存仓货物在规定期间内仍未办理通关手续，海关有权处理该批货物。

第二节　非关税措施

引例：

从1999年1月1日起，欧盟贸易委员会对蜂蜜产品实施卫生监控计划，要求出口蜂蜜到欧盟各成员的第三国，都必须在此之前提交对蜂蜜中残留物质进行监控的保证计划，否则欧盟将禁止该国蜂蜜进口。蜂蜜是我国传统出口商品，欧盟是我国蜂蜜的主要销售市场，在当前我国蜂蜜出口不景气的情况下，欧盟又将蜂蜜列为80%的植物性产品和20%的动物性产品，并依据其1996年4月29日制定的96/23EC指令性文件，实施对蜂蜜产品的卫生监控计划，对四环素、链霉素、磺胺、螨克等药物和杀虫剂提出严格的限量要求。此外，国外一些客商还要求对苯酚、硫黄、C13、酵母菌等进行检验控制，这将使我国出口蜂蜜面临前所未有的严峻挑战。

思考：

（1）为什么欧盟要对进口的蜂蜜产品实施卫生监控计划？

（2）这一计划对我国蜂蜜出口有怎样的影响？

一、非关税措施的涵义

非关税措施（non—tariff barriers—NTBs），又称非关税壁垒，是指除关税措施以外的一切限制进口的措施，它和关税壁垒一起充当政府干预贸易的政策工具。

非关税壁垒早在资本主义发展初期就已出现，但普遍建立起来却是在20世纪30年代。由于世界性经济危机的爆发，西方各国为了缓和国内市场的矛盾，对进口的限制变本加厉，一方面高筑关税壁垒；另一方面采用各种非关税壁垒措施阻止他国商品进口。二战后，特别是60年代后期以来，在关贸总协定的努力下，关税总体水平得到大幅度下降。因而关税作为政府干预贸易的政策工具的作用已越来越弱。于是发达国家为了转嫁经济危机，实现超额垄断利润，转而主要采用非关税壁垒措施来限制进口。到70年代中期，非关税壁垒已经成为贸易保护的主要手段，形成了新贸易保护主义。据统计，非关税壁垒从60年代末的850多项增加到70年代末的900多项，目前已达2 000多项，还有不断加强的趋势。

非关税壁垒与GATT（WTO）促进贸易自由化的宗旨是相违背的。关贸总协定较早就意识到这个问题，并在第七轮谈判“东京回合”中第一次把谈判矛头指向了非关税壁垒，提出减少、消除非关税壁垒，以及将此类壁垒置于更有效的国际控制之下等条款。但这些条款和协议往往是有保留的，并且非关税壁垒花样繁多、层出不穷，关贸总协定也不可能对每一种非关税壁垒都用具体条款作出明确规定。因此，非关税壁垒越来越趋向采用处于总协定法律原则和规定的边缘或之外的歧视性贸易措施（如自动出口限制等），从而成为“灰色区域措施（gray area measurements）”，以绕开关贸总协定的直接约束。目前，越来越多的西方发达国家使用灰色区域措施，这在一定程度上构成了对国际贸易体系的威胁。

二、非关税壁垒的特点

非关税壁垒虽然与关税壁垒一样可以限制外国商品进口，却有其自身显著的特点。

（一）灵活性

一般来说，各国关税税率的制定必须通过立法程序，并要求具有一定的连续性，所以调整或更改税率的随意性有限。同时关税税率的调整直接受到GATT（WTO）的约束（非成员也会受到最惠国待遇条款约束），各国海关不能随意提高以应付紧急限制进口的需要，因此关税壁垒的灵活性很弱。而制定和实施非关税壁垒措施通常采用行政手段，制定、改变或调整都来得迅速、简单，伸缩性大，在限制进口方而表现出更大的灵活性和时效性。同时能根据实际情况，变换限制进口措施，达到限制进口的目的。

（二）有效性

关税壁垒的实施旨在通过征收高额关税提高进口商品的成本，它对商品进口的限制是相对的。当面对国际贸易中越来越普遍出现的商品倾销和出口补贴等鼓励出口措施，关税就会显得作用乏力。同时，外国商品凭借生产成本的降低（如节省原材料、提高生产效率、甚至降低利润率等），也能冲破高关税的障碍而进入对方国家。而有些非关税壁垒对进口的限制是绝对的，比如用进口配额等预先规定进口的数量和金额，超过限额就禁止进口。这种方法在限制进口方面更直接、更严厉，因而也更有效。

（三）隐蔽性

要通过关税壁垒限制进口，唯一途径就是提高关税税率，而关税税率必须在《海关税则》中公布，毫无隐蔽性可言。非关税壁垒则完全不同，其措施往往不公开，或者规定极为繁琐复杂的标准和手续，使出口商难以对付和适应。它既能以正常的海关检验要求的名义出现，也可借用进口国的有关行政规定和法令条例，使之巧妙地隐藏在具体执行过程中而无需作公开的规定。

（四）歧视性

因为一国只有一部关税税则，因而关税壁垒像堤坝一样同等程度地限制了所有国家的进出口。而非关税壁垒可以针对某个国家或某种商品相应制定，因而更具歧视性。比如，1989 年欧共体宣布禁止进口含有荷尔蒙的牛肉这一作法，就是针对美国作出的，美国为此采取了相应的报复措施。又比如，英国生产的糖果在法国市场上曾经长期有很好的销路，后来法国在食品卫生法中规定禁止进口含有红霉素的糖果，而英国糖果正是普遍使用红霉素染色的，这一来，英国糖果大大失去了其在法国的市场。

综上所述，非关税壁垒在限制进口方面比关税壁垒更有效、更隐蔽、更灵活和更具歧视性。正由于这些特点，非关税壁垒取代关税壁垒成为贸易保护主义的主要手段，有其客观必然性。

三、非关税壁垒的主要种类

非关税壁垒名目繁多，内容复杂，联合国贸易与发展会议（UNCTAD）将非关税壁垒措施分成三种类型，每种类型分为 A、B 两组，其中 A 组为数量限制，B组为影响进口商品的成本。目前，传统的分类方法是将其分为配额、金融控制、政府参与贸易、海关与海关手段及对产品的要求五个大类。而从其限制进口的方法来看，不外乎是直接和间接两种。所谓直接的方法，是指进口国直接规定商品进口的数量或金额，或者通过施加压力迫使出口国自己限制商品的出口，如进口配额制、“自动”限制出口、进出口许可证、市场秩序协定等。所谓间接的方法，是指进口国利用行政机制，对进口商品制定苛刻的条例和技术标准，从而间接限制进口，如外汇管制，海关估价制度，歧视性政府采购政策及有关健康、卫生、安全、环境等过于苛刻繁复的标准等。据统计目前世界各国所实施的非关税壁垒已达 2 000 多种。主要种类有以下 14 种。

（一）进口配额制

进口配额（import quota）又称进口限额，是一国政府对一定时期内（通常为 1 年）进口的某些商品的数量或金额加以直接限制。在规定的期限内，配额以内的货物可以进口，超过配额不准进口或者征收较高关税后才能进口。因此，进口配额制是限制进口数量的重要手段之一。

进口配额制主要有绝对配额和关税配额两种形式。

1. 绝对配额

绝对配额（absolute quota），即在一定时期内，对某些商品的进口数量或金额规定一个最高限额，达到这个限额后，便不准进口。绝对配额按照其实施方式的不同，又有全球配额、国别配额和进口商配额三种形式。

（1）全球配额（global quota；unallocated quota）。即对某种商品的进口规定一个总的限额，对来自任何国家或地区的商品一律适用。主管当局通常按进口商的申请先后或过去某一时期内的进口实际额发放配额，直至总配额发完为止，超过总配额就不准进口。由于全球配额不限定进口国别或地区，因而进口商取得配额后可从任何国家或地区进口。这样，邻近国家或地区因地理位置接近、交通便捷、到货迅速，处于有利地位。这种情况使进口国家在限额的分配和利用上难以贯彻国别政策，因而不少国家转而采用国别配额。

（2）国别配额（country quota）。即政府不仅规定了一定时期内的进口总配额，而且将总配额在各出口国家和地区之间进行分配。因此，按国别配额进口时，进口商必须提供进口商品的原产地证明书。与全球配额不同的是，实行国别配额可以很方便地贯彻国别政策，具有很强的选择性和歧视性。进口国往往根据其与有关国家或地区的政治经济关系分别给予不同的额度。

一般来说，按照配额的分配由单边决定还是多边协商，国别配额可以进一步分为自主配额和协议配额。

① 自主配额（autonomous quota），又称单方面配额（unilateral quota），是由进口国自主地、单方面强制规定在一定时期内从某个国家或地区进口某种

商品的配额，而不需征求输出国的同意。自主配额的确定一般参照某国过去一定时期内的出口实绩，按一定比例确定新的进口数量或金额。例如，美国就是采用自主配额来决定每年的纺织品配额。

自主配额由进口国家自行制定，往往带有不公正性和歧视性。由于分配额度差异，易引起某些出口国家或地区的不满或报复，因而更多的国家趋于采用协议配额，以缓和进出口国之间的矛盾。

② 协议配额（agreement quota），又称双边配额（bilateral quota），是由进口和出口两国政府或民间团体之间通过协议来确定配额。协议配额如果是通过双方政府协议达成，一般需将配额在进口商或出口商中进行分配，如果是双边的民间团体达成的，应事先获得政府许可方可执行。由于协议配额是双方协商决定的，因而较易执行。

目前，双边配额的运用十分广泛。以欧共体（欧盟）的纺织服装业为例，为了保护其日益失去竞争力的纺织服装业，欧共体（欧盟）对 80%以上的进口贸易实行双边配额管理。我国纺织品和服装受双边协议限制的对欧出口额，就约占我国对欧出口总额的 1/4。

（3）进口商配额（importer quota）。是对某些商品进口实行的配额。进口国为了加强垄断资本在对外贸易中的垄断地位和进一步控制某些商品的进口，将某些商品的进口配额在少数进口厂商之间进行分配。比如日本食用肉的进口配额就是在 29 家大商社间分配的。

2. 关税配额

关税配额（tariff quota），即对商品进口的绝对数额不加限制，而对在一定时期内，在规定配额以内的进口商品，给予低税、减税或免税待遇，对超过配额的进口商品则征收较高的关税，或征收附加税甚至罚款。

关税配额按征收关税的优惠性质，可分为优惠性关税配额和非优惠性关税配额。

优惠性关税配额，是对关税配额内进口的商品给予较大幅度的关税减让，甚至免税，超过配额的进口商品即征收原来的最惠国税率。欧共体（欧盟）在普惠制实施中所采取的关税配额就属此类。

非优惠性关税配额，是对关税配额内进口的商品征收原来正常的进口税，一般按最惠国税率征收，对超过关税配额的部分征收较高的进口附加税或罚款。例如，1974 年 12 月澳大利亚曾规定对除男衬衫、睡衣以外的各种服装，凡是超过配额的部分加征 175%的进口附加税。如此高额的进口附加税，实际上起到禁止超过配额的商品进口的作用。

关税配额与绝对配额的不同之处在于，绝对配额规定一个最高进口额度，超过就不准进口，而关税配额在商品进口超过规定的最高额度后，仍允许进口，只是超过部分被课以较高关税。可见，关税配额是一种将征收关税同进口配额结合在一起的限制进口的措施。两者的共同点是都以配额的形式出现，可以通过提供、扩大或缩小配额向贸易对方施加压力，使之成为贸易歧视的一种手段。比如，从 1994 年 7 月到 1995 年 5 月这段时间里，美国政府在未提供充分证据和未经充分磋商的情况下，先后两次扣减我国总量达 252 万打的纺织品配额，严重损害了我国的利益。

目前，如何使用配额是影响我国商品出口的一个大问题。一方面我国政府或民间团体要尽量争取更多的配额，并加强配额的管理和分配；另一方面也要用好用足这些配额。所谓用足配额，有几个方面要考虑。首先，在规定的期限内把受限制的商品的配额用足。如果进口配额制中规定了留用额（上一年未用完留下的额度）、预用额（借用下一年度的额度）和挪用额（别国转让给我国的额度），我们也应加以充分利用，使配额的利用率达到最高水平。再者，也要做好商品的分类工作。由于有的国家对某些商品的分类并非十分明确严格，既可归入有配额限制或配额较少的类别，也可归入无配额限制或配额较宽裕的类别，我们应争取后一种结果，获得更多的配额，以扩大出口。所谓用好配额，是指合理地使用配额，尽量使配额带来最大利益。比如，面对有金额限制的配额就要在金额范围内争取增加出口数量，而面对有数量限制的配额，则要在数量范围内尽量多出口档次高、附加值高的产品，实现利润最大化。最后，应该看到，进口配额制作为数量限制的一种运用形式，受到了自关贸总协定到世界贸易组织旗帜鲜明地反对。总协定曾规定禁止数量限制条款，几乎把它放到与关税减让同等重要的地位，因而不少国家转而采取“灰色区域措施”，如自动出口配额制等。

（二）“自愿”出口配额

“自愿”出口配额（voluntary export quota），又称“自愿”出口限制（voluntary export restrains），是指出口国家或地区在进口国的要求和压力下，“自愿”规定某一时期内（一般为 3 年）某些商品对该国的出口限额，在该限额内自行控制出口，超过限额即禁止出口。

“自愿”出口配额制和进口配额制虽然从实质上来说都是通过数量限制来限制进口，但仍有许多不同之处。这表现在：第一，从配额的控制方面看，进口配额制由进口国直接控制进口配额来限制商品的进口，而“自愿”出口配额制则由出口国直接控制配额，限制一些商品对指定进口国家的出口，因此是一种由出口国家实施的为保护进口国生产者而设计的贸易政策措施。第二，从配额表现形式看，“自愿”出口配额制表面上好像是出口国自愿采取措施控制出口，而实际上是在进口国的强大压力下才采取的措施，并非真正出于出口国的自愿。进口国往往以某些商品的大量进口威胁到其国内某些工业，即所谓的以

"市场混乱"（market disruption）为借口，要求出口国实行"有秩序增长（orderly growth）"，"自愿"限制出口数量，否则将采取报复性贸易措施。第三，从配额的影响范围看，进口配额制通常应用于一国大多数供给者的进口，而"自愿"配额制仅应用于几个甚至一个特定的出口者，具有明显的选择性。那些未包括在"自愿"配额制协定中的出口者，可以向该国继续增加出口。第四，从配额适用时限看，进口配额制适用时限相对较短，往往为1年，而"自愿"出口配额制较长，往往为3～5年。

"自愿"出口配额制主要有两种形式。

1. 非协定的"自愿"出口配额

它是指出口国政府并未受到国际协定的约束，自愿单方面规定对有关国家的出口限额，出口商必须向政府主管部门申请配额，在领取出口授权书或出口许可证后才能出口。也有的是出口厂商在政府的督导下，"自愿"控制出口。比如，1975年，在日本政府的行政指导下，日本6家大钢铁企业将1976年对西欧的钢材出口量"自愿"限制在120万吨以内，1977年又限制在122万吨。

2. 协定的"自愿"出口配额

它是指进出口双方通过谈判签订"自限协定"（self - restriction agreement）或"有秩序销售协定"（orderly marketing agreement），规定一定时期内某些商品的出口配额。出口国据此配额发放出口许可证或实行出口配额签证制（export visa），自愿限制商品出口，进口国则根据海关统计进行监督检查。目前，"自愿"出口配额大多属于这一种。比如，1957年，美国的纺织业因日本纺织品输入激增而受到损害，要求日本限制其对美国出口，否则即实行更为严厉的进口限制。在强大的压力下，日本和美国签订了一个为期5年的"自愿限制协定"，"自愿"地把对美国的棉纺织品出口限制在2.55亿平方码之内，从而由美国在总协定之外，开创了第一个对纺织品出口进行限制的先例。

20世纪70年代以来，随着新保护主义的兴起，用自愿出口限制进行保护的趋势日益加强，并表现出以下特点：一是受其影响的贸易覆盖率呈增长趋势。70年代初期，自愿出口限制协定还不到12个，到1980年，其数量增加到80个，如果把《多种纤维协定》下实施的自愿出口限制包括进去，到目前为止总数已达200多个。二是受自愿出口限制影响的国家更多地为发展中国家，并有增长的势头。三是受自愿出口限制影响的产品开始从农业、纺织品与服装等传统领域转移至钢铁、汽车及高新技术行业。比如欧共体（欧盟）不仅对来自日本的钢铁、汽车采用"自愿"出口限制，还对来自日本一半以上的高新技术电子产品进行"自愿"出口限制。

"自愿"出口限制之所以成为较流行的贸易保护措施，究其原因，与GATT（WTO）的有关条款和运行机制有直接关系。首先，由于GATT

（WTO）缔约方的多边谈判已大大降低了关税，而传统的非关税壁垒措施，如进出口数量限制、海关估价制度、进出口许可证制度等，也在多边谈判的基础上达成协议，它们的使用必然受到国际社会的监督。因此，要更有力地限制进口，必须转而寻求其他措施。其次，“自愿”出口限制协议一般由两国政府部门采取不公开或半公开的方式私下达成，透明度很低，由于这种出口限制是“自愿”的，其法律地位不明确，处在不合法与合法之间的模糊区域，是“灰色区域措施”。第三，由于国际贸易中不断出现反补贴、反倾销指控，作为出口国，采用“自愿”出口限制措施来解决争端比其他方法在经济上来得有利，且能不伤和气，继续发展与进口国的经贸关系。从进口国的角度看，选择“自愿”出口限制比提高关税或规定配额能更好地避开 GATT（WTO）的规则，依自己的意愿针对某个国家采取限制措施，而不涉及出口同类产品的其他国家，不必担心受到这些国家的报复而使本国的出口遭受损害。而一些受限国家，往往怕遭到更强硬的制裁，只好“自愿”限制出口。因而，“自愿”出口限制作为灰色区域措施的一种主要形式而迅速蔓延。

（三）进口许可证制

进口许可证制（import license system），是指一国政府规定某些商品的进口必须申领许可证，否则一律不准进口的制度。它实际上是进口国管理其进口贸易和控制进口的一种重要措施。

进口许可证按照其与进口配额的关系，可分为两种。

其一，有定额的进口许可证。即进口国预先规定有关商品的进口配额，然后在配额的限度内，根据进口商的申请对每笔进口货物发给一定数量或金额的进口许可证，配额用完即停止发放。可见，这是一种将进口配额与进口许可证相结合的管理进口的方法，通过进口许可证分配进口配额。若为“自动”出口限制，则由出口国颁发出口许可证来实施。例如，德国对纺织品的进口便是通过有定额的许可证进行管理的。德国有关当局每年分三期公布配额数量，然后据此配额数量发放许可证，直到进口配额用完为止。

其二，无定额的进口许可证。这种许可证不与进口配额相结合，即预先不公布进口配额，只是在个别考虑的基础上颁发有关商品的进口许可证。由于这种许可证的发放权完全由进口国主管部门掌握，没有公开的标准，因此更具有隐蔽性，给正常的国际贸易带来困难。

进口许可证按照进口商品的许可程度又可以分为两种。

其一，公开一般许可证（open general license，OGL），又称公开进口许可证，一般许可证或自动进口许可证。它对进口国别或地区没有限制，凡列明属于公开一般许可证的商品，进口商只要填写公开一般许可证后，即可获准进口。因此，这一类商品实际上是可“自由进口”的商品。填写许可证的目的不在于限制商品进口，而在于管理进口。比如海关凭许可证可直接对商品进行分类统计。

其二，特种商品进口许可证（specific license，OGL），又称非自动进口许可证。对于特种许可证下的商品，如烟、酒、军火武器、麻醉品或某些禁止进口的商品，进口商必须向政府有关当局提出申请，经政府有关当局逐笔审查批准后方能进口。特种进口许可证往往都指定商品的进口国别或地区。

进口许可证的使用已经成为各国管理进口贸易的一种重要手段。它便于进口国政府直接控制进口，或者方便地实行贸易歧视，因而在国际贸易中越来越被广泛地用作非关税壁垒措施。有的国家为了进一步阻碍商品进口，故意制定繁琐复杂的申领程序和手续，使得进口许可证制度成为一种拖延或限制进口的措施。

鉴于国际贸易中许可证尚有存在的理由，比如进行某种商品的统计，或在进口配额制下分配或控制某种商品的进口总量，或确定商品的原产地，或区别对待进口商品等，完全取消进口许可证是不现实的。但为了防止进口许可证被滥用而妨碍国际贸易的正常发展，关贸总协定从“肯尼迪回合”开始对这一问题进行多边谈判，并在“东京回合”达成了《进口许可证手续协议》。在此基础上，“乌拉圭回合”又提出了一项新的《进口许可证手续协议（草案）》，规定签字国必须承担简化许可证程序的义务，确保进口许可证本身不会构成对进口的限制，并保证进口许可证的实施具有透明性、公正性和平等性。

（四）外汇管制

外汇管制（foreign exchange control）也称外汇管理，是指一国政府通过法令对国际结算和外汇买卖加以限制，以平衡国际收支和维持本国货币汇价的一种制度。负责外汇管理的机构一般都是政府授权的中央银行（如英国的英格兰银行），但也有些国家另设机构，如法国设立外汇管理局担负此任。一般说来，实行外汇管制的国家，大都规定出口商须将其出口所得外汇收入按官方汇率（official exchange rate）结售给外汇管理机构，而进口商也必须向外汇管理机构申请进口用汇。此外，外汇在该国禁止自由买卖，本国货币的携出入境也受到严格的限制。这样，政府就可以通过确定官方汇率、集中外汇收入、控制外汇支出、实行外汇分配等办法来控制进口商品的数量、品种和国别。例如，日本在分配外汇时趋向于鼓励进口高精尖产品和发明技术，而不是鼓励进口消费品。

外汇管理和对外贸易密切相关，因为出口必然要收汇，进口必然要付汇。因此，如果对外汇有目的地进行干预，就可直接或间接地影响进出口。利用外汇管制来限制进口的方式有两种。

1. 数量性外汇管制

即国家外汇管理机构对外汇买卖的数量直接进行限制和分配。一些国家实行数量性外汇管制时，往往规定进口商必须获得进口许可证后，方可得到所需的外汇。

2. 成本性外汇管制

即国家外汇管理机构对外汇买卖实行复汇率制（system of multiple exchange rates），利用外汇买卖成本的差异来间接影响不同商品的进出口，达到限制或鼓励某些商品进出口的目的。所谓复汇率，也称多重汇率，是指一国货币对外汇率有两个或两个以上，分别适用于不同的进出口商品。其作用是，根据出口商品在国际市场上的竞争力，为不同商品规定不同的汇率以加强出口；根据保护本国市场的需要为进口商品规定不同的汇率以限制进口等。可分为两类：

（1）混合性外汇管制。即同时采用数量性和成本性外汇管制，对外汇实行更为严格的控制，以影响商品进出口。

（2）利润汇出限制。即国家对外国公司在本国经营获得的利润汇出加以管制。例如，德国对美国石油公司在德国赚钱后汇给其母公司的利润按累进税制征税，高达60%。又比如有的国家通过拖延批准利润汇出时间表来限制利润汇出。

一国外汇管制的松紧，主要取决于该国的经济、贸易、金融及国际收支状况。一般情况是，发达国家外汇管制较松，发展中国家的外汇管制则松紧不一，从紧者居多。近几年，国际金融形势动荡不安，对各国经济产生了或重或轻的影响，外汇管制遂呈加强之势。

GATT（WTO）也涉及外汇管制问题。它规定，一国实施外汇管制应遵循适度、透明和公正的原则。缔约国实行外汇管制，不得通过控制外汇使用来限制商品的进口数量、种类和国别，从而妨碍自由贸易。另外，各缔约国应加强同国际货币基金组织合作，协调处理有关国际收支、货币储备及外汇安排等问题。

我国是发展中国家，长期以来，对外汇实行较为严格的集中管理、统一经营的方针。但是，随着改革开放的不断深入，我国的外汇管制逐渐朝宽松的方向前进，从外汇统收统支制到外汇留成制，再到银行结汇售汇制，并实现了人民币在经常项目下的可自由兑换，为人民币的完全可自由兑换打下了基础。同时，在汇率方面，实行汇率并轨，建立了以市场为基础的、单一的、有管理的浮动汇率制，并成立了全国统一的外汇市场。这些改革使我国外汇管理体制逐步与国际接轨。但也要看到，我国外汇管理仍然统得过多，政策法规的统一性和透明性仍不够高。根据关贸总协定及现在的世界贸易组织关于外汇管理要适度、透明和公正的原则，仍然有许多工作要做。

（五）进口押金制

进口押金（advanced deposit）制又称进口存款制或进口担保金制，是指进口商在进口商品前，必须预先按进口金额的一定比例和规定的时间，在指定的银行无息存储一笔现金的制度。这种制度无疑加重了进口商的资金负担，起到了限制进口的作用。它同外汇管制操作所遵循的理论如出一辙，即设法控制或减少进口者手中的可用外汇，来达到限制进口的目的。例如，意大利政府从1974年5月到1975年3月曾对400多种进口商品实行进口押金制度。它规定，凡项下商品进口，进口商都必须预先向中央银行交纳相当于货值一半的现款押金，无息冻结半年。据估计，这项措施相当于征收5%以上的进口附加税。又比如巴西政府规定，进口商必须预先交纳与合同金额相等的为期360天的存款才能进口。

进口押金制对进口的限制有很大的局限性。如果进口商以押款收据作担保，在货币市场上获得优惠利率贷款，或者国外出口商为了保证销路而愿意为进口商分担押金金额时，这种制度对进口的限制作用就微乎其微了。

（六）最低限价制

最低限价制（minimum price），是指一国政府规定某种进口商品的最低价格，凡进口商品的价格低于这个标准，就加征进口附加税或禁止进口。这样，一国便可有效地抵制低价商品进口或以此削弱进口商品的竞争力，保护本国市场。

美国就曾经为了抵制欧洲、日本等国的低价钢材和钢制品的进口，在1977年制定实施了启动价格制（trigger price mechanism，TPM）。其实这也是一种最低限价制。它规定了进口到美国的所有钢材及部分钢制品的最低限价，即启动价格。当商品进口价低于启动价格时必须加以调整，否则就要接受调查，并有可能被征收反倾销税。以后，欧共体步美国后尘，也对钢材及钢制品实行启动价格制。

欧共体（欧盟）为保护其农产品而制定的“闸门价（sluice gate price）”是又一种形式的最低限价。它规定了外国农产品进入欧共体的最低限价，即闸门价。如果外国产品的进口价低于闸门价，就要征收附加税，使之不低于闸门价，然后在此基础上再征收调节税。我国农产品对欧共体出口就深受闸门价的影响。以冻猪肉为例，去骨分割冻猪肉是我国一项传统出口产品，在欧洲国家十分畅销。1983年欧共体规定了其闸门价每吨1 800美元，调节税每吨80美元，而当时欧共体内的每吨销售价只有2 500美元。由于进口成本远超出市场价格水平，中国冻猪肉于1983年全部退出欧共体市场。仅“闸门价”这一项农产品贸易壁垒措施，就使我国冻猪肉出口每年损失6 000万美元。又比如，正当我国冻鸡肉对欧共体出口数量稳步上升时，欧共体于1991年4月大幅度提高冻鸡肉的闸门价、附加税和调节税，导致鸡肉的进口成本从原来每吨1 337美元上升到1 826美元。这样，我国冻鸡肉对欧共体出口业务被迫中断，造成每年数百万美元的出口损失。

（七）禁止进口

禁止进口（prohibitive import）是进口限制的极端措施。当一国政府认为一般的限制已不足以解救国内市场受冲击的困境时，便直接颁布法令，公开禁止某些商品进口。仍以欧共体为例，1975 年 3 月，欧共体决定自 1975 年 3 月 15 日起，禁止 3 千克以上的牛肉罐头及牛下水罐头从欧共体以外市场进口。一般而言，在正常的经贸活动中，禁止进口的极端措施不宜贸然采用，因为这极可能引发对方国家的相应报复，从而酿成越演越烈的贸易战，这对双方的贸易发展都无好处。

（八）国内税

国内税（internal taxes）是指一国政府对本国境内生产、销售、使用或消费的商品所征收的各种捐税，如周转税、零售税、消费税、销售税、营业税等等。任何国家对进口商品不仅要征收关税，还要征收各种国内税。

在征收国内税时，可以对国内外产品实行不同的征税方法和税率，以增加进口商品的纳税负担，削弱其与国内产品竞争的能力，从而达到限制进口的目的。办法之一是对国内产品和进口产品征收差距很大的消费税。例如，美国、日本和瑞士对进口酒精饮料的消费税都大于本国制品。

国内税的制定和执行完全属于一国政府，有时甚至是地方政府的权限，通常不受贸易条约与协定的约束，因此，把国内税用作贸易限制的壁垒，会比关税更灵活和更隐蔽。

（九）进出口的国家垄断

进出口的国家垄断（state monopoly）也称国有贸易（state trade），是指对外贸易中，某些商品的进出口由国家直接经营，或者把这些商品的经营权给予某些垄断组织。经营这些受国家专控类垄断的商品的企业，称为国有贸易企业（state trading enterprises）。国有贸易企业一般为政府所有，但也有政府委托私人企业代办。

各国国家垄断的进出口商品主要有四大类。①烟酒。由于可以从烟酒进出口垄断中取得巨大财政收入，各国一般都实行烟酒专卖。②农产品。对农产品实行垄断经营，往往是一国农业政策的一部分，这在欧美国家最为突出。如美国农产品信贷公司，是世界上最大的农产品贸易垄断企业，对美国农产品国内市场价格能保持较高水平起了重要作用。当农产品价格低于支持价格时，该公司就按支持价格大量收购农产品，以维持价格水平，然后，以低价向国外市场大量倾销，或者“援助”缺粮国家。③武器。它关系到国家安全与世界和平，自然要受到国家专控。④石油。它是一国的经济命脉，因此，不仅出口国家，而且主要的石油进口国都设立国营石油公司，对石油贸易进行垄断经营。

关于国有贸易企业，关贸总协定第十七条中规定，它们在购买和销售时，应只以商业上的考虑（包括价格、质量、货源，推销及其他购销条件）为根据，并按商业惯例对其他缔约国提供参与购买或销售的适当竞争机会，不得实行歧视政策。该条款旨在防止国有贸易企业利用其特殊的法律地位，妨碍自由贸易政策的实施。

（十）歧视性政府采购政策

歧视性政府采购政策（discriminatory government procurement policy），是指国家通过法令和政策明文规定政府机构在采购商品时必须优先购买本国货。有的国家虽未明文规定，但优先采购本国产品已成惯例。这种政策实际上是歧视外国产品，起到了限制进口的作用。

美国从1933年开始实行、并于1954年和1962年两次修改的《购买美国货物法案》是最为典型的政府采购政策。该法案规定，凡是美国联邦政府采购的货物，都应该是美国制造的，或是用美国原料制造的，商品的成分有50%以上本国生产的。以后又作了修改，规定只有在美国自己生产数量不够或国内价格过高，或不买外国货有损美国利益的情况下，才可以购买外国货。显然，这是一种歧视外国产品的贸易保护主义措施。该法案直到关贸总协定的“东京回合”，美国政府签订了政府采购协议后才废除。英国、日本等国家也有类似的制度。

（十一）海关程序

海关程序（customs procedures）是指进口货物通过海关的程序，一般包括申报、征税、查验及放行四个环节。海关程序本来是正常的进口货物通关程序，但通过滥用却可以起到歧视和限制进口的作用，从而成为一种有效的、隐蔽的非关税壁垒措施，这可以体现在几个方面。

1. 海关对申报表格和单证作出严格要求

比如要求进口商出示商业发票、原产地证书、货运提单、保险单、进出口许可证、托运人报关清单等，缺少任何一种单证，或者任何一种单证不规范，都会使进口货物不能顺利通关。更有甚者，有些国家故意在表格、单证上做文章。比如法国强行规定所提交的单据必须是法文，有意给进口商制造麻烦，以此阻碍进口。

2. 通过商品归类提高税率

即海关武断地把进口商品分类在税率高的税则项下，以增加进口商品关税负担，从而限制进口。例如，美国海关在对日本产卡车的驾驶室和底盘进行分类时，把它从“部件”归类到“装配车辆”类，其进口税率就相应地从4%提高到25%。又如，美国对一般的打字机进口不征关税，但将它归类为玩具打字机，则要开征35%的进口关税。不过，大多数国家采用的《布鲁塞尔税则目录》比较完善，一般产品该在哪个税则下都比较清楚，因此，利用产品分类来限制进口的作用毕竟有限。

3. 通过海关估价制度限制进口

海关估价制度（customs valuation system）原本是海关为了征收关税而确定进口商品价格的制度，但在实践中它经常被用作一种限制进口的非关税壁垒措施。进口商品的价格可以有许多种确定办法，如：成交价，即货物出售给进口国后经调整的实付或应付价格；外国价，即进口商品在其出口国国内销售时的批发价；估算价，即由成本加利润推算出的价格等等。不同计价方法得出的进口商品价格高低不同，有的还相距甚远。海关可以采用高估的方法进行估价，然后用征从价税的办法征收关税。这样一来，就可提高进口商品的应税税额，增加其关税负担，达到限制进口的目的。

在各国专断的海关估价制度中，以“美国售价制”最为典型。所谓的美国售价制（american selling price system），是指美国对与其本国商品竞争激烈的进口商品（如煤焦油产品、胶底鞋类、蛤肉罐头、毛手套等）按美国售价（即美国产品在国内自由上市时的批发价格）征收关税，使进口税率大幅度提高。由于受到其他国家的强烈反对，美国不得已在 1981 年废止了这种估价制度。

为了消除各国海关估价制度的巨大差异，并减少其作为非关税壁垒措施的消极作用，关贸总协定于“东京回合”达成了《海关估价协议》，形成了一套统一的海关估价制度。它规定，海关估价的基础应为进口商品或相同商品的实际价格，而不得以本国产品价格或以武断、虚构的价格作为计征关税的依据。协议还明确规定六种应按顺序实施的估价方法，并对不得采用的估价作了限制。该协议的目的是要制定一个公正、统一和中性的海关估价制度，使之不能成为国际贸易发展的障碍。

我国的海关估价制度可以说相当完善，与《海关估价协议》基本一致，只是在执行过程中有偏差。不同口岸在估价标准上采取灵活的态度，以致同一产品从不同口岸进口时，需缴纳的关税相距甚远。比如汽车、空调从南方口岸进口就比从北方口岸进口来得便宜。这一点应引起注意。

4. 从进口商品查验上限制进口

海关查验货物主要有两个目的：一是看单据是否相符，即报关单是否与合同批文、进口许可证、发票、装箱单等单证相符；二是看单货是否相符，即报关所报内容是否与实际进口货物相符。为了限制进口，查验的过程可以变得十分复杂。一些进口国家甚至改变进口关道，即让进口商品在海关人员少、仓库狭小、商品检验能力差的海关进口，拖长商品过关时间。

例如，1982 年 10 月，为了限制日本等主要出口国向法国出口录像机，法国政府规定所有录像机进口必须到普瓦蒂埃海关接收检查，同时还规定了特别繁杂的海关手续，对所有伴随文件都要彻底检查，每个包装箱都要打开，认真校对录像机序号，查看使用说明书是否法文，检查是否所报原产地生产等等。普瓦蒂埃是个距法国北部港口几百英里的内地小镇，海关人员很少，仓库狭小，难以对付大量堆积如山的待进口的录像机。原先一卡车录像机一个上午就可以检查完，而在普瓦蒂埃却要花2～3个月，结果严重地限制了录像机进入法国市场。进口量从原来的每月6.4万多台下降至每月不足1万台。也有的海关，对有淡旺季的进口商品进行旷日持久的检查，故意拖过销售季节，从而限制了进口。

（十二）技术性贸易壁垒

技术性贸易壁垒（technical barriers to trade），是指一国以维护生产、消费安全以及人民健康为理由，制定一些苛刻繁杂的规定，使外国产品难以适应，从而起到限制外国商品进口的作用。

1. 技术标准

技术标准（technical standard）主要适用于工业制成品。发达国家普遍规定了严格、繁杂的技术标准，不符合标准的商品不得进口。例如，原西德禁止在国内使用车门从前往后开的汽车，而这恰好是意大利菲亚特500型汽车的式样；法国严禁含有红霉素的糖果进口，从而把英国糖果拒之门外；美国则对进口的儿童玩具规定了严格的安全标准等等。

2. 卫生检疫标准

卫生检疫标准（health and sanitary regulation）主要适用于农副产品及其制品。各国在卫生检疫方面的规定越来越严，对要求卫生检疫的商品也越来越多。如美国规定其他国家或地区输往美国的食品、饮料、药品及化妆品，必须符合美国"联邦食品、药品及化妆品法（The Federal Food，Drug and Cosmetic Act）"的规定。其条文还规定，进口货物通过海关时，均须经美国食品药物管理署（Food and Drug Administration，FDA）检验，如发现与规定不符，海关将予以扣留，有权进行销毁，或按规定日期装运再出口。

3. 商品包装和标签的规定

商品包装和标签的规定（packing and labelling regulation）适用范围很广。许多国家对在本国市场销售的商品订立了种种包装和标签的条例，这些规定内容繁杂、手续麻烦，出口商为了符合这些规定，不得不按规定重新包装和改换标签，费时费工，增加商品的成本，削弱了商品的竞争力。以法国为例，法国1975年12月31日宣布，所有标签、说明书、广告传单、使用手册、保修单和其他产品的情报资料，都要强制性地使用法语或经批准的法语替代词。

（十三）反倾销

在关税部分我们提到了反倾销税。反倾销（anti—dumping）是指对在本国市场上倾销的商品所采取的抵制措施。倾销一般分为商品倾销和外汇倾销两种，这里所说的倾销是指商品倾销。

根据关贸总协定《反倾销守则》规定，所谓倾销，是指进口商品以低于正常价值的价格向另一国销售的行为。确定正常价格有三种方法：①采用出口国国内价格，即相同产品在出口国用于国内消费时在正常情况下的可比价格；②采用第三国价格，即相同产品在正常贸易情况下向第三国出口的最高可比价格；③采用构成价格，即该产品在原产国的生产成本加合理的推销费用和利润。这三种确定正常价格的方法是依次采用的，即若能确定国内价格就不使用第三国价格或构成价格，依此类推。另外，这三种正常价格的确定方法仅适用于来自市场经济国家的产品。对于来自非市场经济国家的产品，由于其价格并非由竞争状态下的供求关系所决定，因此，西方国家选用替代国价格，即以一个属于市场经济的第三国所生产的相似产品的成本或出售的价格作为基础，来确定其正常价格。

由于倾销有可能是具有恶意的低价竞争，并损害进口国同类产品生产商的利益，因而被认为是一种不公正的竞争手段。许多国家都制定有本国的反倾销法，以征收反倾销税的形式对进口倾销实行制裁。按《反倾销守则》规定，对某进口商品征收反倾销税有三个必要条件：①倾销存在；②倾销对进口国国内已建立的某项工业造成重大损害或产生重大威胁，或者对某一国内工业的新建产生严重阻碍；③倾销进口商品与所称损害之间存在因果关系。进口国只有经充分调查，确定某进口商品符合上述征收反倾销税的条件，方可征收反倾销税。

确定倾销对进口国国内工业的损害要从三方面来认定：①产品在进口国数量的相对和绝对增长；②产品价格对国内相似产品价格的影响；③对产业的潜在威胁和对建立新产业的阻碍。此外，还要确定上述损害是否倾销所致。若由于其他因素（如需求萎缩或消费格局改变等）造成的损害则不应归咎于倾销性进口。

当进口国认为外国企业有倾销行为时可以发起调查。反倾销调查可以由受倾销影响的企业申请，也可以由政府有关部门直接进行。但不管用什么方式开始，政府都必须有足够的证据，包括倾销的证据、损害的证据和倾销与损害因果关系的证据。而一旦证据确凿，进口国政府就可以实施反倾销措施。

自20世纪70年代以来，各国对倾销的正式指控和申诉一直是有增无减、日益频繁。出现这种情况，一方面是由于关税以及配额等非关税壁垒不断削减，在贸易保护主义抬头的情况下，各国需要寻求其他有效保护手段；另一方面，由于倾销被认为是不公平贸易行为，世界贸易组织也明确加以反对，因此各国都不愿意放弃反倾销这个“合法”的行之有效的贸易保护工具。

（十四）绿色壁垒

绿色壁垒（green barriers）是一种新兴的非关税壁垒措施，是指一国以保护有限资源、生态环境和人类健康为名，通过制定苛刻的环境保护标准，来限制国外产品的进口。绿色壁垒以其外表的合理性及内在的隐蔽性成为继关税之后，国际上广泛采用的一种国际贸易壁垒。

绿色壁垒的内容较为广泛，主要包括：

1. 绿色技术标准

例如欧盟启动的ISO 14000环境管理系统，要求欧盟国家的产品从生产前到制造、销售、使用以及最后的处理阶段都要达到某些技术标准。这一系统提供了以预防为主、减少或消除环境污染的办法。

2. 绿色环境标志制度

即由政府管理部门或民间团体按严格的程序和环境标准颁发“绿色通行证”，并要求付印于产品包装上，以向消费者表明，该产品从研制开发到生产使用，直至回收利用的整个过程均符合生态环境要求。例如，德国的“蓝色天使”、加拿大的“环境选择”、日本的“生态标志”、欧盟的“欧洲环保标志”等，要将产品出口到这些国家，必须经审查合格并拿到“绿色通行证”。

3. 绿色包装制度

要求包装必须节约资源，减少废弃物，使用后利于回收再利用或易于自然分解。如德国的《德国包装物废弃物处理法令》、日本的《回收条例》和《废弃物清除条件修正案》等；又如，丹麦要求所有进口啤酒、矿泉水、软饮料一律使用可再灌装容器。

4. 绿色卫生检疫制度

国家有关部门对产品是否含有毒素、污染物及添加剂等进行全面的卫生检查，防止超标产品进入国内市场。例如，欧盟从2000年7月起，提高了进口茶叶的安全及卫生标准，对其中的农药残留检查极其严格，比原标准高出100～200倍。又如，日本对进口蔬菜中农药残留量规定不得超过30.5%；日本、英国、加拿大等国要求进口花生中黄曲霉素含量不得超过2‰；法国禁止含有红霉素的糖果进口等等。

5. 绿色补贴制度

即国家对生产绿色产品，将资源、环境成本内在化的企业给予财政补贴，鼓励出口。

绿色贸易壁垒一经出现便在全球范围迅速蔓延。发达国家依仗其较高的科技水平和先进设备，制定极其苛刻的环境标准，使发展中国家的产品难以“达标”而被拒于发达国家的国门之外。目前，绿色壁垒已成了我国出口贸易的“拦路虎”，其影响程度已超过了“反倾销”案件对我国外贸出口的影响。

第三节　鼓励出口措施

一、鼓励出口的政策措施

鼓励出口的措施是指出口国政府通过经济、行政和组织等方面的措施，促进本国商品的出口，开拓和扩大国外市场。主要措施有：

（一）出口信贷

出口信贷（export credit）是一个国家的银行为了鼓励商品出口，加强商品的竞争能力，对本国出口厂商或外国进口厂商提供的贷款。这是一国的出口厂商利用本国银行的贷款扩大商品出口，特别是金额较大、期限较长，如成套设备、船舶等出口的一种重要手段。出口信贷利率一般低于相同条件资金贷放的市场利率，利差由国家补贴，并与国家信贷担保相结合。

出口信贷按借贷关系可以分为卖方信贷和买方信贷两种。

1. 卖方信贷（supplier's credit）

所谓卖方信贷，是指出口方银行向出口商（即卖方）提供的贷款。其贷款合同由出口商与银行签订。卖方信贷通常用于那些金额大、期限长的项目。因为这类商品的购进需用很多资金，进口商一般要求延期付款，而出口商为了加速资金周转，往往需要取得银行的贷款。卖方信贷正是银行直接资助出口商向外国进口商提供延期付款，以促进商品出口的一种方式。

2. 买方信贷（buyer's credit）

所谓买方信贷，是指出口方银行直接向进口商（即买方）或进口方银行提供的贷款，其附加条件就是贷款必须用于购买债权国的商品，这就是所谓约束性贷款（tied loan）。买方信贷由于具有约束性而能达到扩大出口的目的。

在出口信贷中，利用买方信贷较卖方信贷为多。从卖方信贷产生的历史看，出口商首先以赊销或延期付款方式出售设备，由于资金周转不灵，才由本国银行给以资金支持，即交易的开端首先由商业信用开始，最后由银行信贷加以补充与支持。最近 20 多年来，国际上金额大、期限长的大型项目及成套设备交易增加，而商业信贷本身存在的局限，使出口商筹措周转资金困难。因此，由银行直接贷款给进口商或进口方银行的买方信贷迅速发展起来。买方信贷属银行信贷，由于银行资金雄厚，提供信贷能力强，高于一般厂商，故国际间利用买方信贷大大超过卖方信贷。买方信贷还令出口商可以较早地得到货款和减少风险，进口厂商对货价以外的费用也比较清楚，便于其与出口厂商进行讨价还价。此外，对于出口方银行来说，贷款给国外的买方银行，要比贷款给国内企业风险更小，因银行的资信一般高于企业。另外，银行提供买方信贷，既能帮助出口厂商推销产品，加强银行对该企业的控制，又能为银行资金在国外的运用开拓出路。

由于出口信贷能有力地扩大和促进出口，因此西方国家一般都设立专门银行来办理此项业务，如美国进出口银行、日本输出入银行、法国对外贸易银行、加拿大出口开发公司等。这些专门银行除对成套设备、大型交通工具的出口提供出口信贷外，还向本国私人商业银行提供低利率贷款或给予贷款补贴，以资助这些商业银行的出口信贷业务。

我国也于1994年7月1日正式成立了中国进出口银行。这是一家政策性银行，其资金来源除国家财政拨付外，主要是中国银行的再贷款、境内发行的金融债券和境外发行的有价证券，以及向外国金融机构筹措的资金等。其任务主要是对国内机电产品及成套设备等资本品货物的进出口给予必要的政策性金融支持，从根本上改善我国出口商品结构，以促进出口商品结构的升级换代。

（二）出口信贷国家担保制

出口信贷国家担保制（export credit guarantee system）就是国家为了扩大出口，对于本国出口商或商业银行向国外进口商银行提供的信贷，由国家设立的专门机构出面担保。当外国债务人由于政治原因（如进口国发生政变、革命、暴乱、战争以及政府实行禁运、冻结资金或限制对外支付等），或由于经济原因（如进口商或借款银行因破产倒闭无力偿付、货币贬值、通货膨胀等）而拒绝付款时，这个国家机构即按照承保的数额给予补偿。这项措施是国家替代出口商承担风险；是扩大出口和争夺国外市场的一个重要手段。以英国出口信贷担保署（The Export Credit Guarantee Department）为例，该署对商业银行向出口商提供的某些信贷提供担保，一旦出现贷款过期未能清偿付款时，该署可给予商业银行100%的偿付，而不问清付的原因，但保留对出口商要求偿付的追索权。如果出口商不付款的原因超过其所承保风险之外，该署可要求出口商偿还。可见，出口信贷国家担保制能使银行减少或避免贷款不能收回而蒙受的损失，有利于银行扩大出口信贷业务，促进商品输出。这是一种提高商品非价格竞争力的重要手段。

出口信贷国家担保制的担保对象主要有两种。①对出口厂商的担保。出口厂商输出商品时所需的短期或中长期信贷均可向国家担保机构申请担保。有些国家的担保机构本身不向出口厂商提供出口信贷，但可为出口厂商取得出口信贷提供有利条件。例如，有的国家采用保险金额的抵押方式，允许出口厂商所获得的承保权利，以“授权书”方式转移给供款银行而取得出口信贷，这种方式使银行提供的贷款得到安全保障，一旦债务人不能按期还本付息，银行可直接从担保机构得到补偿。②对银行的直接担保。通常银行所提供的出口信贷均可申请担保。这种担保是担保机构直接对供款银行承担的一种责任。有些国家为了鼓励出口信贷业务的开展和提供贷款安全保障，往往给银行更为优厚的待遇。

对出口信贷进行担保往往要承担很大的风险。由于该措施旨在为扩大出口提供服务，收费并不高，以免加重出口商和银行的负担，因此，往往会因保险费收入总额不抵偿付总额而发生亏损。例如，1986 年，英国出口信贷担保署亏损 11.99 亿美元，美国进出口银行亏损 3.33 亿美元，日本通产省出口担保课亏损 8.1 亿美元。严重的亏损情况使得私人保险公司不愿也无力经营，所以，对出口信贷进行担保只能由政府来经营和承担经济责任。目前，世界上有的发达国家和许多发展中国家都设立了国家担保机构，专门办理出口信贷保险业务。我国的中国进出口银行除了办理出口信贷业务外，也办理出口信用保险和信贷担保业务。

（三）出口补贴

出口补贴（export subsidy）又称出口津贴，是一国政府为了降低出口商品的价格，增强其在国外市场的竞争力，在出口某商品时给予出口商的现金补贴或财政上的优惠待遇。

政府对出口商品可以提供补贴的范围非常广泛，但不外乎两种基本方式。

1. 直接补贴（direct subsidy）

即政府在商品出口时，直接付给出口商的现金补贴，主要来自财政拨款。其目的是为了弥补出口商品国内价格高于国际市场价格所带来的亏损，或者补偿出口商所获利润率低于国内利润率所造成的损失。有时候，补贴金额还可能大大超过实际的差价或利差，这已包含出口奖励的意味，同一般的出口补助已不可同日而语了。这种补贴方式以欧盟对农产品的出口补贴最为典型。欧盟国家的农产品由于生产成本较高，其国内价格一般高于国际市场价格。若按国际市场价格出口过剩的农产品，就会出现亏损。因此，政府对这种亏损或国内市场与国际市场的差价进行补贴。据统计，1994 年，欧盟对农民的补贴总计达 800 亿美元，严重扭曲了国际市场农产品的价格。

此外，这种现金补贴还可能来自一国的同业公会。为了鼓励和支持同行业的部分厂商向外拓展市场和大量出口，从而既发展壮大本行业的生产规模，又避免彼此间在国内市场的过度竞争，这种企业主组织有时愿意拿出一定的金额进行出口补贴。这种状况在市场经济较发达的国家可以见到。

2. 间接补贴（indirect subsidy）

即政府对某些商品的出口给予财政上的优惠。如退还或减免出口商品所缴纳的销售税、消费税、增值税、所得税等国内税，对进口原料或半制成品加工再出口给予暂时免税或退还已缴纳的进口税，免征出口税，对出口商品实行延期付税、减低运费、提供低息贷款，以及对企业开拓出口市场提供补贴等。其目的仍然在于降低商品价格，以便更有效地打进国际市场。

由于各国都实行奖出限入的外贸政策，因而纷纷采取形形色色的补贴措施以促进本国产品出口，而进口国政府往往采用反补贴以抵制和消除补贴，这种行为对进口国有关产业产生一定的影响。因此，补贴和反补贴已成为当今国际经济贸易关系中的一个突出问题。据统计，从1948—1993年的45年间，在关贸总协定处理过的238起国际贸易纠纷中，有40起与补贴和反补贴措施有关，约占全部案件的17%。其中欧美关于农产品补贴之争差点断送了乌拉圭回合一揽子协议，最终达成这一事实充分说明了这一问题的严重性。

应当看到，出口补贴行为会扭曲商品在国际市场上的价格，易于在价格竞争中获取一定优势，甚至会对进口国的商品或同类商品的生产造成损害。就此而言，出口补贴行为显然是国际贸易中的不公平行为。然而，对于经济落后的发展中国家来说，给予某些出口工业制成品以适度的补贴，仍然是减少其国际收支逆差的重要一环。鉴于此，世界贸易组织在原则上反对出口补贴行为的同时，还是允许某些发展中国家在特殊情况下可以适度运用这种做法。因此，我们应该正确对待和运用这种手段，既充分遵循国际规范，又不放弃可以增强本国出口制成品竞争力的时机。

（四）生产补贴

与保护国内进口竞争工业一样，鼓励发展出口工业除了出口补贴等贸易政策以外，也可以使用产业政策。产业政策之一是对出口产品进行生产补贴。

什么是生产补贴？根据世贸组织的规定，“除出口补贴以外的补贴”都是生产补贴。生产补贴与出口补贴的区别在于，生产补贴对所有生产的产品进行补贴，不管该产品是在国内市场销售还是向外国出口。这些补贴包括政府对商业企业的资助、税收减免、低利率贷款等直接的方式，也包括对某些出口工业生产集中的地方给予区域性支持（如以优惠价提供土地或电力支持，加强交通通讯等基础设施的建设等）、资助研究与开发项目等间接的做法。所有这些政策手段虽然看上去只是对具体企业或行业的支持，但实际上降低了这些出口企业的生产成本，提高了出口竞争能力，起到鼓励促进出口的作用。

（五）价格支持

所谓价格支持，是政府通过稳定价格来支持生产者的一种手段。为了稳定生产和保证生产者收入，政府设立一个不由市场供求决定的“支持价格”或“保证价格”。如果市场价格高于保证价格，生产者可以根据市场需求卖出高价，自然不用政府操心。如果市场均衡价格下跌到低于保证价格时，由政府补差，产品产量和生产者的收入都不会因价格的下跌而受到多大影响。

价格支持本身并不是一种贸易政策，但如果政府将此政策用于出口行业时，就起到了刺激出口贸易的作用。

（六）商品倾销

商品倾销（dumping）是指商品以明显低于公平价格的价格，在国外市场上大量抛售，以打击竞争对手，占领或巩固国外市场。商品倾销通常由私营垄断企业进行，但随着贸易战的加剧，一些国家设立专门机构直接对外倾销商品。

实行商品倾销的具体目的在不同情况下有所不同。有时是为了打击或摧毁竞争对手，以扩大和垄断其产品销路；有时是为了建立新的销售市场；有时是为了阻碍当地同种产品或类似产品的生产和发展，以继续维持其在当地市场上的垄断地位；有时是为了推销过剩产品，转嫁经济危机；有时是为了打击发展中国家的民族经济，以达到经济上、政治上控制的目的。

按照倾销的具体目的，商品倾销可分为三种。

1. 偶然性倾销（sporadic dumping）

这种倾销通常是因为销售旺季已过，或因公司改营其他业务，在国内市场上不能售出“剩余货物”，而以较低的价格在国外市场上抛售。

2. 间歇性或掠夺性倾销（intermittent or predatory dumping）

这种倾销是以低于国内价格甚至低于生产成本的价格在国外市场销售商品，挤垮竞争对手后再以垄断力量提高价格，以获取高额利润。

3. 持续性倾销（persistent dumping）

又称长期性倾销（long-run dumping）。这种倾销是无限期地、持续地以低于国内市场的价格在国外市场销售商品。

20世纪70年代以来，持续性倾销日益增多。其之所以能够存在和维持，一般来说必须具备三个条件：①出口商品生产企业在本国市场上有一定的垄断力量，在很大程度上可以决定价格的形成。②本国与外国的市场隔离，不存在倒买倒卖的可能性。③两国的需求价格弹性不同，出口国需求价格弹性低于进口国需求价格弹性。当这些条件成立时，企业就有可能通过在国内市场索要高价，而向外国购买者收取较低的价格，使利益最大化。

商品倾销由于实行低价策略，必然会导致出口商利润减少甚至亏损。这一损失一般可通过以下途径得到补偿：①采用关税壁垒和非关税壁垒措施控制外国商品进口，防止对外倾销商品倒流，以维持国内市场上的垄断高价。②出口国政府对倾销商品的出口商给予出口补贴，以补偿其在对外倾销商品中的经济损失，保证外汇收入。③出口国政府设立专门机构，对内高价收购，对外低价倾销，由政府负担亏损。如美国政府设立的农产品信贷公司，在国内高价收购农产品，而按低于国内价格一半的价格长期向国外倾销。由此引起的农产品信贷公司的亏损则由政府财政给予差额补贴。④出口商在以倾销手段挤垮竞争对手，垄断国外市场后，再抬高价格，以获得的垄断利润来弥补以前商品倾销的损失。实际上，采取上述措施，往往不仅能够弥补损失，而且还会带来较高利润。

长期以来，商品倾销是发达资本主义国家对外竞争和争夺国际市场的一个重要手段。由于商品倾销易引起对进口国同类工业的损害或损害威胁，打击民族工业的发展，因此关贸总协定在 20 世纪 60 年代中期就通过了《反倾销守则》，规定进口国可以用反倾销税加以抵制。对于反倾销，本书在关税及非关税壁垒部分都曾加以分析。

（七）外汇倾销

外汇倾销（exchange dumping），是指一国降低本国货币对外国货币的汇价，使本国货币对外贬值，从而达到提高出口商品价格竞争力和扩大出口的目的。外汇倾销是向外倾销商品和争夺国外市场的一种特殊手段。以美元对日元的汇率变化为例，从 1985 年 2 月 26 日至 1995 年 10 月 10 日，美元与日元的比价从原来的 1 美元合 264 日元，跌至 100.43 日元，1995 年 4—5 月间还跌破 80 日元，美元贬值 62%。这意味着，一件 100 美元的美国商品 1985 年在日本的售价为 26 400 日元，而 1995 年仅为 10 043 日元，而一件 26 400 日元的日本商品 1985 年在美国的售价为 100 美元，1995 年则为 263 美元。由此可见，一国的货币（如美元）贬值即汇率下跌后，出口商品用外国货币（如日元）表示的价格降低，这就提高了该国（如美国）商品的价格竞争能力，从而有利于扩大出口。而同时，进入该国的外国商品（如日本货）以该国货币（如美元）表示的商品价格就会上涨，削弱了该外国商品的价格竞争力，从而又会限制进口。因此，实行外汇倾销会同时起到扩大出口和限制进口的双重作用。

然而，外汇倾销不能无限制和无条件地进行，必须具备一定的条件才能起到扩大出口和限制进口的作用：①本国货币对外贬值的幅度大于国内物价上涨的程度。本国货币对外贬值，必然引起进口原料和进口商品的价格上涨，由此带动国内物价普遍上涨，使出口商品的国内生产价格上涨。当出口商品价格上涨幅度与货币对外贬值幅度相抵时，因货币贬值而降低的出口商品外汇标价会被固定生产成本增加引起的该商品的国内价格上涨所抵消。由于货币对外贬值可以使出口商品的外汇标价马上降低，而国内物价上涨却有一个时滞，因此外汇倾销必须在国内价格尚未上涨或上涨幅度小于货币贬值幅度的前提下进行。由此可见，外汇倾销所起作用的时间是有限制的，或者说外汇倾销的作用是暂时的。②其他国家不同时实行同等程度的货币贬值和采取其他报复性措施。换言之，外汇倾销措施必须在国际社会认可或不反对的情况下方能奏效。③不宜在国内通货膨胀严重的背景下贸然采用。一国货币的对内价值与对外价值是互为联系、彼此影响的。一国货币汇价下跌（即对外价值下跌）迟早会推动其对内价值的下降，从而给已经严重的通货膨胀局面火上浇油。

最后，必须注意实行外汇倾销的代价十分昂贵。由于外汇倾销的实质是降低出口商品的外汇标价以换取出口数量的增加，从而达到增加外汇收入的目的。因此，外汇倾销实际上使等量出口商品所能换回的进口商品数量减少，贸易条件趋于恶化。这就是说，外汇倾销可以推动商品出口大量增加，并不等于出口额必然随之增加。另外它有时甚至会引起国内经济的混乱，出现得不偿失的结果。

二、促进出口的组织措施

二战后，西方国家为了促进出口贸易的扩大，在制定一系列的鼓励出口政策的同时，还不断加强出口组织措施。这些措施主要有：

1. 成立专门组织，研究与制定出口战略

例如，美国 1960 年成立了“扩大出口全国委员会”，其任务是向美国总统和商务部长提供有关改进和鼓励出口的各项措施的建议和资料；1978 年成立了“出口委员会”和“跨部门的出口扩张委员会”，附属于总统国际政策委员会，1979 年成立了“总统贸易委员会”，集中统一领导美国对外贸易工作；1992 年成立了国会的“贸易促进协调委员会”；1994 年 1 月又成立了第一批“美国出口援助中心”等等。日本、欧盟国家也有类似的组织。

2. 建立商业情报网，加强国外市场情报工作，及时向出口商提供商业信息和资料

例如，英国的海外贸易委员会在 1970 年就设立出口信息服务部，向有关出口商提供信息，以促进商品出口。又如日本政府出资设立的日本贸易振兴会(其前身是 1951 年设立的“海外市场调查部”)，就是一个从事海外市场调查并向企业提供信息服务的机构。

3. 设立贸易中心，组织贸易博览会，以推销本国商品

贸易中心是永久性设施，可提供商品陈列展览场所、办公地点和咨询服务等，而贸易博览会是流动性的展出，这些工作可以使外国进口商更好地了解本国商品，从而起到促销的作用。例如，意大利对外贸易委员会对由其发起的展出支付 80％的费用，对参加其他国际贸易展览会的公司也给予其费用 30％～35％的补贴。

4. 组织贸易代表团出访和接待来访，以加强国际间经贸联系

许多国家为了推动和发展对外贸易，组织贸易代表团出访，其费用大部分由政府支付，加拿大就是一例。此外，许多国家还设立专门机构接待来访团体。例如，英国海外贸易委员会设立接待处，专门接待官方代表团，并协助本国公司、社会团体接待来访的外国工商界人士，以促进贸易。

5. 组织出口厂商的评奖活动，以形成出口光荣的社会风气

例如，英国从1919年起开始实行"女王陛下表彰出口有功企业的制度"，并规定受表彰的企业在5年之内可使用带有女王名字的奖状来对自己的产品进行宣传。又比如，有的国家对有突出贡献的出口商颁发总统奖章或授予荣誉称号，或者由总理亲笔写感谢信。这样都能较有力地推动本国对外贸易的发展。

鼓励出口还有许多其他措施。比如通过资本输出带动本国商品输出；采用外汇分成方式，即政府允许出口商从其所得的外汇收入中提取一定百分比自由支配，鼓励出口商的出口积极性；采取进出口连锁制，将进口与出口挂钩，要获得一定的进口权利就必须履行一定的出口义务，以出带进，或以进带出，达到扩大出口的目的。

第四节　出口管制措施

引例：

美国目前的出口管制政策覆盖了2 500项产品，这些产品从军事角度看属于敏感产品，在出口前需得到美国的出口许可证。2005年出于安全方面原因，美国政府否决了拟向中国出口的价值达1 250万美元的产品。根据美国的统计数字，2005年美国对华贸易逆差达2 020亿美元（该数字与中方公布数字有差距）。从表面看来，被否决的出口产品的价值并不多，但是，这些被否决的只不过是上报要出口的产品中的一部分。因为美国政府一直实施严格的对华出口管制，很多厂商根本就不会把一些明显越过"红线"的产品提交审批。

思考：

(1) 一旦美国能够放开一些限制，将会对中美贸易产生怎样的影响？

(2) 为什么美国仍坚持对华出口管制呢？

出口管制（export control），是指国家通过法令和行政措施，对本国出口贸易实行管理和控制。一般而言，世界各国都会努力扩大商品出口，积极参与国际贸易活动。然而，出于某些政治、军事和经济上的考虑，各国都有可能限制和禁止某些战略性商品和其他重要商品输往国外，于是就要实行出口管制。

一、出口管制的对象

需要实行出口管制的商品主要有以下几类。

1. 战略物资及其有关的尖端技术和先进技术资料

如军事设备、武器、军舰、飞机、先进的电子计算机和通讯设备等。各国尤其是发达国家控制这类物资出口的措施十分严厉，主要是从所谓的“国家安全”和“军事防务”的需要出发，防止它们流入政治制度对立或政治关系紧张的国家。例如，美国对古巴实行禁运，给古巴经济造成了极为恶劣的影响。此外，从保持科技领先地位和经济优势的角度看，对一些最先进的机器设备及其技术资料也必须严格控制出口。

2. 国内的紧缺物资

即国内生产紧迫需要的原材料和半制成品，以及国内供应明显不足的商品。如西方各国往往对石油、煤炭等能源实行出口管制。这些商品在国内本来就比较稀缺，倘若允许自由流往国外，只能加剧国内的供给不足和市场失衡，严重阻碍经济发展。

3. 历史文物和艺术珍品

各国出于保护本国文化艺术遗产和弘扬民族精神的需要，一般都要禁止该类商品输出，即使可以输出的，也实行较严格的管理。

4. 需要“自动”限制出口的商品

这是为了缓和与进口国的贸易摩擦，在进口国的要求下或迫于对方的压力，不得不对某些具有很强国际竞争力的商品实行出口管制。如根据纺织品“自限协定”，出口国必须自行管理本国的纺织品出口。与上述几种情况不同，一旦对方的压力有所减缓或者基本放弃，本国政府自然会相应地放松管制措施。

5. 本国在国际市场上占主导地位的重要商品和出口额大的商品

对发展中国家来讲，这类商品实行出口管制尤为重要。因为发展中国家往往出口商品单一，出口市场集中，出口商品价格容易出现大起大落的波动。当国际市场价格下跌时，发展中国家应控制该商品的过多出口，从而促使这种商品国际市场价格提高，出口效益增加，以免加剧世界市场供大于求的不利形势而使本国遭受更大的经济损失。如欧佩克（OPEC）对成员的石油产量和出口量进行控制，以稳定石油价格。

6. 跨国公司的某些产品

跨国公司在发展中国家的大量投资，虽然会促进东道国经济的发展，但同时也可能利用国际贸易活动损害后者的对外贸易和经济利益。例如，跨国公司实施“转移定价”策略，就是一个典型的例子。因此，发展中国家有必要利用出口管制手段来制约跨国公司的这类行为，以维护自己的正当权益。

二、出口管制的形式

出口管制的形式主要有单边出口管制和多边出口管制两种。

（一）单边出口管制

即一国根据本国的出口管制法案，设立专门的执行机构，对本国某些商品的出口进行审批和颁发出口许可证，实行出口管制。例如，美国长期以来就推行这种出口管制战略。早在 1917 年，美国国会就通过了《1917 年与敌对国家贸易法案》，以禁止所有私人与美国敌人及其同盟者在战时或国家紧急时期进行财政金融和商业贸易上的交易。二战结束后，为了对当时存在的社会主义国家（如前苏联）进行禁运，又于 1949 年通过了《出口管制法案》，以禁止和削减全部商品和技术资料经由贸易渠道出口。这个法案以后几经修改，直至《1969 年出口管理法》出台才被取代。以后美国国会又颁布了《1979 年出口管理法》、《出口管理法 1985 年修正案》等，这些法案或修正案一次比一次宽松，但主要规定不变。

1989 年冷战结束后，世界政治经济形势发生了巨大的变化，商业利益已越来越和国家安全利益并驾齐驱。一方面，冷战结束后威胁世界安全的军事存在并没有消除，因此有必要对出口技术和设备继续实施严格的单方面出口管制，以防止核子及生化武器的扩散。另一方面，由于出口管制，美国的出口商丧失了世界市场份额，而让外国竞争者乘虚而入。据估计，美国在制造业每年出口损失高达 300 亿美元，计算机业每年也不得不损失 102 亿美元的海外订单。比如，美国休斯敦公司曾试图与中国合作建造卫星项目，但终因美国政府对中国实行技术制裁而失掉数亿美元的生意。又比如，美国对中国实行高技术控制，迫使英特尔公司、美国电报电话公司、国际商用机器公司等只能将它们最好的技术束之高阁，眼睁睁地看着中国有关市场的贸易额每年以 30%的高速度发展而一筹莫展。显然，这大大损害了美国的贸易和经济利益。在这种背景下，美国在 1995 年推出了新的出口控制法案，尽量使美国国家安全和出口商的商业利益达到更好的平衡。

（二）多边出口管制

即几个国家政府，出于共同的政治和经济目的，通过一定的方式建立国际性的多边出口管制机构，商讨和编制多边出口管制货单和出口管制国别，规定出口管制的办法等，以协调彼此的出口管制政策和措施。然后由各参加国依据上述精神，自行办理出口商品的具体管制和出口申报手续。例如，过去的巴黎统筹委员会就是这样一个典型的国际性多边出口管制机构。

巴黎统筹委员会本名为输出管制统筹委员会（Coordinating Committee for Multilateral Export Control - COCOM），它是在美国操纵下，由 17 国（美国、英国、法国、意大利、加拿大、比利时、卢森堡、荷兰、丹麦、葡萄牙、挪威、联邦德国、日本、希腊、土耳其、西班牙、澳大利亚）组成的常设多国出口管制机构。其总部设在巴黎，故而得名巴黎统筹委员会，简称“巴统”。该机构于 1949 年 11 月成立，其目的就是共同防止战略物资和先进技术输往社会主义国家，对它们实行出口管制，以遏制社会主义的发展。然而，随着国际形势的变化，“巴统”逐渐放宽了对社会主义国家的出口管制，其作用日渐减小，至 1994 年 4 月 1 日正式解散。

三、出口管制的手段

出口管制的手段包括直接的数量管制和间接的税率调节，既可以通过发放出口许可证来控制出口商品的品种和数量，也可以通过征收出口关税或对出口工业企业的生产增加税收来减少出口。

（一）出口许可证

一般而言，西方国家发放出口许可证一般先由其有关机构根据出口管制的有关法案制定出口管制货单（commodity control list）和输往国别分组管制表（export control country group），而列入出口管制的商品，必须办理出口申报手续，获取出口许可证后方可出口。

仍以美国为例，美国商务部贸易管理局是办理出口管制工作的具体机构，它负责制定出口管制货单和输往国外分组管制表。在管制货单中列有各种需要管制的商品名称、商品分类号码、商品单位及其所需的出口许可证类别等，在输往国别分组管制表中将商品输往国家或地区分成 Z、S、Y、P、W、O、T、V 八个组，实行从严到宽不同程度的管制。

对出口受管制的商品，出口商必须向贸易管理局申领出口许可证。美国的出口许可证分为两种。

1. 一般许可证（general license）**，也称普通许可证**

这种许可证的管理十分松动。一般而言，出口这类商品时，出口商在出口报关表上填写管制货单上这类商品的普通许可证编号，再经海关核实就算办妥出口许可证。

2. 特种许可证（validated license）

这种许可证必须向有关机构专门申请。出口商在许可证上要填写商品的名称、数量、管制编号以及输出用途，再附上有关交易的证明书和说明书，呈送有关机构审批，获准后才能出口商品。那些涉及所谓“国家安全”的商品，还要提交更高层的机构审批，如不予批准则禁止出口。可见，出口管制成了美国等西方国家对外实行政治歧视和贸易歧视的重要工具。

（二）出口关税

与进口关税正好相反，出口关税是针对某些特殊商品出口征收的税赋。出口关税限制产品出口，但同时会对本国的生产、消费和社会福利带来影响，其影响也会因各国在世界市场上地位的不同而不同。

（三）出口配额

实行出口配额是政府限制出口的又一种政策，即控制出口商品的数量。有些出口配额是本国政府主动设立的，也有的配额是应进口国政府要求而设立的，即“自愿出口限制”。如中国输往欧美的纺织品出口配额就是在欧美政府的要求下设置的，因此也叫被动配额。

中国政府在分配出口配额时既有根据申请直接分配到中央和地方出口企业的做法，也实行招标的方式。外经贸部通过“出口商品配额招标委员会”负责对招标工作的领导和监督。中标企业必须交纳中标保证金和中标金。招标收入纳入中央外贸发展基金。实行招标方式分配出口配额的主要是农产品和纺织品。

（四）禁止出口与贸易禁运

禁止出口一般是一国对其战略物资或急需的国内短缺物资进行严格控制的主要手段。而贸易禁运（trade embargo）则是一些国家为了制裁其敌对国家而实行的贸易控制措施。前者往往针对所有或多数贸易伙伴，禁止只涉及本国出口，并不限制进口。而贸易禁运往往只针对某个或某些目标国家，所禁止的不仅是出口，同时还禁止从这些国家进口。

本章主要术语

关税　进口税　出口税　过境税　从量税　从价税　混合税　选择税　进口附加税　反贴补税　反倾销税　报复关税　最惠国税率　普惠制税率　特惠税率

非关税壁垒　进口配额　绝对配额　全球配额　国别配额　进口商配额　关税配额　自主配额　协议配额　自动出口配额制　外汇管制　进口押金制　最低配额制　反倾销　绿色壁垒

出口信贷　卖方信贷　买方信贷　出口信贷　国家担保制　商品倾销　外汇倾销

单边出口管制　多边出口管制　出口关税　出口配额　禁止出口与贸易禁运

复习思考题

1. 现阶段中国企业出口会遇到哪些种类的关税？

2. 征收关税的方法有哪些？

3. 简述非关税壁垒主要有哪些？

4. 试比较非关税壁垒与关税对限制进口的作用。

5. 技术性贸易壁垒和环境贸易壁垒的主要表现形式有哪些？它对发展中国家的出口和产业发展有何影响？

6. 什么是出口信贷？可分为哪两种？试比较两者的同异。

7. 什么是倾销？

8. 什么是出口管制？出口管制的商品一般有哪些？

9. 各国有哪些促进出口的措施？

阅读资料

[1] 逯宇铎．国际贸易（第二版）[M]．北京：清华大学出版社，2008.

[2] 占勇．世界贸易组织（WTO）规则 [M]．大连：东北财经大学出版社，2009.

[3] 张海东．世界贸易组织概论 [M]．上海：上海财经大学出版社，2006.

[4] 陈传兴．现代国际贸易 [M]．上海：上海外语教育出版社，2004.

[5] 朱钟棣．国际贸易学 [M]．上海：上海财经大学出版社，2005.

[6] 薛荣久．世界贸易组织概论 [M]．北京：高等教育出版社，2006.

第五章　世界贸易组织

学习目标：

了解世界贸易组织的产生；
掌握世界贸易组织的宗旨、职能；
熟悉世界贸易组织的基本原则；
掌握世界贸易组织的特点与作用。

引例：

2007年10月12日《华尔街日报》美国将要求世界贸易组织（WTO）对中国限制美国电影、音乐和书籍在华销售的行为展开正式调查，这是美国在一年多来四次向WTO投诉中国。WTO争端解决机构10月22日会议日程安排显示，美国将在国会上提出针对中国上述行为成立调查小组的要求。此事尤其关系到好莱坞制片公司、苹果公司（Apple Inc.）的网上音乐商店iTunes以及美国其他媒体内容提供商的利益，这些企业在中国有可能面临着美国在其递交给WTO的诉状中所称"不太有利的分销机会"。

WTO目前正在就3起中美贸易争端进行调查。美国政府指控中国非法限制外国汽车零部件的进口、对中国众多产业提供政府补贴，并称中国量刑门槛过高实际上为盗版和仿冒产品提供了避风港。同时，中国在上个月也在WTO对美国进行了还击，针对美国对中国输美纸制品征收反倾销税的行为提出投诉，这是5年来中国首次向WTO投诉美国。

思考：

（1）美国投诉中国的依据是什么？
（2）WTO相较之前的GATT有何优越性？
（3）它的争端解决机制是什么？

第一节　世界贸易组织的产生

世界贸易组织（World Trade Organization，简称WTO）是当今世界涉及面最广、影响最大的国际经济组织之一，它为国际贸易提供了一整套系列的规则和行为规范。世界贸易组织是在经历了近50年的曲折后才真正问世的，这期间经历了从《哈瓦那宪章》的流产到关贸总协定《临时性议定书》的过渡，最终在1995年才正式成立并运行。

半个多世纪以前的二次世界大战给当时各国带来了不同的命运。美国大发战争横财，国力比任何时候都强大，它的工业生产力已大大超过其国内市场的需要，黄金储备也占了当时世界总量的1/3。而其他资本主义国家则在战争中元气大伤，有的几近成废墟。各国在战争渐近尾声之时，都十分关心世界经济的重建。在此背景之下，于1944年7月召开了对战后世界经济影响巨大的布雷顿森林会议。当时会议曾设想在成立国际货币基金组织和世界银行的同时，成立一个国际性贸易组织，从而使他们成为第二次世界大战后左右世界经济的“货币—金融—贸易”三位一体的机构。1947年11月21日到1948年3月24日在哈瓦那举行了联合国贸易及就业会议，经过讨论和磋商，各国就建立国际贸易组织（ITO）问题基本上达成一致意见，并起草了有53个国家签署的《哈瓦那宪章》。但是，由于后来美国国会担心其经济政策会受到一个超国家机构的干预，结果未予批准，致使《哈瓦那宪章》成为一纸空文，国际贸易组织也因此胎死腹中。

1947年，在商讨成立国际贸易组织的同时，美国发起拟订了关贸总协定（GATT），作为推行贸易自由化的临时契约。在《哈瓦那宪章》流产后，关贸总协定便一直成为实际上负责国际贸易多边谈判的场所。在总协定的主持下，关于关税减让、非关税壁垒、知识产权和服务贸易等问题的多边贸易谈判共进行了八轮，历经数十年，取得了一定的积极成果。

但是，由于总协定毕竟只是一项“临时性”的多边协定，存在许多先天的不足。它缺乏适当的组织框架，法律地位不明确，缺乏维护或推动国际多边合作的权威性。20世纪80年代以来，随着国际贸易内涵的发展和分工的加深，以欧盟为代表的西方发达国家对多边贸易体制的职能和协调功能表示出了越来越多的忧虑。从东京回合达成的各项原则的执行情况来看，各项协议同关贸总协定都相对独立，它们只对签字国生效。这些原则不仅未能加强世界多边贸易体系的职能，相反却肢解和分化了原关贸总协定的多边协调职能，扩大了各成员方之间权利与义务的非相关性。为避免乌拉圭回合的谈判结果，尤其是服务贸易、与贸易有关的知识产权以及与贸易有关的投资措施三项新议题的最终协议进一步分化多边贸易体制的职能，必须建立一个更加完善的、强有力的组织对谈判结果的执行进行管理和监督。由于乌拉圭回合谈判涉及的领域颇为广泛，几乎与《哈瓦那宪章》关于国际贸易组织的设想一致，因此，建立国际贸易组织的问题引起了普遍关注，各缔约方普遍认为有必要在关贸总协定基础上建立一个正式的国际经贸组织来协调、监督、执行乌拉圭回合的成果。

1990年初，欧共体轮值主席国意大利提出建立多边贸易组织的倡议。7月9日，欧共体把这一倡议以12个成员的名义向乌拉圭回合谈判体制职能谈判小组正式提出。同年4月加拿大也非正式地提出过建立一个体制机构。瑞士与美国也分别于1990年5月17日和10月18日，分别向关贸总协定体制职能谈判小组正式提出过提案。这些设想从各自不同的角度提出未来国际贸易组织机构的职责及性质。经过磋商，1990年12月，在乌拉圭回合布鲁塞尔部长级会议上，贸易谈判委员会提议起草一个组织性协议。为此，“建立多边贸易组织协定”成为1992年12月的乌拉圭回合最终协议草案的一个有机组成部分。经过两年多的修改和各谈判方的讨价还价后，1993年11月，乌拉圭回合谈判结束前，各方原则上形成了“建立多边贸易组织协定”。在美国代表的提议下，决定将“多边贸易组织”易名为“世界贸易组织”（WTO）。1993年12月15日，乌拉圭回合谈判胜利结束。1994年4月15日，在摩洛哥的马拉喀什召开的关贸总协定部长会议上，乌拉圭回合谈判的各项议题的协议均获通过，并采取“一揽子”方式（无保留例外）加以接受。经104个参加方政府代表签署，1995年1月1日正式生效。至此，根据其中的规定，1995年1月1日世界贸易组织正式成立。

第二节　世界贸易组织的宗旨与原则

世界贸易组织的宗旨和目标概括在《建立世界贸易组织协定》的序言中，这一部分规定了全体成员在处理贸易和经济事务的关系方面，应以提高生活水平、保证充分就业、保证实际收入和有效需求的巨大持续增长、扩大世界资源的充分利用以及发展商品的生产与贸易为目的；必须积极努力，确保发展中国家在国际贸易增长中得到与其经济发展相适应的份额；通过签订旨在大幅削减关税与其他贸易壁垒和在国际贸易关系中取消这些歧视待遇的议定书和互惠安排，为这些目标做出贡献；维护关贸总协定的基本原则和进一步完成关贸总协定的目标，发展一个综合性的、更加有活力的、持久的多边贸易制度，包括经过修改过的关贸总协定和它主持下达成的所有守则和协议，以及乌拉圭回合多边贸易谈判的全部成果。概言之，世界贸易组织旨在建立一个按照市场经济机制运作的、有序的、互惠的国际贸易环境，以推动世界贸易自由发展。

世界贸易组织协定的条款很多，内容比较繁杂，但概括起来不外乎贯穿以下八个基本原则。

一、无歧视待遇原则

这是世贸组织的基石，也是最基本的原则之一。它是指成员给予任何一个国家（不管是否为成员）的优惠待遇都应无条件地自动给予其他成员。它包括两个基本方面：一是无条件地互惠地一视同仁地享受最惠国待遇；二是外国商品经由合法途径进口后，应享受国民待遇。这种最惠国待遇既包括关税减让，也包括非关税数量限制和海关估价等方面的优惠。所谓国民待遇，是指进口商品与同类的国产货在国内课税、销售条件等市场准入方面，原则上受到同样对待。

二、关税稳定减让原则

关贸总协定在设立之初，国际贸易面临的主要障碍就是高关税。为了促进国际贸易的自由发展，在互惠的条件下，各缔约方通过关税约束和减让的谈判，逐步降低关税且达成约束税率。所达成的这种税率，一般来说只许不断降低而不能回复或提升。关税约束可分为三种情况：一是现行水平约束，即一国在加入世贸组织时，其进口关税固定在当时的现有水平上，这种情况并不常见。二是高水平约束，即将现行关税提高到一定程度后，再加以约束，这种情况更不常见。三是低水平约束，即将现行关税降低到一定的水平上进行固定，这是最常见的情况。

然而，在关税约束递减原则中，也有一些例外，例如被认为敏感性产品（如纺织品、鞋类和部分农产品）对于关税减让有一定的调整空间。另外，发展中国家根据自身实际情况及以《关贸总协定》第四部分作为其法律依据而提出的非对等的、更优惠的待遇（包括关税减让），也是一种合法的、合理的例外。

三、取消数量限制原则

它是指成员原则上不能规定进口限额。关贸总协定第十一条规定，缔约国除征收税捐或其他费用外，不得设立或维护配额、进出口许可证或其他措施以限制或禁止其他缔约国的产品输入。但这条原则在实际执行时，具有一定的灵活性，也就是说，在特定的情况下，缔约方可以采取限制进口数量的措施。

这些特定的例外主要是：缔约方为了稳定本国农产品市场，可以对农、渔产品的进口实行数量限制措施；为了改善本国的国际收支情况（通常以国际收支平衡的困难程度达到国际货币基金组织认可为标准），可以在短期内对进口实行必要的限制；为了保护发展中国家的金融地位，保证有一定的储备以满足实施经济发展计划的需要，可以限制外国商品进入发展中国家的数量或价值，来控制进口的一般水平；为了加速发展中国家某一特定工业的建立，或对现有工业进行重大改建或对只能少量供应国内需要的现有工业进行重大扩建时，可以采用政府援助形式的数量限制。

四、保障措施原则

它是指当成员的某一特定产业因受到突然大量增加的进口产品的冲击，造成其经济严重损害或威胁时，该国可以暂停所承担的义务，或者可以撤销和修改所作的关税减让，还有权进行报复。

五、透明度原则

贸易自由化、稳定化和透明化是世贸组织的三个主要目标。透明度原则是指有关成员政府实施有关货物入境和流动的法律和规章时，必须公布于众，使各贸易伙伴了解它们的内容。透明度原则也有一定的适用范围。总协定第十条规定了透明度原则的例外，允许各缔约方保守某些秘密，不予公开。该条款出，透明度原则并不要求缔约方公开那些会妨碍法令贯彻执行、会违反公共利益、或会损害公司商业利益的机密资料。

六、给予发展中国家优惠待遇原则

它是指那些收入低、工业水平较低的发展中国家所实施的关税制度可以有更大的弹性，不必对发达国家给予对等的贸易减让、允许进行有限的出口补贴、允许在发展中国家之间而不对发达国家进行相互关税减让等。发展中国家可以享受普遍优惠制待遇是其中最突出的体现。

七、公平贸易原则

世贸组织倡导的是公平贸易、自由竞争、反对出口补贴和商品倾销。它规定，进口国如因外国商品倾销而导致国内相关行业受到重大损害，可以对倾销或享受补贴的产品征收一定数量的反倾销税或反补贴税。它规定，倾销就是将一国产品以低于正常价格的办法挤入另一国市场的行为。这里所涉及的正常价格，一般是从出口国国内价格、第三国价格和成本构成价格的比较分析中确定是否属于倾销价格。世贸组织规定，各成员征收反倾销税前，应对倾销的进口产品对国内市场的同类产品及其生产者的影响进行客观的审查，在符合倾销的存在、倾销对国内行业造成严重损害或威胁、严重损害是倾销所致等条件时，才能征收反倾销税。所以各国在具体执行时，灵活性很大。

一般说，补贴是一种政府性措施，分生产补贴和出口补贴。由于进行补贴的国家提高了其产品的竞争能力，违背公平竞争的原则，所以，世贸组织协议规定，如果一成员的补贴对另一个进口国的某一行业造成重大损害或产生重大威胁时，允许这一进口国对相关产品的进口征收反补贴税。这是为了抵消商品在制造、生产或出口时直接或间接得到资助或补贴而征收的一种特殊关税，其税金不得超过该进口产品的补贴额。征收反补贴税必须先得到全体成员的批准，但在特殊情况下，进口国也可先采取措施，后通知成员全体，若未被批准，则应立即撤销这种措施。

反倾销税和反补贴税的征收对于世贸组织的成员而言，原则上要严格遵守"损害检验标准"，而对非其成员则只需按照进口国的国内法规执行即可。毫无疑问，按照本国立法，总能比较容易地对进口产品采取反倾销和反补贴的措施。

八、经济政策统一性原则

WTO要求以市场经济为基础，自由竞争为基本原则，价格由市场供求关系来决定。这就要求由统一的市场体制及其运作来加以保证。对于任一具体国家而言，要形成统一的大市场，就必须推行统一的经济制度和政策，否则，整个国家的市场必然是分割的。因此，WTO要求一国国内也必须实现贸易政策法规的统一性。

第三节　世界贸易组织的特点

作为当今管辖世界贸易活动的权威性国际机构，世界贸易组织与它的前身——关贸总协定是一脉相承的。它们都具有广泛的代表性，拥有上百个成员；都崇尚自由贸易精神，为消除种种贸易壁垒而在努力奋斗；都对世界贸易的顺利进行发挥着十分积极的作用，可谓世界经济的擎天柱。因此，世贸组织基本上承袭了关贸总协定的根本宗旨和所有重要条款。然而，世界贸易组织不是关贸总协定的简单延伸，与后者相比有着自己的众多特点。

一、WTO是一个具有有限优先权力的正式组织

它不再像原关贸总协定那样，完全凭借一个秘书处实现或帮助实现缔约方的意图；而可以就世界贸易发展提出新的建议和修改政策，直接为各成员方充当智囊和提呈经济问题，并为了世界多边贸易体制的发展对国家、地区及个人提出忠告和建议。WTO能够获得代表自己意见的权威。

二、WTO所辖内容更广泛

它不仅包括已有的和经乌拉圭回合修订的货物贸易方面的规则，而且还管理如服务贸易、投资与知识产权等新制订的各种贸易的"交通规则"。其协调与监督的范围远远大于原关贸总协定的管辖范围，从而强化了世界多边贸易体系的职能作用，使之同国际货币基金组织和世界银行共同构成真正支撑世界经

济增长的三大支柱，为全球经济贸易决策产生强大的向心力。

三、WTO具有全球统一性

它是一个统一完整的世界多边贸易体系，要求各成员方必须是“一揽子”接受《乌拉圭回合最终文件》的国家和地区。它首次设立定期审议其成员方贸易政策的机制，对各成员方的贸易体制进行多边监督，还建构了较完整的、适用于所有协议的综合性贸易、投资与知识产权争端解决机制。在此基础上，各成员方可运用交叉机制把三项新议题同市场准入问题联系起来，以市场准入条件的改善与否为砝码来约束各成员方承担执行三项新议题谈判成果的义务。

四、WTO具有法律制度上的正式性

由于历史的原因，原关贸总协定仅是一项多边“契约”，它在各缔约方之间一直是临时适用。即使已达成协议的新议题，也只适用于签字方，对非签字国并没有约束力。而WTO则对所有成员方都具有法律约束力。它为众多新议题的谈判结果永久地纳入多边体系纪律框架中创立了一个牢固的法律基础，进而为知识产权拥有者和投资者创造更多的权利，使跨国公司行为不受约束，达到限制东道国政府干预跨国公司活动能力的目的。这一组织不仅一改原关贸总协定临时适用为正式适用，而且还建立一整套组织机构，下设权力机构、行政执行机构、“司法”机构和政策监督机构等。作为正式的国际组织，WTO是国际法主体，这一组织的职员及成员代表均享有联合国大会1947年通过的《联合国专门机构之特权与豁免公约》所规定的特权与豁免。但它不同于国际货币基金组织与世界银行，也不隶属于联合国体系，而是完全独立于联合国并与其同时存在的“经济联合国”。联合国主管世界和平、人权与社会问题，而WTO则统辖和处理世界经济贸易事务，是支撑世界经济增长的三大支柱中最重要的一极。

WTO的职权远超过原GATT，延伸于若干新的贸易领域。其主要功能是组织实施各项多边贸易协定，为成员方提供多边贸易谈判场所，解决成员之间发生的贸易争端与摩擦，对各成员的贸易政策实行定期审议，为各国商界营造一个可预见的国际贸易环境，同时协调与国际货币基金组织和世界银行的关系，以保障全球经济决策具有充分的一致性。在组织机构方面，WTO完全取代原关贸总协定，成为永久性的世界多边贸易体系。其最高权力机构是部长级会议，它包括所有参加方的代表，通常每两年召开一次。部长会议有权就WTO管辖的各项多边贸易协议的一切问题作出决定。在部长会议休会期间，由全体成员方代表组成的总理事会代行其职能。总理事会可视情况需要随时召集会议，自行拟定议事规则与程序，以履行其解决贸易争端和审议成员方贸易政策的职责。

第四节　世界贸易组织的制度性缺陷

WTO 机构及其协议是主权国家以及自主经济体之间通过谈判达成的一种制度安排，其经济作用是降低国际经贸往来的交易成本，明确国际经贸合作剩余的分配规则，增进国际经贸合作剩余的产生。但是，根据这些年来 WTO 的管理实践，不难看出 WTO 存在着难以克服的局限性。

世贸组织的局限性主要通过两个方面表现出来，其一是立法的不容易，其二是执法的更困难。所谓“立法的不容易”是指，WTO 及其前身 GATT（关贸总协定）的每一项谈判内容的选择和确定，每一项协定或条款的达成，都是经过无数次争执和讨价还价才大致取得缔约成员方认同的，其间总是贯穿着谈判的破裂或协议的失败。尽管如此，各成员方认同的协定或条款中还是存在着无数的例外附则或条款。所以，一些有经验的国际经济谈判家，甚至宁愿把 WTO 及其前身 GATT 视作一个有关国际经贸问题的论坛，而不是一个关于国际经贸关系的立法机构。1999 年年底在西雅图召开的 WTO 部长级会议之所以失败，主要原因是部长们对新一轮谈判的谈判内容无法达成妥协。

而“执法的更困难”则是说，WTO 的协定或条款对于不同缔约成员的约束力是有显著差异的，特别是对于大国、强国缺乏约束力。如果没有双边协定，对 WTO 的争端裁决居于不利的一方就有可能不遵守裁决。如在美国与欧盟之间的香蕉出口争端中，美欧双方都利用了世贸组织执法能力弱的缺陷。事情缘起于 1995 年 9 月美国向 WTO 控告欧盟通过进口补贴的方法歧视美国公司经营的拉美香蕉进口。WTO 两年后作出裁决，确认欧盟行为违规，要求欧盟在 15 个月中执行裁决。就在 15 个月期限到来时，欧盟对香蕉进口规则做了一点小修正。尽管人们都能看出，欧盟其实没有服从 WTO 的判决，但是在对欧盟的修正做评估期间内，谁也不能说欧盟的行动没有达到世贸组织的要求。对于欧盟的一系列逃避 WTO 裁决的行为，美国宣布对欧盟实行单方面制裁。由此引发一场“香蕉大战”。美国的行动正是利用了 WTO 无力干预美国单边行动的缺陷，使自己凌驾于世贸组织之上。

造成 WTO 内在难以克服的局限性的主要原因有两个：第一，WTO 机构和协议作为国际间的一种制度安排，同其他任何制度安排一样，是非中立性的；第二，大国主权和利益高于 WTO 机构和协议。

WTO 作为一种制度安排，它的作用在于降低国际经贸往来的交易成本，明确国际经贸合作剩余的分配规则。然而，由于这种制度安排是通过国际经贸关系的“行为主体”们的谈判达成的，而这些“行为主体”作为主权国家或自主经济体，在理论原则上是平等的，但在实际的谈判地位上则是完全不平等的。因此，WTO作为不平等谈判主体达成的制度安排，特别是作为国际经贸合作剩余的分配规则，对于各国的利益平衡显然是非中立性的。这种制度的非中立性是造成世贸组织“立法的不容易”的根本原因。根据新制度经济学的“霍布斯定理”，WTO在国际经贸关系中的法律地位是超越所有缔约行为主体的第三方，它的组织性质是法制和契约的权力机构。假如WTO的这种法律地位和组织性质对各成员方能够像一个主权国家对自己的国民那样有效行使的话，即使存在着“制度的非中立性”，国际经贸合作收益和国际经贸关系的稳定性也会大大增加。但是，WTO的各成员方是主权国家或自主经济体，它们的主权性质决定了它们只会以自身的实力来对待“第三方”的制度干预。于是，WTO对弱国、小国就有较大的约束力，而对于大国、强国则暴露出软弱无力的一面。

第五节　中国与世界贸易组织

中国曾经是GATT的创始缔约国，1986年7月我国正式提出申请“复关”，但由于种种原因，未能在1994年底搭上GATT的末班车。1995年，申请由“复关”转成“入世”。经过几年来在谈判桌上的磋商，1999年11月15日，中美就中国“入世”达成协议。次年5月19日，中欧也就此达成协议。

一、中国加入世贸组织的意义

（一）有利于改善我国外贸活动的制度环境

我国加入世贸组织可以获得不少的贸易好处，其中包括无条件地享受贸易最惠国待遇。贸易最惠国待遇所决定的优惠税率，已经是各国商品往来应该享受的正常关税待遇，而一旦被征收普通关税税率，反而是一种受歧视的表现，出口商品也很难打进对方国家。彼此无条件地一视同仁地给予对方以贸易最惠国待遇，是关贸总协定和世贸组织的规定。这就为一个国家在正常的贸易环境中开展对外经济活动，奠定了坚实的制度基础。相反，非其成员为了获取这种正常的贸易环境，一般只能通过政府间的相关协议来解决这个问题。这就包含着一种潜在的危险，即倘若对方国家不愿签订这种政府协议，或者经常对已签协议从中作梗，那么，该国就往往要面对一个不稳定的或受歧视的国际贸易环境。

（二）有利于我国直接参与国际贸易规则的制定

现代国际贸易活动的顺利开展必须遵循国际规范，这已为无数事实所证明。可国际规范是怎样形成的呢？其中绝大多数都来自原先的关贸总协定和今天的世贸组织，是它的成员们经过讨价还价而制定出来的。我们目前的处境是，只有遵守人家制定的国际规则的义务，却没有参与制定贸易规则的权利，从而使得这类贸易规则较少反映我国的愿望和利益。特别应注意的是，世贸组织即将展开新一轮贸易谈判，就农产品贸易、服务贸易、环境保护、劳工保护等方面的问题，形成一系列新的国际规范。因此，加入世贸组织就可以直接参与新的贸易规则的制定工作，有利于我国的愿望和利益得到尽可能多的反映。

（三）有利于改进我国在贸易争端中的实际地位

由于种种原因，我国同一些发达国家的贸易纠纷以往时有发生，进入21世纪之后，存在着可能愈演愈烈的发展态势。总的来看，我国在这种贸易纠纷中还处于相对被动的地位。若有一个比较公平的调解者来仲裁这些贸易争端，对我们无疑是十分有利的。我国成为世贸组织成员后，该组织就有义务充当贸易纠纷的调解者和仲裁者，不会听任对方随意曲解相关的国际规则，应当能够作出相对公正的裁决。显然，这就大大改善了我国在这类贸易争端中的实际地位。

（四）有利于我国的经济体制改革和市场经济建设

我国在加入世贸组织以后，必须遵守它的规则和要求，承担一定的义务和责任。应该看到，这些规则和义务都是依据市场经济的相关要求制定出来的，尽管它们也有不合理的地方，但其中多数内容还是与我国体制改革和市场经济建设的长远目标相吻合的。向我国提出这些规则和义务，客观上具有两方面积极意义。一是它们像一面镜子，可以帮助我们发现自己经济运作的弊端和低效率的根源，并尽快有效地加以改进；二是适当推动我国的改革步伐。我们知道有些东西需要改革，但不一定有紧迫感，或者一下子难以推动，从而可能延误重要的时机。现在人家提出这些要求，事实上我们也完全承受得了，于是这类改革的步伐就相对加快。也许当初还有个心理和感情的承受问题，回头来看，这些做法恰恰是十分有利于我们的经济改革和市场体制建设。

二、“入世”与中国微观经济

应该说，中国加入世界贸易组织为中国企业的发展创造了良好的条件，但是，与我们中国作为发展中国家和经济体制转型的特殊背景相适应，我们的企业有三个劣势，即技术劣势、规模劣势和体制劣势。

（一）技术劣势

中国企业的技术劣势主要体现在两个方面。一是作为发展中国家，其技术水平远不如发达国家那样先进，特别是重化工业部门和高技术产业部门。因为作为发展中国家研究与开发的投入不足，因而技术的开发能力不够。二是发展中国家的多数技术是引进的。在引进的技术中，发达国家一般是将成熟技术转移给发展中国家。因而在多数情况下，我们的产品在技术含量和质量上难以与发达国家的同类商品相竞争。中国加入世界贸易组织后，舶来品进入壁垒大大降低，国产商品将遭受到知识和技术含量都更高的洋货的全面冲击。

（二）规模劣势

我们的规模劣势产生于我们的新兴行业中由于市场的有限性带来的企业难以扩大生产规模。根据新贸易理论，当某种产业的规模较小时，难以达到规模经济能够发挥作用的程度，因而产品的单位成本高于发达国家的同类产业。这种规模劣势在钢铁、汽车、化工等行业表现最为突出。目前，由于我国经济仍处于调整期，内需尚未全面回升，因受技术劣势的约束又无法在短期内打开国际市场，规模劣势难以在近期有较大改观。我国加入世贸组织后，国外商品大量涌入，势必进一步缩小国产品的生存空间，从而可能加剧规模劣势。

（三）体制劣势

在中国经济转型的过程中，即由计划经济向市场经济转变的过程中，我们的体制劣势也是非常严重的。主要问题是：企业如何以最经济的方式将产品生产出来的选择还没有变成企业自觉的行动；企业改进技术的动力还没有从根本上得到解决；企业扩大生产规模，从而实现规模经济的动力问题还没有得到解决；企业的危机还没有与企业家的危机密切结合起来；有些国有企业还是政府的附庸，从而成为企业解决社会问题的承担者。我国某些国有企业所进行的现代企业制度的改革还只是形式上的改革。它们无论是从政府那里得到资金支持，还是通过证券筹措到资金，只是得到了在新形势下的企业在旧体制中延缓生命的物质力量，而不能从根本上解决企业运行机制的问题。在此情况下，企业的技术创新和生产规模的扩大，都不能成为企业的自觉行动，因而难以与在市场经济的环境下生存了200多年的跨国公司相竞争。我国加入世贸组织后，考虑到自身经济的发展水平，势必会对某些行业加以保护，若处理不好，可能会延误企业体制转换，导致事倍功半的局面。

所以，我们的企业需要根据自身的条件迅速实现经济体制改革，争取尽早消除技术劣势和规模劣势，以提高国际竞争能力。

三、“入世”与中国宏观经济

一国宏观经济的发展不仅要依赖于个人的消费需求、企业的投资需求和商品的净出口，还要依赖政府对宏观经济的干预。我国加入世界贸易组织后，就意味着我们要逐步放弃计划经济条件下政府通过行政命令的方式来参与经济运行，代之以利用经济杠杆干预经济。但从实际情况看，政府可能要面临着失控的危险。

（一）政府的财政政策可能力不从心

随着中国经济体制的改革，中央政府手中的财政收入在国民生产总值中的比重已经降到比较低的程度，它不仅远低于我们在计划经济条件下中央政府所掌握的财政收入，还远低于发达国家中央政府手中掌握的财政收入在国民收入中的比重。它意味着，我们中央政府手中的财力是不足的。中央政府要获得干预经济，不得不发行债券。发行债券将产生“挤出效应”，使私人投资，或企业投资的成本因为银行贷款利率的上升而增加，从而政府支出的增加挤出了私人投资，进而难以起到拉动经济的作用。

（二）政府的货币政策也会面临某些问题

当中国经济过热时，如果外国的银行已经在中国开始经营，并且中央政府的对宏观经济的判断与外国银行的判断不相一致，那么政府紧缩银根的政策将被外资银行扩张贷款的政策所抵消。在我们加入世界贸易组织以前，政府要达到自己的目标可以有两个可供选择的政策工具。一是经济杠杆，另一个是行政命令。我们在转型期的基本做法是经济杠杆加行政命令。中国入世以后这种符合中国转型期特征的政府干预形式将被单纯使用经济杠杆的政府干预模式所代替。在转型期结束以前，经济杠杆加行政命令，并逐步减少行政命令的成分可能是比较实际有效的干预模式。但是中国入世可能意味着我们在转型期间对经济干预的程度不够到位，以致我们难以有效地调控经济。

（三）即使入世也还不能解决我们运用汇率政策调整经济的问题

东亚金融危机以后，考虑到多方面的原因，我们基本放弃了利用货币贬值鼓励出口限制进口的政策工具，这意味着，我们在促进商品出口方面必须寻找替代政策。实际上，在调整贸易收支时，一国货币对外贬值可能是最简单易行的政策工具了。因此中央政府在中国入世之后所面临的调控经济工具的减少和力度的削弱将降低政府干预经济能力的削弱，而这种干预在中国经济的转型期是必不可少的。因此，现实要求我们作出这样的选择：要么迅速使中国经济向市场经济转型，以营造中央政府运用经济杠杆干预经济的机制能够充分发挥作用；要么失去中央对经济的强有力的调控能力。

本章主要术语

关税与贸易总协定　WTO　乌拉圭回合　部长会议　总理事会　非歧视原则　透明度原则　争端解决机制　反向一致

复习思考题

1. 世界贸易组织的基本原则包括哪些？具体含义是什么？

2. 加入世界贸易组织后，与我国作为发展中国家和经济体制转型的特殊背景相适应，我国的企业有哪些劣势？

3. 我国加入世界贸易组织后，政府可能要面临着哪些失控的危险？

阅读资料

[1] 薛荣久．国际贸易（第五版）[M]．北京：对外经济贸易大学出版社，2011.

[2] 张二震，马野青．国际贸易学（第二版）[M]．南京：南京大学出版社，2003.

[3] 何元贵．新编国际贸易 [M]．北京：清华大学出版社，2007.

[4] 陈传兴．现代国际贸易 [M]．上海：上海外语教育出版社，2004.

[5] 朱钟棣．国际贸易学 [M]．上海：上海财经大学出版社，2005.

第六章　国际贸易发展战略

学习目标：

掌握国际贸易战略的内涵和类型；
了解进口替代型贸易战略；
理解出口导向型贸易战略；
熟知混合型贸易战略。

引例：

做鞋业巨匠创世界名牌

温州东艺鞋业有限公司（以下简称东艺鞋业或东艺）的前身，是成立于1986年6月的温州东风工艺皮鞋厂，当年的东艺，上无片瓦，下无寸土，注册资本只有4.6万元，10多名职工，日生产皮鞋20多双，产品无名无牌，仅是一个小家庭作坊。而今天的东艺拥有了2万平方米的厂房，固定资产高达1.1亿元；今天的东艺，设备上也早已“鸟枪换炮”——投资3 000多万元用于设备更新，目前已拥有800多套设备，8条现代化皮革流水线。其中，意大利莫尼娜公司生产的前帮机、后帮机，是温州鞋业界少有的设备。东艺鞋业引进的机械制鞋设备是温州最好、最多的一家。时至今日，东艺鞋业已发展成为年销售额超过3亿元的制鞋大企业，产品畅销俄罗斯、东欧各国、日本、韩国、东南亚数国，少量出口美国、约旦、西欧数国，并远销中非、南非等地区，成为浙江制鞋行业最大的企业之一，以及全国制鞋业的出口大户和创汇大户。东艺的发展目标是，做鞋业巨匠，创世界名牌。

思考：第二次世界大战后，跨国公司不仅数量日益增加，而且在世界经济贸易中的地位不断提高，对国际贸易发展起着举足轻重的作用，产生了重要影响。试问：一个民营小企业，如何在开展国际贸易营销“攘外安内”中，取得如此骄人的业绩？宝贵的创业经验何在？跨国公司对于国际贸易的影响有哪些？

第一节 国际贸易战略的内涵和类型

贸易战略是一国或地区经济发展战略的对外贸易方面的内容，是根据经济发展的总体要求、针对对外贸易发展的目标及其实现手段所作的战略性决策。国际贸易战略是一国或地区经济发展战略的基本组成部分，是一国或地区对外贸易发展的指导思想的体现。国际贸易战略最直接的体现是贸易政策和贸易体制，但除了贸易政策和贸易体制之外，国际贸易战略还包括更广泛的内容。比如，产业政策就是贸易政策的重要内容。

国内外学者从不同的角度出发，把贸易战略划分为不同的类型。比较常见的划分方法来自世界银行。世界银行按照对国内市场和国际市场的轻重选择差异，把贸易战略分为两类：外向型和内向型的，即出口导向战略和进口替代战略。世界银行认为，外向型战略的贸易和工业政策不歧视内销的生产或供出口的生产，也不歧视购买本国商品或外国商品。由于它有利于国际贸易，这种没有歧视的战略往往被看做是促进出口的战略。相比较而言，内向型的进口替代战略对工业和贸易的奖励制度有偏向，重视内销的生产，轻视供出口的生产。

世界银行制定了区分贸易战略内向型或外向型的四项指标。这四项指标是：有效保护、对诸如限制和进口许可证等直接控制手段的依赖性、对出口贸易奖励的方法和汇率定准值高估的程度。根据这四个指标，世界银行又进一步把内向型贸易战略和外向型贸易战略细分为四种：简单的外向型战略、一般外向型战略、一般内向型战略和坚定的内向型战略。

按照战略目标的不同，可以把贸易战略分为三类：追求静态利益的贸易战略、追求动态利益的贸易战略和排斥贸易利益的贸易战略。在追求静态贸易利益的战略中，尽管贸易的发展，客观上可能带来一定的动态利益，但发展国际贸易的基本目标在于追求贸易的静态利益，即只是在现有资源和技术结构不变的条件下增加本国的经济利益。至于贸易在促进长期经济增长、产业演进、技术进步和制度创新等方面的动态利益则不是该战略追求的主要目标，该战略实施后，贸易的动态利益也不太明显。现实世界中，部分发展中国家所实行的初级产品出口型贸易战略就是典型的追求静态利益的贸易战略。这种单纯的依赖初级产品出口来换取他国的工业制成品且主要是消费品，以满足本国消费的需要，而不是通过国际贸易来建立现代经济结构。与追求静态贸易利益战略不同，该贸易战略的基本目的在于追求通过贸易来促进长期经济增长、产业演进、技术进步和制度创新等方面的动态利益。一些发展中国家实行的出口替代型贸易战略就属于追求动态利益的贸易战略。至于排斥型贸易战略属于把国际贸易看成有害无益的经济活动，从而拒绝国际贸易。发展中国家长期推行的以国内生产和保护来取代进口、以国内销售来代替出口的进口替代型贸易战略即属于这一类。

第二节　进口替代型贸易战略

进口替代型战略就是用国内生产替代原来依赖进口的贸易战略。主张实行进口替代型战略的理由主要包括：

一是为了实现工业化和避免来自发达国家的国际剥削，特别是涉及发展中国家的幼稚产业，担心因从发达国家进口而遭毁灭性打击。

二是节省外汇的需要。严重外汇短缺是奉行进口替代型贸易战略的发展中国家的常态。其根本的原因在于出口状况的长期恶化。从长期来看，一国的进口是出口的函数，出口的长期不振，必然导致外汇短缺和对进口的严重制约。

三是避免因贸易条件的恶化而受到国际剥削，还可以为进口替代部门的发展提供尽可能多的资源。进口替代型贸易战略尽管排斥进口，但对一些本国工业化所需的技术设备等必需品也还是要进口的，发展中国家普遍采用汇率高估的办法来缓解必需品进口的压力。汇率高估，一方面使以外汇计算的本国商品价格提高而降低竞争力，另一方面使出口创汇所获得的以本国货币计算的收入减少而挫伤出口部门的积极性。

四是认为发展中国家工业部门不具备竞争优势，为了解决就业问题，就必须把保护国内市场放在优先的地位，实行进口替代战略。不过从实际效果看，刻意保护国内市场的进口贸易战略不利于发展中国家就业问题的解决，而时刻面临发达国家竞争的开放型贸易战略却反而有利于解决发展中国家就业问题。世界银行曾对 41 个有代表性的发展中国家贸易战略与就业实绩进行考察，在 1963—1973 年间，外向型经济中制造业的就业每年增长 6.1%，而实行进口替代型国家此值仅增长 3.3%；1973—1984 年，外向型经济中制造业的就业每年增长 4.9%，而内向型经济国家每年仅增长 4.2%。

进口替代型战略对国际贸易的抑制是不争的事实。从该战略实施的效果看，至今还未找到很成功的典例。相反，失败的案例却不少。世界银行和国际货币基金组织对战后发展中国家流行的贸易战略进行了长期考察，得出的结论是，进口替代型贸易战略的经济实绩明显劣于出口导向型贸易战略。拉丁美洲的不少国家在 20 世纪 50—60 年代普遍实行过类似的战略，随着大批新企业的建立，发展中国家工业发展似乎呈现一派繁荣景象，但 70 年代后这些企业便未老先衰，普遍技术落后、设备老化、亏损严重、效率低下。形成这一现象的原因来自进口替代战略本身。一是进口替代型战略对国际经济联系的排斥，阻塞了本国利用国外先进技术和制度的途径，使国内生产技术和产品与国际市场的生产技术和产品差距越来越大；二是进口替代型战略加剧了本国本来就最为短缺的资本，使其无力对老企业进行更新改造；三是进口替代型战略中政府对工业的干预和保护从根本上使企业丧失了技术进步和制度创新的动力和刺激。

不仅如此，发展中国家长期实行的进口替代型贸易战略成为其后来向开放型贸易战略转轨的严重障碍。有的国家，如斯里兰卡，由于过去进口替代型战略型包袱太重，转轨没有成功；有的国家尽管成功实现了转轨，但却付出了惨重代价（如智利、巴西）。正是由于进口替代型贸易战略并未得到理想目的，于是在 20 世纪 70 年代一些发展中国家和国际贸易学家不断对该贸易战略进行反省和批评。普遍认为，进口替代型贸易战略存在国际收支状况恶化、产业结构不合理、资源配置效率低下、增加失业、产生严重的官僚主义和腐败行为等弊端。

第三节　出口导向型贸易战略

出口导向（Export Orientation）战略，通常也被称为出口替代（Export Substitution）战略，是指通过扩大制成品的出口来带动工业化和整个经济发展的战略。主张出口导向战略的理由与自由贸易政策的依据有较多共性。一般认为，出口替代战略是积极参与国际分工和国际交换，充分发挥比较优势的思想。在一般不排斥进口的基础上，大力发展出口，为充分享有贸易所带来的各种好处创造了条件。与初级产品出口型贸易战略不同，出口替代战略并不仅仅局限于追求贸易静态利益，而是以动态比较优势为基础，力求通过贸易来实现工业化和现代化。

出口替代型贸易战略的主要政策主要包括三个方面。

一是奖励出口政策。对于一些国内市场狭小的发展中国家，为了较快速度、较大规模地实现由产品向货币的转换，最大限度地满足现代经济发展对资本的需求，这些国家和地区就不得不积极地利用国际市场，即重视出口的作用。为了支撑进口对外汇的需求，出口也显得十分重要。为了克服过去进口替代战略给出口带来的障碍及其造成的国内企业的惰性，帮助国内企业顺利地进入世界市场，并使其得到比内销更大的甜头，实行出口导向战略的国家便采取了许多鼓励出口的政策。具体地看鼓励出口的政策工具包括：一是有利于出口的汇率。为使国内生产者获得有利的出口价格条件，实行出口替代战略的国家不断实行货币贬值。最初的直接目的是为了矫正过去汇率高估所带来的扭曲，以后是为了维持与国内通货膨胀相适应的汇率。二是为出口提供补贴和优惠贷款。三是税收倾斜，包括税收减免、关税返还等。四是控制工资和物价，避免出口产品成本的过快上涨。五是行政上的优惠，包括简化出口手续、为出口提供原料和设备的专项规定、定期召开出口工作促进会等。

二是遵循比较优势的产业政策。与进口替代政策不同，出口替代战略遵循国际比较优势，希望通过积极参与国际分工和国际交换实现工业化和产业升级。政府在特定时期内对本国具有比较优势的产业进行大力支持。在20世纪60年代，韩国、中国台湾等奉行出口替代型的国家和地区的国际比较优势是丰富而廉价的劳动力。于是，这些国家和地区便全力发展劳动密集型产业。在这一时期，政府采取各种措施鼓励劳动密集型产品的生产和出口。到20世纪70年代中后期，随着国内劳动力的利用已比较充分，劳动力成本迅速上升，劳动力的低成本优势开始减弱；同时随着经济的发展，国内资本变得越来越丰富，并初步拥有了比较优势。随着比较优势的变化，韩国等国家或地区便开始重点发展资本密集型产业。例如，1973年，韩国制定了《国民投资基金法》，以加大对重化工业的投资。1974年，中国台湾也明确提出了“工业升级”的口号，积极进行旨在发展重化工业的“十大建设”。

其三是实行相对自由性的贸易体制。出口导向贸易战略客观上要求实行比较自由的贸易体制。因为：一是出口导向战略的基本目标在于通过本国有竞争力的产品占领国际市场，如果实行像进口替代战略那样严格的保护贸易政策，必然使国内产品的竞争力因企业安于落后而得不到提高；二是出口替代战略需要“大进大出”，即一国要大量出口本国有比较优势的产品，就必须大量进口本国不具有比较优势的产品，以充分享有国际贸易的好处。否则，如果通过贸易壁垒来限制本国不具有比较优势的产品尤其是出口产品生产所需的投入品的进口，必然导致本国资源无法实现最佳配置，并严重妨碍出口产业的发展。从实践来看，实现出口导向型的国家和地区都实行的是自由贸易体制。中国香港是奉行自由贸易的极少数现代国家和地区之一。韩国、新加坡和中国台湾在实行出口导向贸易战略开始，就逐步摒弃进口替代时期所设立的种种关税和非关税壁垒，建立与出口替代战略相适应的自由贸易体制。比如，20世纪50年代后期，韩国为保护本国市场实行复汇率制度和进口管制。60年代开始实行长期的贸易自由化。1964年采用一种接近于自由贸易汇率水平的统一汇率，并同时开始逐步放松贸易管制。

从实行出口导向贸易战略的实际业绩看，与实行进口替代国家相比，出口导向战略普遍更为成功。在实绩面前，国内外学术界比较一致的观点是，对于发展中小国而言，出口导向贸易战略的确优越于进口替代贸易战略。但对于发展中大国来说，是否也必须实行出口导向型贸易战略则存在不同的观点。一种观点认为，发展中大国和小国一样，也应该实行出口导向型贸易战略。另一种观点则认为，出口导向型贸易战略只适应于国内市场狭小的小国，而不适合国内市场广阔的发展中大国。其中原因主要包括：一是对国际市场的偏向容易导致发展中大国忽视相对广阔的国内市场。发展中大国与发展中小国的最基本区别就是拥有较为广阔的国内市场。发展中小国的国内市场狭小，为了给本国工业化和现代化提供足够的市场支撑，不得不采取优惠政策，鼓励国内厂商积极出口占领国际市场。发展中大国情况却不同，国内厂商如果一味涌向国际市场而忽视国内市场，那么，国内广阔市场这一优势便无法发挥。充分享受国际贸易的各种利益，尤其是动态贸易利益是发展中国家制定贸易战略的基本出发点。无论是大国小国，重视国际市场、发展出口作为对外贸易的基本组成部分、作为进口的保证条件、作为国内企业增强竞争意识、开阔视野和享有外溢效益的手段都有重要意义。但过度出口容易导致发展中大国贸易条件的恶化甚至贫困化增长。因为大国不同于小国只是价格的接受者，即使其出口达到足以带动经济增长的规模，也不会导致世界市场价格因供给的增加而下降。而对大国来说，如果依赖出口的扩大来带动经济增长，其出口就必须达到相当大的规模。这时的出口规模将导致世界市场价格因供给的急剧增长而下降，即导致发展中大国贸易条件的恶化，最终很难如愿实现出口导向贸易战略的初衷。

第四节　混合型贸易战略

随着大多数发展中国家实行进口替代贸易战略的失败和少数国家或地区实行出口导向贸易战略的成功，无论是发展中小国还是发展中大国很少单纯地追求进口替代或出口导向贸易战略。所谓混合型贸易战略是把进口替代战略和出口导向战略各自有效部分有机结合起来，在继续发展进口替代的同时，积极利用出口导向贸易战略的某些政策，最大限度地促进经济的发展。

从政策内容来看，混合型贸易战略在鼓励出口、利用市场机制、利用贸易的技术外溢促进产业升级等方面都与传统的进口替代不同。但从实质上讲，混合型贸易战略仍属于进口替代型战略，是改良的进口替代战略，因为混合型贸易战略仍然实行政府干预下的全面进口替代，仍然通过较高关税和非关税壁垒来排斥进口。在混合型贸易战略中，尽管贸易的作用有所加强，但仍然受到抑制。

改革开放以来，我国的外贸活动获得了突飞猛进的发展，可以说创造了一个经济奇迹。这表明，我国以往的有关思路和根本战略是行之有效的。但是，随着我国加入世界贸易组织和进一步完善社会主义市场经济体制目标的提出，转换外贸发展的基本思路可谓迫在眉睫。

长期以来，增强自身的经济实力和提高在世界经济中的地位一直是我国的当务之急，因此，我国的外贸发展始终单纯地服从于 GDP 增长的需要，被当做决定我国经济发展水平的一个十分重要的变量。很显然，整个外贸发展战略就是按照这样的基本定位加以制定和实施的。应该说，我国这个战略实施得相当成功，以致于我国的外贸额已稳居世界前五位，同时外贸依存度也超过了50%。然而，随着经济实力的大幅上升和市场化程度的不断提高，在继续保持一定增长速度的基础上，协调发展现在已经取代单纯的经济增长成为我国政府和广大国民关注的中心问题。这意味着，在这样的经济背景下，我国的外经贸发展也被赋予了新的内涵和职能，同样需要在协调发展这个根本任务上发挥出自己独特而重要的作用。简言之，它今后必须立足于国内经济发展与对外开放的协调统一。这样一来，有关的贸易战略和政策都需作相应的变动。

一是对外经济活动的政策目标必须进行重大调整。必须指出，自改革开放以来，我国的外贸活动始终倾注全力去出口创汇和追求贸易顺差。制定和实施这种政策目标固然有其客观需要和一定的必然性，但是，从协调发展和获取经济福利的基本要求来看，它的缺陷却是相当明显的。为了推动更多的出口，人们可以不惜严重亏损甚至不计社会代价。其实，它多少还停留在数百年前重商主义政策思路的层面上。从长期来看，这种做法既会带来众多不必要的国际经济摩擦，又将大量物质财富让与外国人享受而只是换回一些用于国际清偿的手段，更可能由此导致国内外经济的严重失衡。

可见，这种偏重出口与贸易顺差的政策目标已经不能适应我国外贸发展的客观要求。这就是说，在新的经济背景下，从出口创汇转换为国际收支平衡，进而实现外部平衡与国内经济发展的协调统筹，应该成为我国外贸的基本政策目标。诺贝尔奖得主米德的重要理论贡献之一，就是论述了一个开放的经济体系应该实现内部（国内）与外部（国外）的双重均衡。其中的外部均衡就是指国际收支的平衡。按照后来学者的阐述，这种均衡的实现是同采取比较中性（即不明显偏重出口）的贸易制度紧密相连的。应该说，我国目前的经济状况已大致奠定了推行这个政策目标的客观基础。

同样，我国原先引进外资的政策目标在于尽可能多地吸收外国直接投资。这样做，有效地解决了两个大问题。一是大大缓解了我国当时资本比较匮乏的局面，有利于我国经济的快速增长；二是由此迅速扩展着我国的加工贸易和有关行业的经济规模，从而显著增加着我国国民的就业机会和收入水平。

二是相关政策手段应当进行大力变革。自改革开放以来，我国一直大力鼓励出口贸易，这本无可非议。然而，在出口创汇和获取较多贸易顺差这种指导思路的支配下，我国采取的不少政策手段却存在着明显的偏差或缺陷。

三是外贸业务的目标函数需要重新确立。长期以来，在追求出口指标或外汇额这样指导思路的影响之下，我国具有多种所有制性质的出口企业或贸易公司就有了五花八门的目标函数。例如，国有企业或公司的领导人有的是为了确保经济稳定以保持就业水平和基本收入，有的是在追求业绩以获取上级的青睐，有的立足于维持现状以求无过，有的甚至主要考虑的是个人或小集团的利益问题。他们中间很少有人能够去实现利润最大化或利益最大化的目标，且实际状况也不太允许他们这样做。相反，比较符合市场经济要求的外贸业务目标，则主要体现在部分民营或私营企业的贸易活动中，可它们的国际经济运作还在受到制度和政策的很大限制。更值得强调的是，由于我们原先着眼于大力鼓励出口额的增长，因此，政府有关的政策措施实质上一直在支持或默认这些大相径庭的企业目标函数。

本章主要术语

国际贸易战略　静态利益贸易战略　动态利益贸易战略　排斥贸易利益战略　出口导向战略　比较优势政策　奖励出口政策　贸易顺差

复习思考题

1. 区分国际贸易战略内向型或外向型的指标有哪些?
2. 何为进口替代型战略? 主张实行进口替代型战略的理由有哪些?
3. 列举出口替代型贸易战略的主要政策。

阅读资料

[1] 薛荣久．国际贸易（第五版）[M]. 北京：对外经济贸易大学出版社，2011.

[2] 张二震，马野青．国际贸易学（第二版）[M]. 南京：南京大学出版社，2003.

[3] 何元贵．新编国际贸易 [M]. 北京：清华大学出版社，2007.

[4] 朱钟棣．国际贸易学 [M]. 上海：上海财经大学出版社，2005.

第七章　国际贸易术语与价格

学习目标：

了解国际贸易术语解释通则中关于国际贸易术语的相关解释；
熟知有关国际贸易术语的主要国际贸易惯例；
掌握常用国际贸易术语；
能够在实际中正确运用常见国际贸易术语。

引例：

2009 年 7 月，美国某进口商与我国浙江某出口商签订合同购买一批针织服装，价格条件为 CIF Los Angeles，支付条件为不可撤销的跟单信用证，出口商需要提供已装船提单、保险单等有效单证，作为交货和议付依据。

思考：我方在履行该合同时的风险于何时转移？交货地点在何处？出口手续由谁办理？出口前卖方应支付哪些费用？

第一节　贸易术语概述

一、贸易术语的重要性

贸易术语（Trade Terms）是在长期的国际贸易实践中产生和发展起来的，是用来表示商品的价格构成以及买卖双方所承担的风险、费用和责任的专门术语。因此，贸易术语有两项基本的作用，一是表示商品价格的构成；二是说明货物在交接过程中有关的风险、责任和费用的划分，主要表现在确定交货地点、确定风险转移点、确定费用划分点、明确进出口通关手续及费用的负担和明确提供有关单据的责任。

（一）确定交货点

贸易术语的一个明显作用就是确定交货点。例如，术语 FOB（离岸价格）的交货地点为装运港船上。如果货物只运到了船边，而没有装到船上，则是术语 FAS（船边交货价格）所确定的交货点。可见，通过贸易术语可以清晰地将交货点区分开来。

（二）确定风险转移点

在国际贸易中，贸易术语的一个重要作用就是确定风险转移点，即风险何时从卖方转移给买方。如 FOB（离岸价格）、CIF（到岸价格）和 CFR（成本加运费）这三个术语，卖方的交货是将货物交付至船上，货物风险于货物在装运港装上船时就由卖方转移至买方，那么船上则是风险的划分界限。

（三）确定费用划分点和办理有关手续的责任

在具体交易中除了明确交货地点和风险转移点外，贸易术语的另一个重要作用就是明确买卖双方所承担的费用和责任。以术语 CF 为例，卖方需要承担的主要责任是租船订舱，办理好将货物从装运港运往目的港的手续；在合同规定的装运期和装运港将货物装到船上；办理从装运港至目的港的海运货物保险；取得出口许可证或其他官方批准证件和办理出口通关手续。

（四）确定商品的价格构成因素

不同的贸易术语项下，买卖双方各自承担不同的责任、费用和风险，而责任、费用和风险的大小又影响着成交商品的价格。一般来说，凡使用出口国国内交货的各种贸易术语，如工厂交货（EXW）和装运港船边交货（FAS）等，卖方承担的责任、费用和风险都比较小，所以商品的售价就低；反之，凡使用进口国国内交货的各种贸易术语，如目的地交货（DAP）和完税后交货（DDP）等，卖方承担的责任、费用和风险则比较大，商品的售价就较高。由于贸易术语体现出商品的价格构成，按不同的贸易术语成交，会表现出成交商品具有不同的价格，所以，有些人便把它单纯地称为“价格术语”或“价格条件”。

二、有关国际贸易术语的国际惯例

国际贸易惯例是国际贸易法的渊源之一，在当前各国都在积极谋求国际贸易法律统一化的过程中，国际贸易惯例起着重要的作用，这种作用日益受到各国政府、贸易界和法律界的重视。为了合理地商定和履行合同以及正确运用国际贸易惯例，国际贸易从业人员及有关人士必须对国际上各种通行的有关贸易术语的国际惯例进行深入研究，以便在实际业务中权衡利弊，考虑取舍，对其作出适当的抉择和正确的解释。

在国际贸易业务实践中，由于各国法律制度、贸易惯例与习惯做法不同，因此，国际上对各种贸易术语的解释与运用也互有差异，从而容易引起贸易纠纷。为了避免各国在对贸易术语的解释上出现分歧和引起争议，有些国际组织和商业团体便分别就某些贸易术语作出统一的解释与规定。下面简单介绍有关贸易术语的国际规则。

（一）《1932 年华沙—牛津规则》

国际法协会于 1928 年在波兰华沙制定了 CIF 买卖合同的统一规则，此后，又在1932年牛津会议上，将此规则修订为21条，并更名为《1932年华沙—牛津规则》（Warsaw-Oxford Rules 1932）。该规则自1932年公布后，一直沿用至今，并成为国际贸易中颇有影响的国际贸易惯例。

（二）《1990年美国对外贸易定义修订本》

1941年7月，美国商会、美国进口商协会和全国对外贸易协会所组成的联合委员会正式通过并采用了《美国对外贸易定义》。至1990年，美国商业团体又对该文本加以修订，改称《1990年美国对外贸易定义修订本》（Revised American Foreign Trade Definitions 1900）（表7-1）。

表7-1　《1990年美国对外贸易定义修订本》中的六种贸易术语分类

贸易术语英文名称	术语缩写	贸易术语中文名称
Ex Works	EXW	工厂交货（指定地点）
Free On Board	FOB	在运输工具上交货（指定装运地）
Free Along Side	FAS	在运输工具边交货（指定装运地）
Cost and Freight	CFR	成本加运费（指定目的地）
Cost，Insurance and Freight	CIF	成本、保险费加运费（指定目的地）
Delivered Ex Quay	DEQ	码头交货（指定目的港）

值得注意的是，该修订本把FOB又分为六种类型。其中只有第五种，即指定的装运港船上交货（FOB Vessel）才同《2010通则》中FOB的含义大体相同，而其余五种FOB的含义则完全不同。因此，我国外贸企业同美国、加拿大以及其他美洲地区的企业商谈时，不能笼统地规定采用某种术语，还要明确所适用的国际贸易惯例及版本。否则，极易引起误解，从而产生不必要的贸易纠纷。

（三）《国际贸易术语解释通则》

《国际贸易术语解释通则》原文为International Rules for the Interpretation of Trade Terms，缩写为INCOTERMS，它是国际商会为了统一对各种贸易术语的解释而制定的，也是目前在国际贸易中最流行的有关贸易术语的国际惯例。最早的版本于1936年颁布，随后为了适应新的贸易形势的发展以及国际货物运输方式的新发展，又分别于1953年、1967年、1976年、1980年、1990年和2000年进行过多次修订和补充。

为了适应国际贸易的快速发展和国际贸易实践领域发生的新变化，国际商会于2007年起对《2000通则》进行修改的动议，并组建了修订小组；2009年中国国家商会组建了ICC China国际贸易术语通则修订委员会，将中国商界的利益和要求反映到了通则的最新版本中。《2010通则》的修订工作历时3年，最终版本于2010年9月面世，并于2011年1月1日起正式生效。但《2010通则》实施之后，《2000通则》并非就自动作废。国际贸易惯例在适用的时间效力上并不存在“新法取代旧法”的说法，因此，当事人在订立贸易合同时仍然可以选择适用《2000通则》。

需要说明的是，《2010通则》涵盖的范围只限于合同当事人的权利和义务中与已售货物（指有形货物，不包括无形货物）的交货有关的各项事宜，如货物的进出口通关、货物的包装义务、买方受领货物的义务以及提供履行各项义务的凭证等，不涉及货物所有权和其他产权的转移、违约行为所造成的后果以及某些情况下的免责等。

表7-2 《2010通则》中的各种贸易术语分类

适用于任何运输方式的术语	适用于水上运输的术语
EXW（Ex Works）：工厂交货 FCA（Free Carrier）：货交承运人 CPT（Carriage Paid To）：运费付至 CP（Carriage and Insurance Paid To）：运费、保险费付至 DAT（Delivered At Termina）：运输终端交货 DAP（Delivered At place）：目的地交货 DDU（Delivered Duty Paid）：完税后交货	FAS（Free Alongside Ship）：船边交货 FOB（Free On broad）：船上交货 CFR（Cost and Freight）：成本加运费 CF（Cost，Insurance and Freight）：成本、保险费加运费

必须指出，上述各项国际贸易惯例并不具有普遍的约束力，双方当事人可以采用，也可以不采用，完全由当事人决定。如双方当事人在合同中采用了某种贸易惯例，它对当事人就具有约束力。

第二节　适用于水上运输方式的术语

一、FOB术语

（一）基本含义

FOB的全称是Free on board（named port of shipment），即装运港船上交货（指定装运港）。在使用时，术语后应注明“INCOTERMS 2010”。

FOB是国际贸易中常用的贸易术语之一。按该术语成交，卖方要在合同中约定的日期或期限内，将货物运到合同规定的装运港口，并交到买方指派的船只上，即完成其交货义务。根据《2010通则》的解释，在FOB条件下，卖方要负担风险和费用，领取出口许可证或其他官方证件，并负责办理出口手续。同时，卖方还要自费提供证明其已按规定完成交货义务的证件，如果该证件并非运输单据，在买方要求下，并由买方承担风险和费用的情况下，卖方可给予协助取得提单或其他运输单据。根据《2010通则》的规定，FOB术语只适用于海运和内河运输，如货物装在集装箱里并在集装箱码头交货时，则应采用FCA贸易术语。

（二）买卖双方的基本义务

1. 卖方义务

（1）在合同规定的装运港、日期或期间内，将符合合同规定的货物交至买方指派的船上，并及时通知买方。

（2）自负风险和费用，取得出口许可证或其他官方批准的证件，并负责办理货物出口所需的一切海关手续。

（3）负担货物在装运港交到买方所派船只上之前的一切费用和风险。

（4）负责提供商业发票和证明卖方已按规定交货的清洁单据，如果买卖双方约定采用电子通信，则所有单据均可被具有同等效力的电子数据交换信息代替。

2. 买方义务

（1）根据买卖合同的规定受领货物并支付货款。

（2）负责租船或订舱、支付运费，并将船名、装船地点和交货时间及时通知卖方。

（3）自负风险和费用，取得进口许可证或其他官方批准的证件，并负责办理货物进口所需的一切海关手续。

（4）负担货物在装运港交到买方所派船只上之后的一切费用和风险。

（三）应注意的问题

1. 关于风险划分点变更的问题

在《2000通则》中，FOB术语的风险划分点以货物在指定的装运港指定的船只“越过”为界。以“船舷”为界表明货物在装上船之前的风险，包括在装船时货物跌落码头或海中所造成的损失，均由卖方承担；货物装上船之后，包括在起航前和在运输过程中所发生的损坏或灭失，则由买方承担。但在《2010通则》中，对FOB条件下风险划分的界限作了实质性的变更，即不再规定以船舷为界，而是规定以货物装到船上为界限，这时风险才由卖方转移给买方。

在此应注意，关于FOB术语风险划分点的变更问题，根据规则，同样适用于CFR和CIF术语。

2. 正确理解派船与装运的关系

按照FOB条件达成交易，买方有租船订舱、安排船只到装运港接运货物的义务；卖方则要将合同规定的货物备妥，并在装运期内将货物装上买方所派的船只。派船义务和装运义务之间存在着依存关系，应该说，买方的派船义务对于卖方的装运义务而言，是其先决条件，或者说前提条件。这是因为FOB条件下，卖方不是将货物交到码头上，而是要交到买方所派的船上。如果买方不能履行其派船的义务，卖方自然无法履行其装运的义务。为了避免在实际操作上的脱节，导致货等船或者船等货，就需要交易双方对有关派船和装运的细节问题进行认真协商，并且在合同中加以明确规定。

案例思考 1

案情：买卖双方签订 FOB 合同，卖方向买方出口一级大米 200 吨。装船时货物经公证人检验，符合合同规定的品质条件，卖方在装船后及时发出装船通知。货物运输途中，由于海上风浪过大，大米被海水浸泡，品质受到影响。当货物到达目的港后，只能按三级大米的价格出售，因而买方要求卖方赔偿市面差价损失。

分析：上述案例系属风险承担问题。显然，卖方在交付货物时，经公证人检验货品质是符合规定的，而货物最终抵达目的港时的品质降级，是由于运输途中的海浪过大造成的。根据《2010 通则》，FOB 术语风险以货物上船为界，因此卖方不承担该项损失，而应由买方来承担。

3. 出口通关的办理与美国贸易惯例的差异

《2010 通则》规定，卖方必须自行承担风险和费用，取得任何出口许可证或其他官方核准证件，并办理货物出口所需的一切海关手续（如果该地需要办理这些海关手续）。而根据《美国对外贸易定义》的解释，申领许可证和办理出口通关手续则由买方负责办理，其费用和风险也都由买方承担。只有当买方自行办理有困难时，在买方的要求下，并由买方承担费用和风险的情况下，卖方可以协助办理。因此，为了避免由于贸易惯例的不同而产生误解，双方最好在合同中作出明确规定。

4. FOB 的变形

上文已提到，《2010 通则》实施之后，《2000 通则》并非就自动作废，当事人在订立贸易合同时仍然可以选择适用《2000 通则》。但是在《2000 通则》中并未就 FOB 术语明确规定装货费用的负担划分问题，所以买卖双方最好在合同中就该项事宜及有关风险和费用的承担作出明确规定，以免产生贸易纠纷。

（1）FOB Liner Terms（FOB 班轮条件）：这一变形是指装船费用按照班轮的做法处理，即由船方或买方承担。所以，采用这一变形，卖方不负担装船的有关费用。

（2）FOB Under Tackle（FOB 吊钩下交货）：这一变形是指卖方负担将货物交到买方指定船只的吊钩所及之处的费用，而吊装入舱以及其他各项费用均由买方负担。

（3）FOB Stowed（FOB 理舱费在内）：这一变形是指卖方负责将货物装入船舱，并承担包括理舱费在内的装船费用。理舱费是指货物入舱后进行安置和整理的费用。

（4）FOB Trimmed（FOB 平舱费在内）：这一变形是指卖方负责将货物装入船舱，并承担包括平舱费在内的装船费用。平舱费是指对装入船舱的散装货物进行平整所需的费用。

（5）FOB Stowed and Trimmed（FOBST）：这一变形是指卖方承担包括理舱费和平舱费在内的装船费用。

二、CFR 术语

（一）基本含义

CFR 的全称是 Cost and Freight（named port of destination），即成本加运费（……指定目的港）。在使用时，术语后应注明“INCOTERMS 2010”

CFR 术语是国际贸易中常用的贸易术语之一。按照《2010 通则》的解释，卖方应在合同规定的装运港和规定的期限内，将货物装上船，并及时通知买方。货物上船以后发生的灭失或损害的风险，以及因货物交付后发生的事件所引起的任何额外费用，自交付之日起即由卖方转移给买方。除此以外，卖方要自负风险和费用，取得出口许可证或其他官方证件，并负责办理货物出口手续。以上，与 FOB 条件下卖方承担的义务是相同的。不同的是，在 CFR 术语下，与船方订立运输契约的责任和费用由卖方承担。卖方要负责租船订舱，支付货物运至指定目的港所需要的运费和相关费用，包括装船费以及定期班轮公司可能在订约时收取的卸货费用。但是，从装运港至目的港的货运保险，仍由买方根据需要办理，保险费由买方承担。卖方需要提交的单据主要有商业发票和通常的运输单据，必要时须提供证明其所交货物与合同规定相符的证件。此外，CFR 术语只适用于海运和内河运输。

（二）买卖双方的基本义务

1. 卖方义务

（1）负责在合同规定的时间和装运港将约定的货物装上船，运往指定目的港，并及时通知买方。

（2）负责办理货物出口手续，取得出口许可证或其他官方批准的证件。

（3）负责租船或订舱，并支付至目的港的正常运费。

（4）负担货物在装运港交到自己安排的船只上之前的一切费用和风险。

（5）负责提供符合合同规定的货物和商业发票，或具有同等效力的电子数据交换信息，以及合同规定的运输单据和其他相关凭证。

2. 买方义务

（1）负责按合同规定支付价款。

（2）自负风险和费用，办理货物进口手续，取得进口许可证或其他官方批准的证件。

（3）负担货物在装运港交到自己安排的船只上之后的一切费用和风险。

（4）按合同规定接收货物，接收运输单据。

（三）应注意的问题

1. 关于装船通知的特殊重要性

在采用 CFR 术语成交时，由于运输合同和保险合同分别由卖方和买方负责订立，为了使买方能及时办理海运货物保险，卖方在装运港装船后要及时向买方发出装船通知，根据惯例和有关法律的规定，如果由于卖方漏发通知，导致买方漏保，对由此产生的后果，卖方不能摆脱责任。在实际业务中，作为 CFR 合同的卖方，除了应注意在装船后及时发出装船通知外，还应注意所发信息的准确性，否则，也会带来意想不到的后果。

2. CFR 术语的变形

由于世界各港的惯例不同，对于卸货费用也有不同的规定，有的港规定船方负担，有的港规定由收货人负担。如属前者，若是大宗货物，卖方需租船运输时，船方如不愿承担卸货费，势必将卸货费转移给租船人，这样就会增加卖方的负担。为了解决有关卸货费用问题，买卖双方必须在贸易合同中明确由谁负担卸货费。实践中是在 CFR 贸易术语或 CIF 贸易术语后加附加条件来说明，由此便产生了 CFR 或 CF 的变形。CFR 或 CF 的变形各有以下四种：

（1）CFR Liner T（CFR 班轮条件）或 CIF Liner Terms（CF 班轮条件）：这种变形是指卸货费用按班轮办法处理，由船方或卖方承担，即买方不负担卸货费用。

（2）CFR Landed（CFR 卸到岸上）或 CIF Landed（CF 卸到岸上）：指由卖方负担卸货费用，包括因船不能靠岸，需将货物用驳船卸到岸上支出的驳运费在内的费用。

（3）CFR Under Ship's Tackle（CFR 吊钩下交货）或 CIF Under Ship's Tackle（CF 吊钩下交货）：指卖方负担将货物从船舶吊起卸到吊钩所及之处（码头上或驳船上）的费用。

（4）CFR Ex Ship's Hold（CFR 舱底交货）或 CIF Ex Ship's Hold（CF 舱底交货）：指货物运到目的港后，由买方自行启舱，并负担货物从舱底卸到码头上的费用。

以上 CFR 和 CIF 的变形，只是为了表明在使用航次租船运输时，卸货费用由谁负责，并不改变这两种术语的交货地点及风险、责任的划分。总之，在订立航次租船合同时，应注意贸易合同中的贸易术语要与航次租船合同中的装卸费用条款相衔接。这样才能明确装卸费用及相关费用由谁负担，避免在国际货物运输中产生争议或纠纷。

三、CIF 术语

（一）基本含义

CIF 是国际贸易中最常用的贸易术语之一。采用 CIF 术语成交时，卖方也是在装运港将货物装上船完成其交货义务。卖方负责按通常条件租船订舱，必须支付货物运至指定目的港所需的费用和运费，但是货物交付后的灭失或损坏的风险，以及因货物交付后发生的事件所引起的任何额外费用，自交付时起即由卖方转移给买方承担。卖方在规定的装运港和规定的期限内将货物装上船后，要及时通知买方。此外，CIF 术语中，卖方还应当为货物在运输中灭失或损坏的风险办理海上保险。因此，卖方应负责订立保险合同并支付保险费但是在 CIF 术语项下，根据惯例，如果没有相反的规定，卖方只需投保最低责任范围的保险险别。因此，如果买方需要获得更大责任范围的保险保障，买方可以与卖方达成明示的协议，或者自行办理额外保险。CIF 术语要求卖方负责办理货物的出口清关手续。此外，CIF 术语只适用于海运和内河运输。

（二）买卖双方的基本义务

1. 卖方义务

（1）负责在合同规定的期间内和装运港，将符合合同规定的货物交至运往指定目的港的船上，并及时通知买方。

（2）负责办理货物出口手续，取得出口许可证或其他官方批准的证件。

（3）负责租船或订舱，并支付至目的港的运费。

（4）负责办理货物运输保险，并支付保险费。

（5）负担货物在装运港交到自己安排的船只上之前的一切费用和风险。

（6）负责提供货物运往指定目的港的通常运输单据、商业发票和保险单，或具有同等效力的电子信息。

2. 买方义务

（1）负责办理货物进口手续，取得进口许可证或其他核准书。

（2）收取卖方按合同规定交付的货物，接收与合同相符的单据，并按合同规定支付价款。

（3）负担货物在装运港交到自己安排的船只上之后的一切费用和风险。

（三）应注意的问题

1. 租船订舱问题

由于从装运港到目的港的运输合同由卖方负责签订，一般情况下，卖方根据货物的具体情况，选择适当的船舶，或者租用整船，或者班轮订舱。这就是所谓的按通常条件（on ms）订立运输合同。但在有些情况下，买方为了减少自身承担的风险，会对船龄船籍、船级、船型以及装运某航运公司的船只等提出某些限制条件。对于这些要求，卖方应慎重考虑，不论对方是在合同订立之前提出的，还是在合同订立之后提出的。如果卖方认为自己可以办到，又不会增添麻烦和额外开支，就可以接受；否则，也可以拒绝。但接受后就必须严格照办。

2. 装运港、目的港及航线问题

装运港和目的港在海洋运输中即运输的起点和终点。在合同中规定装运港和目的港时，可以是各规定一个，也可以规定两个或两个以上，甚至是选择港(Optional Ports)，这要由交易双方根据需要协商确定。从实际做法来看，较多的还是各规定一个装运港和目的港。

根据英、美、法的有关规定，在CIF合同中，目的港属于要件（Condition)，而装运港不是要件，只属于担保（Warranty)。因此，如合同中明确规定了目的港的名称，双方必须遵照执行。任何一方要想变更目的港，必须征得对方同意，否则属于违反要件，即构成重大违约。

3. CIF合同下的保险

根据国际贸易惯例，CIF条件达成交易，卖方的基本义务之一是自付费用办理自装运港至目的港的海运货物保险。由于在CIF合同下，卖方是在装运港交货，运输途中的风险由买方承担，所以，可以说卖方办理保险属于替买方代办的性质。为了保证买方的切身利益，双方在订立买卖合同时，对于保险问题通常都要作出较为明确、具体的规定。

4. CIF条件下的交货方式

CIF是一种典型的象征性交货（Symbolic Delivery）方式。所谓象征性交货，是针对实际交货（Physical Delivery）而言。前者指卖方只要按期在约定地点完成装运，并向买方提交合同规定的包括物权凭证在内的有关单证，就算完成了交货义务，而无需保证到货。后者则是指卖方要在规定的时间和地点将符合合同规定的货物提交给买方或其指定的人，不能以交单代替交货。在象征性交货方式下，卖方是凭单交货，买方是凭单付款，只要卖方如期向买方提交了合同规定的全套合格单据，即使货物在运输途中损坏或灭失，买方也必须接受有关单据并履行付款义务。反之，如果卖方提交的单据不符合要求，即使货物完好无损地运达目的地，买方仍有权拒收单据、拒付货款。但是，必须指出，按CIF术语成交卖方履行其交单义务只是得到买方付款的前提条件，除此之外，他还必须履行交货义务。如果卖方提交的货物不符合要求，买方即使已经付款，仍然可以根据合同的规定向卖方提出索赔。

案例思考2

案情：我国某出口公司按CIF条件，凭不可撤销议付信用证支付方式向某外商出售一批货物。该商家按合同规定开来的信用证经我方审核无误。我出口公司在信用证规定的装运期限内在装运港将货物装上开往目的港的海轮，并在装运前向保险公司办理了货物运输保险。但装船完毕不久，海轮起火爆炸沉没，该批货物全部灭失。外商闻讯后来电表示拒绝付款。你认为我出口公司应如何处理？并说明理由。

分析：本案涉及CIF合同的性质，即CIF术语达成的合同对买卖双方承担风险的划分。按《2010通则》的规定，采用CIF术语，凡货物在装船后发生的风险，应当由买方负责。CIF合同是一种象征性交货合同，特点是“凭单交货，凭单付款”，只要卖方按合同要求将货物装船并提交了合格的单据，即使货物已在运输途中损坏或丢失，买方也必须履行付款义务。因此在本案中，我方不应同意对方的要求，应由对方持我方转让的保险单据向保险公司索赔。

四、FAS术语

（一）基本含义

FAS的全称是Free Alongside Ship（named port of shipment），即船边交货（指定装运港），通常称作装运港船边交货。在使用时，术语后应注明“INCOTERMS 2010”。根据《2010通则》的解释，按FAS术语成交，卖方要在约定的时间内将合同规定的货物交到指定的装运港买方指定的船边，在船边完成交货义务。买卖双方负担的风险和费用均以船边为界。如果买方所派的船只不能靠岸，卖方则要负责用驳船把货物运至船边，仍在船边交货。装船的责任和费用由买方承担。按该术语成交时，卖方要提供商业发票或电子信息，并自负费用和风险，提供通常的证明其完成交货义务的单据，如码头收据。在买方要求下，并由买方承担费用和风险的情况下，卖方可协助买方取得运输单据。货物通关过境所需要的出口许可证及其他官方证件，均由卖方负责办理。如果卖方希望由买方办理货物的出口清关手续，则应在销售合同的有关条款中予以明确。该术语只适用于海运或内河运输。在大宗货物的贸易中，特别是小麦、棉花、大豆、矿石等初级产品贸易中，出口商通常采用该术语。

（二）买卖双方的基本义务

1. 卖方义务

（1）负责将货物按规定的期限交到指定的装运港买方所指派的船边。

（2）负责办理货物的出口手续，承担出口清关的费用。

（3）承担自货物在指定地点交由买方船边为止的风险和费用。

2. 买方义务

（1）接收卖方提供的有关单据，收领货物，并按合同规定支付货款。

（2）承担货物在指定地点交由船边为止的风险和费用。

（3）自负风险和费用，取得进口许可证或其他官方批准的证件，并且办理货物进口所需海关手续，支付关税及其他有关费用。

（三）应注意的问题

（1）FAS术语项下，船边通常是指船舶装卸设备的吊货机或岸上装卸索具可触及的范围。

（2）当装货港口拥挤或大船无法靠近时，卖方征得买方同意可将交货条件改为“驳船上交货”（Free on Lighter），此时，卖方的责任仅在货物越过驳船船舷时为止，驳船费用及其风险可由买方承担

（3）在FAS术语项下，当买方没有及时向卖方发出关于装运船舶、装运地以及交货时间等通知，或所指定的船舶没有按时抵达装运港时，或船舶按时抵达却无法完成装货工作或提前停止装货时，在货物完成特定化后，风险和费用可提前转移。

（4）《2010通则》中的FAS术语与《1990年美国对外贸易定义修订本》中的FAS术语的规定有较大的差别。按照美国术语的解释，FAS的全称是Free Alongside Ship，是指货交各种运输工具的旁边，包括陆运在内均适用。因此，对美国出口时则需要在FAS之后加上Vess字样才表示《2010通则》中FAS的含义。

第三节　适用于各式运输方式的术语

一、EXW术语

EXW的全称是Ex Work（named place），即工厂交货（……指定地点）。在使用时术语后应注明“INCOTERMS 2010”。

EXW术语代表了在商品的产地或所在地交货的条件。产地可以是工厂、农场、矿山或其他生产地点，所在地一般指仓库。当买卖双方按照EXW条件谈判成交时，在EXW术语后面要具体注明产地名称，如EXWXX工厂；或所在地名称，如EXWXX仓库。签约后，卖方要在规定的交货期内将合同规定的货物准备好，并与买方联系，由买方安排运输工具到交货地点接运货物。当卖方将货物交给买方或其代理人控制时起，风险即由卖方转移给买方。就是说，如果此后再发生货物损坏或者灭失的情况，其后果即由买方自己承担。随着风险的转移，其他相关的责任和费用也相应转移给买方。卖方不必过问货物出境、入境运输及保险等事项。所以，在卖方与买方达成的契约中可不涉及运输和保险问题。并且除非合同中有相反规定，卖方一般无义务提供出口包装。如果签约时已明确该货物是供出口的，并对包装的要求作出了规定，卖方则应按规定提供符合出口需要的包装。

由此可见，按 EXW 术语成交时，卖方承担的风险、责任及费用都是最小的。在交单方面，卖方只需提供商业发票或电子数据，如合同有要求，才需提供证明所交货物与合同规定相符的证件。至于货物出境所需的出口许可证或其他官方证件，卖方本无义务提供。但如果买方自己取得上述证件有一定困难，卖方应买方的要求，并由买方承担风险和费用的情况下，也可协助取得上述证件。由于该术语下卖方不负责出口通关，如果买方不能直接或间接办理出口手续，则不应使用 EXW 术语，而应使用 FCA 术语。EXW 术语适用于各种运输方式。

目前，EXW 术语受到业界人士的欢迎，主要有两个原因：其一，大部分的跨国公司通过在我国境内的分支机构直接在我国内地采购，经常主动采用 EXW 术语与内地企业签订购货合同；其二，在高科技产品贸易中也经常采用 EXW 术语作为交易条件。此外，拍卖、寄售、展卖等贸易方式也经常采用 EXW 术语交易。

二、FCA 术语

FCA 的全称是 Free Carrier（. named place），即货交承运人（……指定地点）。在使用时，术语后应注明“INCOTERMS 2010”。

FCA 术语是指卖方在指定地点将已经出口海关的货物，交付给买方指定的承运人完成交货。所谓承运人，是指在运输合同中，通过铁路、公路、海上、航空、内河运输或这些方式的联合运输，承担履行运输或承担办理运输业务的任务人。它既包括拥有运输工具、实际完成运输任务的运输公司，也包括不掌握运输工具的运输代理人。如果买方指示卖方将货物交付给某一个人，例如一个非实际承运人的货运代理人，当货物在该人照管之下时，卖方就被认为履行了他的交货义务。如果买方指定了除承运人之外的其他人接收货物，卖方将货物交付给该人起，即完成交货义务，风险也自此时起转移给买方，FCA 术语适用于各种运输方式，包括公路、铁路、江河、海洋、航空运输以及多式联运。

卖方义务主要有：在合同规定的时间、地点，将合同规定的货物置于买方指定的承运人控制下，并及时通知买方，自负风险和费用，取得出口许可证或其他官方批准的证件，并办理货物出口所需的一切海关手续，承担将货物交给承运人控制之前的一切费用和风险；提交商业发票或具有同等效力的电子信息，并自负费用提供通常的交货凭证。

买方义务主要有：签订从指定地点承运货物的合同，支付有关的运费，并将承运人名称及有关情况及时通知卖方；自负风险和费用，取得进口许可证或其他官方批准的证件，并且办理货物进口所需的一切海关手续；根据买卖合同的规定受领货物并支付货款；承担领取货物之后所发生的一切费用和风险。

此外，按照《2010 通则》的规定，卖方的交货地点适用“管装不管运，管运不管卸”的原则。也就是说，如果交货地点在卖方所在地，卖方负责将货物装上买方派来的运输工具，不必负责货物的运输工作；如果交货地点在卖方所在地之外，则卖方需要将货物运到指定的交货地点，但无须负担将货物从运输工具上卸下的责任。如果双方没有在合同中约定具体的交货地点，且有几个具体交货地点可以选择，则选择权归卖方所有。

三、CPT 术语

CPT 的全称是 Carriage Paid To（named place of destination），即运费付至（指定目的地）。在使用时，术语后应注明“INCOTERMS 2010”。

CPT 术语是卖方将货物交给其指定的承运人，此外须支付将货物运至指定目的地的运费，买方则承担交货后的一切风险和其他费用。该术语适用于各种运输方式，包括多式联运。

卖方的基本义务有：在合同规定的时间、地点，将合同规定的货物置于买方指定的承运人控制下，并及时通知买方；必须提供符合合同规定的货物、商业发票或具有同等效力的电子数据；必须自负费用按通常条件订立运输合同，经惯常路线、按习惯方式将货物运至指定目的地的约定地点或其他合适的具体地点；必须承担将货物交给承运人控制之前的风险；自负风险和费用，取得出口许可证或其他官方批准的证件，并办理出口清关手续，支付关税及其他有关费用。

买方的基本义务有：接受卖方提供的有关单据，受领货物，并按合同规定支付货款承担自货物在约定交货地点交给承运人控制之后的风险；自负风险和费用，取得进口许可证或其他官方批准的证件，并且办理货物进口所需海关手续，支付关税及其他有关费用。

在使用 CPT 时应注意与 CFR 术语的区别。两者都由卖方安排货物运输，支付有关运费；并办理出口手续，提交有关单据；都是货交承运人，风险即转移，货物在运输途中的风险由买方承担；都属于装运合同。但是，两者也有一些区别。首先，适用的运输方式不同，CFR 仅适用于海运，属港口到港口的运输；CPT 适用于各种运输方式（包括集装箱运输、多式联运、海陆空等），属于门到门的运输。其次，交货和风险转移的地点不同。CFR 风险划分以装运港货物上船为界限，CPT 以货交承运人为界限。第三，提交的单据不同。CFR 提供的是海运提单，属于物权凭证，可以转让，可以出售；CPT 通常提供的是联运单据，只是交接货物的凭证，不能转让，不能出售。从发展趋势来看，CPT 有取代 CFR 的趋势。

四、CIP 术语

CIP 的全称是 Carriage and Insurance Paid to（named place of destination），即运费，保险费付至（指定目的地）。在使用时，术语后应注明“INCOTERMS 2010”。

CIP 术语是卖方将货物交给其指定的承运人，此外须支付将货物运至指定目的地的运费和为买方办理货物在运输途中的货运保险，买方则承担交货后的一切风险和其他费用。书写形式是“CIP 指定目的地”。CIP 术语适用于各种运输方式，包括多式联运。

卖方的基本义务有：必须提供符合合同规定的货物、商业发票或具有同等效力的电子数据，以及合同可能要求的证明货物符合合同的其他证件；在合同规定的时间、地点，将合同规定的货物置于买方指定的承运人控制下，并及时通知买方；订立货物运往指定目的地的运输合同，并支付有关运费；按照买卖合同的约定，自负费用投保货物运输险，承担货物交给承运人控制之前的风险；自负风险和费用，取得出口许可证或其他官方批准的证件，并办理出口清关手续。

买方的基本义务有：接受卖方提供的有关单据，受领货物，并按合同规定支付货款；承担自货物在约定交货地点交给承运人控制之后的风险；自负风险和费用，取得进口许可证或其他官方批准的证件，并且办理货物进口所需海关手续，支付关税及其他有关费用。

在使用 CIP 时应注意与 CIF 术语的区别。首先，适用的运输方式不同。CIF 只适用于水上运输方式（海运、内河航运），而 CIP 却适合任何运输方式。第二，保险的类别不同。按 CIF 术语成交，需要办理的保险是从港到港的水上货运保险；而按 CIP 术语成交时，卖方在出口国的约定地点向承运人交货，承担的是从交货地点到指定目的地的全程运输，所以需要办理的保险是全程货运保险。由于 CIP 适用于各种运输方式。一般来讲，CIP 的保险范围要大于 CIF 的范围。第三，使用的运输单据不同。使用 CIF 术语，卖方一般应向买方提交已装船的清洁提单；而在 CIP 术语下，卖方提交的运输单据则视不同的运输方式而定，其涉及的运输单据范围要大于 CIF。因此，从发展趋势来看，CIP 有取代 CIF 的趋势。

五、DAT 术语

DAT 的全称是 Delivered at Terminal（named terminal at port or place of destination）即运输终端交货（指定港口或目的地的运输终端）。在使用时，术语后应注明“INCOTERMS 2010”。

DAT 术语是《2010 通则》中新增加的术语，取代了《2000 通则》中的 DEQ。但是 DAT 术语的使用范围要远大于 DEQ，该术语是适合于任何运输方式的贸易术语，包含多式联运在内的一种或者多种运输方式。

按照 DAT 条件成交时，卖方要负责将合同规定的货物按照通常航线和惯常方式，在规定期限内运至目的港或目的地指定的运输终端，将货物卸下，并承担卸货费用。当卖方在指定港口或目的地的指定运输终端将货物从抵达的载货运输工具上卸下，交给买方处置时，即完成交货。其中，“运输终端”意味着任何地点，而不论该地点是否有遮盖，例如码头、仓库、集装箱堆积场或公路、铁路、空运货站等。

使用 DAT 时应注意：首先要根据卖方义务选用合适的术语。由于卖方要负责将货物运至指定目的港或目的地的运输终端并卸下，交由买方处置之前的风险和费用，其后产生的一切风险、费用均由买方承担。如果买卖双方试图要求卖方承担货物由该运输终端运输和搬运至另一地点的风险和费用，则应当使用 DAP 或者 DDP 术语。此外，该术语对于出口方来说，存在着相对风险责任大、业务环节多、贸易情况较为复杂、交货时间难以掌控等特点。因此，选用这一术语要求出口方必须对可能产生的风险有明确的认识，并采取相应的措施进行完备的风险管理。

六、DAP 术语

DAP 贸易术语的英文全称 Delivered at Place（named place of destination），即目的地交货（指定目的地）。在使用时，术语后应注明“INCOTERMS 2010”。

DAP 术语是《2010 通则》中新增加的术语，取代了《2000 通则》中 DAF、DDU、DES，是适合于任何运输方式的贸易术语，包含多式联运在内的一种或者多种运输方式。当使用 DAP 术语成交时，卖方要负责将合同规定的货物按照通常航线和惯常方式，在规定期限内将装载于到达的运输工具上准备装载的货物交由买方处置，即完成交货，卖方负担将货物运至指定地为止的一切风险。

在使用 DAP 时，应注意，要以合同条款明确卸货费用的归属。虽然 DAP 术语已经明确了卸货费用的划分，从理论上避免了由卸货费用产生纠纷的可能。但是，由于 DAP 术语尚不为很多人所熟悉，而且在一些港口存在关于卸货费用的惯例，因此术语本身的规定依然不能完全避免因此产生的纠纷、损失。所以，在订立商品买卖合同时，最好通过合同条款来明确这一问题。

此外，DAT 和 DAP 术语均是新术语。二者的差别实际不大，主要区别有两地运货费的分担，二是交货地的适用范围。因此，如果卸货费用的问题由合同中的条款明确，那么通常更建议使用DAP术语。

七、DDP术语

DDP的全称是Delivered Duty Paid（named place of destination），即完税后交货（指定目的地）。在使用时，术语后应注明“INCOTERMS 2010”。

DDP术语是卖方承担的责任最大、负担的费用最多的一个术语，指卖方在指定的目的地办理进口清关手续，将在交货地点的运输工具上尚未卸下的货物交与买方，完成交货。卖方必须承担将货物运至指定的目的地的一切风险和费用，包括在需要办理海关手续时，在目的地应交纳的任何“税费”（包括办理海关手续的责任和风险，以及交纳手续费、关税、税款和其他费用）。若卖方不能直接或间接地取得进口许可证，则不应使用此术语。但是，如当事方希望将进口时所要支付的一切费用（如增值税）从卖方的义务中排除，则应在销售合同中明确写明。该术语适用于各种运输方式。

在使用DDP时，应注意的是，DDP术语是到达合同，卖方需要将货物交至买方指定目的地。如果该目的地是在买方所在国国内，卖方需要考虑货物运入买方所在国的难度。此外，卖方也没有订立保险合同的义务，但是由于卖方承担在货物到达指定目的地之前的风险，卖方为了自身利益有必要订立保险合同，以避免货物在运输途中发生意外事故而带来损失。

表7-3 《INCOTERMS 2010》中的贸易术语归纳比较

贸易术语	交货地点	风险转移界限	出口报关的责任、费用	进口报关的责任、费用	适合的运输方式
EXW	货物产地或所在地	买方处置货物时	买方	买方	任何方式
FCA	出口国内地或港口	承运人处置货物后	卖方	买方	任何方式
CPT	出口国内地或港口	承运人处置货物后	卖方	买方	任何方式
CIP	出口国内地或港口	承运人处置货物后	卖方	买方	任何方式
DAT	目的港或目的地运输终端	买方在指定地点收货后	卖方	买方	任何方式
DAP	进口国目的地	买方在指定地点收货后	卖方	买方	任何方式
DDP	进口国目的地	买方在指定地点收货后	卖方	卖方	任何方式
FAS	装运港口	装运港船边为界	卖方	买方	水上运输
FOB	装运港口	装运港船上为界	卖方	买方	水上运输
CFR	装运港口	装运港船上为界	卖方	买方	水上运输
CIF	装运港口	装运港船上为界	卖方	买方	水上运输

第四节 国际商品买卖的价格

在国际贸易中，商品的价格直接关系到买卖双方的直接利益。在贸易实务中，由于使用的贸易术语不同，其价格构成就有很大的差别。此外，货物价格还可能会涉及运费、保险费、佣金、折扣等问题，从而使报价更为复杂。因此，贸易商应该掌握正确报价的原则和价格的核算方法，以维护自身利益。

一、国际贸易商品价格的掌握

（一）国际商品作价的原则

1. 按照国际市场价格水平作价

国际市场价格是以商品的国际价值为基础在国际市场竞争中形成的，它是交易双方都能接受的价格，是我们确定进出口商品价格的客观依据。

2. 结合销售目的国、地区的市场价格作价

在参照国际市场价格水平的同时，需考虑销售目的国、地区的市场价格，以便获得最大的利润和价格竞争性。

3. 结合购销意图

进出口商品价格在国际市场价格水平的基础上，可根据购销意图来确定，即可略高或略低于国际市场价格。

（二）影响国际商品价格的因素

由于价格构成因素的不同，影响价格变化的因素也多种多样。因此，在确定进出口商品价格时，必须充分考虑到各种因素。

1. 商品的质量和档次

在国际市场上一般都贯彻按质论价的原则，即好货好价，次货次价。商品品质的优良、档次的高低、包装的规格、品牌的知名度等因素都会影响商品的价格。

2. 使用的贸易术语

贸易术语又称价格术语，买卖双方成交时选用的贸易术语不同，也会影响商品价格。例如，采用出口地术语成交的商品价格一般比目的地术语成交的商品价格低些。此外，根据买卖双方各自所负的责任和承担的费用不同，也要考虑是否加入货价中。

3. 季节性需求的变化

国际市场上的一些节令性商品，如果在重大节日前到货，就能在旺季卖上好价；而过了节令，往往售价很低，甚至低于成本价格。因此，商品定价时也要结合节令需求掌握好价差。

4. 产品的生命周期

产品的生命周期一般分为四个阶段，即成长期、成熟期、标准期和衰退期。处于成长期，特别是创新期的商品往往价格最高；随着产品不断地成熟，价格会趋于下降；而处于衰退期的商品价格最低。对于高科技产品的出口报价，要特别考虑其生命周期状况。

5. 成交数量

按照国际惯例，成交量的大小会影响商品价格，成交量大时，卖方可适当给予买方价格上的优惠，或者给予折扣；反之，如果成交量过少，也可适当提高价格。

6. 供求关系

国际市场上某种商品的供求状况会导致商品价格的波动。一般来说，供大于求的商品，价格会看跌，而供小于求的商品，往往处于卖方市场，价格有上涨趋势。

7. 交货条件

在国际贸易中，由于交货条件不同，买卖双方承担的责任、费用和风险有别，采用的运输方式和运输距离也不同，这些在商品定价时都需要考虑。

此外，支付条件和汇率变动、市场销售习惯和消费者的爱好等因素，也会不同程度地影响价格。

（三）进出口商品价格的构成

1. 出口商品价格的构成

出口商品价格通常由三大部分构成，包括货物成本、营运成本和预期利润。

（1）货物成本：出厂价包括原材料费用、人工费用、制造费用等一切按照比例分摊的生产、管理及财务成本。

（2）营运成本（国内费用）：出口包装费、特殊标签与容器费用、唛头费用、内陆费用、检验或证明费用、装载费用、通关费用、邮电费用等。

（3）预期利润：依据出口货物的种类、市场行情、交易数量、进口商的信用、付款条件及其复杂程度而定。

2. 进口商品价格的构成

进口商品价格通常由商品成本、进口费用、进口杂费和预期利润构成。

（1）商品成本：又称购货成本或基本价格，是指国外商品的购货价格，即供应商、厂商或出口商的报价。最常见的就是 FOB 价格。

（2）进口费用：通常包括运费、货物运输保险费、上岸费用、检验检疫费用、清关费用、码头仓租和搬运费用、内陆运费和保险费等。

（3）进口杂费：向银行买汇清偿货款之外所产生的相关费用，包括银行手续费及利息、通信费用、各种税费和预计损失、港口建设费、营销费等其他杂费等。

（4）预期利润：在计算上述费用后，还要加上预期利润，由于影响因素不同，利润多少也不同，大约在3%～20%之间，或依具体情况而定。

二、主要出口价格及其换算

在国际贸易业务中，买卖双方在洽商交易时，经常会出现一方当事人以某种贸易术语报价后，另一方当事人不同意而要求用其他的贸易术语进行改报，这就涉及价格换算问题。以下是国际贸易中最常见的几种贸易术语的价格构成和换算方法。

（一）常见贸易术语的价格构成

1. FOB、CFR、CIF贸易术语

FOB、CFR、CIF这三种贸易术语仅适用于海上或内河运输。计算公式如下：

（1）FOB价格＝进货成本价＋国内费用＋净利润

（2）CFR价格＝进货成本价＋国内费用＋国外运费＋净利润

（3）CIF价格＝进货成本价＋国内费用＋国外运费＋国外保险费＋净利润

其中，国内费用包括银行手续费、银行押汇贴现利息、港口建设费用、贸易服务费用等。

2. FCA、CPT、CIP贸易术语

FCA、CPT、CIP这三种贸易术语适用于任何运输方式，包括国际多式联运。计算公式如下。

（1）FCA价格＝进货成本价＋国内费用＋净利润

（2）CPT价格＝进货成本价＋国内费用＋国外运费＋净利润

（3）CIP价格＝进货成本价＋国内费用＋国外运费＋国外保险费＋净利润

（二）常见贸易术语的价格之间的换算

1. FOB、CFR和CIF之间的换算

（1）FOB价换算为其他价：

CFR价＝FOB价＋国外运费

CIF价＝（FOB价＋国外运费）/（1－投保加成×保险费率）

（2）CFR价换算为其他价：

FOB价＝CFR价－国外运费

CIF价＝CFR价/（1－投保加成×保险费率）

（3）CIF价换算为其他价：

FOB价＝CIF价×（1－投保加成×保险费率）－国外运费

CFR价＝CIF价×（1－投保加成×保险费率）

2. FCA、CPT 和 CIP 之间的换算

（1）FCA 价换算为其他价：

CPT 价＝FCA 价＋国外运费

CIP 价＝(FCA 价＋国外运费)/(1－保险加成×保险费率)

（2）CPT 价换算为其他价：

FCA 价＝CPT 价－国外运费

CIP 价＝CPT 价/(1－保险加成×保险费率)

（3）CIP 价换算为其他价：

FCA 价＝CIP 价×(1－保险加成×保险费率)－国外运费

CPT 价＝CIP 价×(1－保险加成×保险费率)

三、佣金和折扣的运用

在国际贸易的价格条款中，有时会涉及佣金（Commission）和折扣（Discount，Allowance)。正确运用佣金，有利于扩大交易，并调动中间商的积极性。

（一）佣金

1. 佣金的定义

佣金是代理人或经纪人为委托人进行交易而收取的报酬。它适用于与代理人或佣金商签订的合同，往往表现为出口商付给销售代理人和进口商付给购买代理人的酬金。佣金又可分为明佣和暗佣。明佣是指在合同条款中明确规定佣金的百分比；暗佣是指在合同中不标明佣金的比例，甚至连“佣金”字样都不体现出来，关于佣金的比例由双方当事人另行约定。货价中是否含有佣金以及佣金比例的大小，都会影响商品的价格。显然，含佣价要高于净价。

2. 佣金的表示方法

（1）规定佣金比率：例如，USD1 000.00 per metric ton CFR New York including 3% commission（CFRC3%），即每公吨 100 美元，CFR 纽约，含佣金 3%。

（2）规定佣金的绝对数：例如，USD20.00 commission per metric ton，即每公吨 20 美元的佣金。

3. 佣金的计算

佣金可以按交易金额、交易数量或 FOB 价格计算，也可以按 CFR 或 CFF 扣除运费（10%）及（或）保险费（1%）计算。计算公式如下：

单位货物佣金价＝含佣价×佣金比率

净价＝含佣价－单位货物佣金额

含佣价＝净价/(1－佣金比率)

4. 佣金的支付方法

方法一：出口商收到货款后另行支付佣金。

方法二：中间商在买方付款时直接从货款中扣除佣金。

方法三：出口商在达成交易后即向中间商支付佣金。

（二）折扣

1. 折扣的定义

折扣是指卖方按原价给予买方一定百分比的减让，即在价格上给予适当的优惠。凡在价格条款中明确表示折扣多少的，被称为明扣；如果没有在合同中明确表示折扣，而双方已就折扣达成协议的，称为暗扣。货价中是否含有折扣会影响商品的价格，一般折扣率越高，价格越低。正确运用折扣，有利于调动买方的积极性，扩大销路。

2. 折扣的表示方法

（1）规定折扣的比率：例如，USD1 000.00 per metric ton CFR New York including 3% discount（CFRD3%），即每公吨 1 000 美元，CFR 纽约，含折扣 3%。

（2）规定折扣的绝对数：例如，USD20.00discount per metric ton，即每公吨 20 美元的折扣。

3. 折扣的计算

折扣一般按发票的实际金额乘以约定的折扣比率，即为应扣减的折扣金额。计算公式如下：

单位货物折扣金额＝含折扣价格（或原价）×折扣比率

出口商实际净收入＝含折扣价格（或原价）－折扣金额

4. 折扣的支付方法

方法一：进口商支付货款时预先扣除。

方法二：若采用暗扣，则按双方达成的协议，由出口商另行向进口商支付。

四、价格条款的制定

（一）合同中的价格条款

1. 价格条款的具体内容

价格条款是确定买方支付货款数额的依据，条款内容应当完整、明确、具体、准确。国际货物买卖合同中的价格条款一般包括商品的单价和总值两项基本内容。其中，商品的单价通常由四个部分组成，即计量单位、单位价格金额、计价货币和贸易术语。此外，还需要规定作价的方法和计价的货币。

例如：Per Set USD60.00 CFR New York（每件 60 美元，CFR 纽约）；

或者，Per M/T USD20.00 FOBST Shanghai，total USD200 000.00（公吨 20 美元，FOB 平仓费与理仓费在内，装运港上海，总价 200 000.00 美元）

2. 规定价格条款时的注意事项

（1）做好市场调研，合理确定商品价格，防止定价偏高或偏低。

（2）价格条款中涉及的计量单位、计价货币、装卸地等要书写规范、正确。

（3）恰当选择贸易术语，明确买卖双方的基本权利和义务。

（4）争取选择有利的计价货币，以免遭受汇率波动的风险，必要时可加订保值条款。

（5）灵活运用不同的作价方法，避免承担价格变动的风险。

（6）参照国际贸易的习惯做法，注意佣金和折扣的合理运用。

（7）如果交货品质和数量存在机动幅度或包装费另计等情况时，应一并订明机动部分的作价和包装费计价的具体办法。

（二）计价货币的选择

在国际货物买卖中，买卖双方通常在价格条款中对于使用何种货币作为计价货币进行明确规定。通常选用的计价货币可以是出口国货币或进口国货币，也可以是双方同意的第三国货币。计价货币可以与支付货币一致，也可以不一致。中国对外出口时通常采用国际上通行的计价货币，如美元。选择计价货币时，可遵循以下原则：

（1）尽量使用国际上可自由兑换的货币，如美元、欧元、英镑、日元等。

（2）出口采用硬币计价较有利，进口采用软币计价较有利。

（3）若采用不利货币，可根据该货币今后的变动幅度，相应调整报价。

（4）若采用不利货币，也可争取订立有关的货币保值条款，如黄金条款或汇率波动的价格调整条款等。

（三）作价方法

在国际贸易中，商品的作价办法很多，归纳起来主要有固定价格和非固定价格两类。

1. 固定价格

在国际货物买卖合同中，规定固定价格是一种常规的做法，即交易双方通过协商，就计量单位、计价货币、单位价格金额和使用的贸易术语达成一致，在合同中以单价条款的形式确定下来。固定价格适合于国际市场行情比较稳定的货物贸易，作价方法简单、方便。

2. 非固定价格

非固定价格，又称“活价”，适合于国际市场行情变化较快、价格涨落不定且交货期较长的货物贸易。这种作价方法可使买卖双方避免由于价格波动较大而带来的风险。

在实际业务中，该方法又可分为：

（1）暂定价格。在某些价格波动较大且交货期较长的国际货物买卖中，为避免价格风险，买卖双方可在合同中规定一个暂时价格作为开立信用证或初步付款的依据，等到交货期前某一段时间，双方再按当时的行情确定最终价格。

（2）具体价格待定。这种做法又称为“暂不固定价格”，适合于国际市场价格波动频繁且幅度较大，或交货期较长，买卖双方对价格走势难以确定，而已经签订意向书的货物买卖。此时，双方可不确定商品价格，只需规定好作价的方法即可。具体做法包括：按交货或装运时的国际市场行情再行确定价格；以××××年××月某地的有关商品交易的收盘价格为基准价加（或减）××美元；部分固定价格，部分非固定价格。

这种方法适合于分期交货的货物，可以在订约时将交货期较近的货物价格确定，其他货物价格在其交货期前一段时间根据当时的市场行情再确定。

本章主要术语

国际贸易术语　国际贸易惯例　FOB FAS　CIF　EXW　FCA　CPT　CFR　CIP　DAP　DDP　国际贸易商品价格　出口商品价格　进口商品价格

复习思考题

1. 简述贸易术语的性质。
2. 有关贸易术语的国际贸易惯例有哪些?
3. 试比较 FOB、CFR 和 CIF 三种术语的异同。
4. 试比较 FCA、CPT 和 CIP 三种术语的异同。
5. 试比较 CIF 和 DES 的异同。
6. 我国出口商品的作价原则是什么？影响商品成交价格的因素有哪些?

阅读资料

[1] 李海峰 .2000 年国际贸易术语解释通则 [M]. 北京：中信出版社，2000.

[2] 袁永友 . 新编国际贸易案例评析 [M]. 北京：中国商业出版社，2004.

[3] 帅建林 . 国际贸易惯例案例解析 [M]. 北京：对外经济贸易大学出版社，2006.

[4] 冷柏军 . 国际贸易实务 [M]. 北京：对外经济贸易大学出版社，2005.

第八章　商品的品质、数量和包装

学习目标：

了解商品数量的各种计量方法；
熟知国际货物合同中品质条款的基本内容和规定方法；
熟知出口货物的包装种类、作用、设计、标志以及包装条款内容；
掌握商品品质的表示方法；
能够在实际中学会订立品质、数量和包装条款。

引例：

商品品质标准引起的麻烦

我国某出口公司向英国出口一批大豆，合同规定："水分最高为14%，杂质不超过2.5%。"在成交前，该出口公司曾向买方寄过样品，订约后该出口公司又电告买方成交货物与样品相似，当货物运至英国后买方提出货物与样品不符，并出示了当地检验机构的检验证书，证明货物的品质比样品低7%，但未提出品质不符合合同的品质规定。买方以此要求该出口公司赔偿其15 000英镑的损失。

请问：该出口公司是否该赔？本案例给我们什么启示？

案例分析：该出口公司没有充分的理由拒绝赔偿。因为卖方行为已经构成双重保证。在国际贸易中，凡是既凭样品买卖，又凭说明买卖时，卖方所交货物必须既符合样品要求，同时又符合说明要求，否则，买方有权利拒收货物。本案中，合同规定水分为14%，杂质不超过2.5%。以此来看，双方是凭说明进行买卖，我方所交货物只要符合合同规定就算履行义务。但是，我方在成交前向对方寄送过样品，并且没有注明"参考样品"字样，签约后又电告对方所出运货物与样品相似，买方有理由认为这样业务既凭样品又凭说明进行交易。因而买方检验货物与样品不符，有权索赔。

第一节　商品的品质

一、商品品质的含义

商品的品质又称质量，它包括内在质量和外观质量。内在质量指商品的化学成分、物理机械性能、生物学特征等内在素质；外观形态则指商品的造型、结构、颜色、味道等技术指标或要求。

二、商品品种的表示方法

在国际贸易中，品质涉及买卖双方的权利和义务，所以合同中必须有规范的条款来描述，通常以实物和文字说明两种方法。

（一）以实物表示商品品质

这种方法包括以下两种情况：

1. 看货成交

这是直接根据商品目前的实际品质状况进行交易的一种做法。对于难以用文字来说明品质的商品，如古玩、工艺品、珠宝首饰、书画等，习惯用实物的形式在合同中写明。卖方在交货现场备有现货，由买方看货并按质论价。在交易达成后，一般卖方应立即将货物置于买方控制之下或在近期内装运。基于商品的品质是买方看货后认可的，所以，只要买方交付的是验看的商品，买方就无权对商品质量提出异议。

2. 凭样交货

用实物表示品质的另一种方法是凭样交货。在凭样品交货时，如果由卖方选择样品寄往买方而成交，即为凭卖方样品成交。如果由买方提供样品，通常称之为来样成交。在凭样买卖中，为了防止履约时发生不必要的纠纷，必要时可使用封样。由公正机构、买卖双方各保存一份样品，以备将来发生品质纠纷时核对的需要。若生产买方提供的样品有某些困难，很难做到货样一致，那么，在合同中应特别注意一些容易产生歧义的品质条款，如“品质与样品大体相同”，应该准确明了。

（二）以文字说明表示商品品质

在合同中一般按下属四种方法之一说明。

第一，凭规格、等级或标准买卖（Sale by speefication，Grader Standard）。

商品规格是指反映商品质量的主要指标，如成分、含量、纯度、大小、长短、粗细等。各种商品因为品质特点不同，其规格也不一样。如大豆的含油量不同；猪鬃的长短有别；圆钢的粗细不一等等，凭规格买卖比较方便、准确，在进出口业务中应用颇广。等级亦称“品级”。同一类商品根据生产及长期贸易实践，按其规格上的差异，用大、中、小，重、中、轻，甲、乙、丙，一、二、三等文字、数码或符号所作的分类。如中国出口生丝规定有 6A、5A、4A、3A、2A、A、B、C、D、E、F、G 等 12 个等级，每一个等级都代表一定的品质规格。等级是表明商品品质好坏的一种标准，对具有容易鉴别的共同特征的商品，可以规定品质划一的等级。国际标准化组织（The International Organization for Standardization，简称 ISO）于 1978 年在总结过去传统的产品检验、测试及质量控制工作的基础上，针对制造业及服务业制定了品质管理及品质保证标准，即 ISO 9000 系列标准制度，已在国际上流行。这几年，中国也在国内大力推广 ISO 9000 系列标准。对于国际上被广泛采用的标准，一般可按该标准进行交易。不过，鉴于 ISO 9000 有许多不完善之处，厂商必须谨慎行事。在援用标准时，应注明援用标准的版本年份，以免发生争议。

在进出口业务中，一些农副产品常采用“良好平均品质”（Fair Average Quality，F. A. Q）的标准，指一定时期内某地出口商品的平均品质水平。如东北大豆 1997 年新产，良好平均品质（Northeast Soybean 1997 new crop，F. A. Q）。这种“标准”含义非常笼统，实际上并不代表固定、确切的品质规格。中国在出口农副产品时，有时也采用“F. A. Q”来表示商品品质，习惯上称为“大路货”，同时要求注明主要规格指标。其品质标准一般是以中国产区当年生产该种农副产品的平均品质为依据而确定。由于该种方法表示的品质含糊，除非在一些老客户之间做生意时用，一般情况下最好少用，或另外补充一些更详细的说明。除 F. A. Q 外，还有一种类似的品质标准即 G. M. Q（Good merchantable quality）——“上好可销品质”。它是指卖方需保证所交商品的品质在商业上良好可销。

第二，凭牌名或商标买卖。牌名（Brand）亦称“牌记”，它是指工商厂商对自己所制造或销售的产品给予的名称，以便与其他厂商的同类产品相区别。在交易中牌名常用来表示商品的品质，所以买卖商品时只要说明牌名，无须再具体说明其规格或寄送样品。特别是在国际市场上行销已久、品质稳定并为消费者所熟悉的产品，如松下电器、耐克鞋等。

第三，凭产地名称。一些商品因受产地自然条件和传统工艺的影响，具有自己独特的风格、特色，在消费者心中享有良好的信誉。在出售此类商品时，可凭产地名称或制造厂的名称说明其品质。如涪陵榨菜、龙口粉丝、金华火腿、祁门红茶、天津鸭梨、镇江香醋等。

第四，凭说明书和图样买卖（Sale by Descriptions and Illustrations）。对于规格和技术条件复杂的商品，如机械、仪表、电器等，无法用几项简单的指标来表示其品质的全貌。所以，除了说明商品的名称、商标牌号、生产厂家外，还要用说明书来具体介绍产品的构造、材料、形状、性能及使用方法。

三、商品品质条款

（一）用说明书表明品质时，必须做到言语简洁明了

说得越含糊越啰唆，出现含义不明或前后不一的概率就越大，从而被对方抓住漏洞而索赔。倘有多种方法可用来表明商品品质时，一定要坚持只选择其中一种最适宜的方法，而千万不要画蛇添足。使用的方法越多，他们彼此对商品品质的确定越可能发生哪怕是细微的差异，从而越容易招致买方的退货或拒付。同时，对特殊的质量要求必须作出明确具体的规定，不能用一般的提法马虎对待。

（二）用样品作为品质表示的方法必须注意的内容：

第一，在出口对外寄出样品时，必须注意选择有代表性的样品（又称原样）。即样品的质量不能偏高也不能偏低。偏高，会给日后交货造成困难；偏低会使卖方在价格上吃亏。同时，寄存样品时应留存复样，以便作为日后交货或处理品质争议时的依据。

第二，接到国外买方的来样时，必须慎重处理。倘凭买方样品成交时，中国厂商应按买方样品进行复制或提出与之相似的样品作为“回样”或“对待样品”，寄交对方确认，作为交货时的依据。如果对方接受“对待样品”，则中国厂商能够主动控制交货的品质。中国出口某些纺织品，常常采用这种做法。

第三，倘若交易商品具有难以规格化、标准化的性质，必须争取以中国出口厂商提供的样品成交，并在合同中做相应的规定：“交货品质与样品大体相符”，或订立其他类似的条款。

第四，必要时可采取封样的做法。即由公共机构（如商检局）在一批商品中抽取同样品质的样品若干份，在每份样品上烫上火漆或铅封，供交易当事人使用。另外，凭对方样品成交，一般还应申明若发生侵犯国外工业产权等概由对方负责，必要时还要求对方书面确认。

第二节　商品的数量

一、计量单位

在买卖交易中除了有品质的规定外，还有数量的规定。从国际贸易的实际情况来看，经常被采用的计量单位有 6 种，即：重量（weight）、数量（number）、面积（area）、长度（length）、容积（capacity）及体积（volume，cubic）。相应地，确定商品量的方法也有 6 种（表 8－1）。

表 8-1　常用的数量确定和单位

方法	重量	数量	长度	体积	容积
单位	公吨、长短、短吨、磅、盎司、千克、克	件、套、打、罗、令、卷	米、英尺、码	立方米、立方英尺、立方码、立方英寸	升、加仑、蒲式耳

二、计算重量的方法

在国际贸易中，许多商品是按重量计量的，常用的方法可概括为以下6种。

（1）毛重（Gross weight）。指商品本身的重量加皮重。

（2）净重（Net weight）。指除去包装物质的商品实际重量，在国际贸易中，有时以货物的毛重当作净重计价，习惯上叫做“以毛作净”。

（3）装运重量。也称装船重量，指以货物发运时的重量作为交货重量。就是说，卖方对于货物在运输途中因损耗、干缩等原因所短少的重量不负责任。采用装运重量的交货应同时说明以装运时的净重还是毛重为准。

（4）卸货重量。也叫到货重量，指以货物在目的港卸货时的重量作为交货重量。在这种交易中，货物在运输途中因损耗、干缩等原因所短少的重量由卖方负责。这种做法也应说明以卸货时的净重还是毛重为准。

（5）公量（conditioned weight）。这是针对有些吸湿性强的商品，如生丝、羊毛、棉花采用的计重方法。通常的做法是用科学的方法抽出商品中的水分，再加上标准水分求得重量即为公量。

（6）理论重量（Theoretical weight）。实用于有固定规格和固定尺寸的商品，只要尺寸符合，规格一致，其重量大致相等。根据张数、件数即可推出其重量，如马口铁、钢板等。

三、数量条款

（一）数量条款的内容

由于商品的数量要由计量单位来表示，所以货物买卖合同中的数量条款也就相应地包括数量和计量单位两部分内容。大多数情况下，交易双方在磋商交易和签订合同时都在数量条款中规定了明确的、不容增减的数量，如“4 000公吨”、“1 000码”等，这时卖方必须承担按合同规定的确切数量向买方交货的义务。

（二）规定数量条款时应注意的问题

数量条款是国际货物买卖合同中的主要条款之一，这一条款的规定是否合理，关系到合同能否得到顺利履行。买卖双方在规定数量条款时，一般应注意以下几个问题。

1. 合理约定进出口商品的数量

卖方在出口业务中要适度把握出口商品的数量。如果出口商品的数量偏少，就会造成出口国商品在世界市场的占有率偏低；而如果出口商品数量过大，又会引起出口商品国际市场价格下跌，给出口商与出口国带来损失。另外，决定出口商品的数量还要考虑到国外客户的情况，应尽量使出口商品数量与国外客户的经营能力与经营作风相适应，以使我国出口商品在国外市场保持经常、稳定的销售。

买方在进口业务中，主要根据我国市场上的实际需求与外汇支付能力确定进口商品的数量。另外，进口方也应考虑进口商品国际市场行情的变化趋势，以防进口数量巨大的商品价格未来出现下降，给自己造成无形的价格损失。

2. 对进出口商品数量的规定要明确、具体

尽量在商品的数量条款中对商品的数量、计量单位做出明确的规定，在按重量成交的交易中还要说明计算重量的具体方法。在措辞上避免用“大约”、“左右”等含混的词汇说明商品的数量，以免买卖双方在合同执行的过程中对此产生争议；同时，也必须掌握有关国际惯例的规定，如根据《跟单信用证统一惯例》（UCP 600 号出版物）第三十条 b 款的规定：“在信用证未以包装单位件数或货物自身件数的方式规定货物数量时，货物数量允许有 5%的增减幅度，只要总支取金额不超过信用证金额。”

3. 在必要时可以合理规定数量机动幅度

国际贸易中所交易的货物有些是散装商品。由于商品本身的特征以及生产、运输和船舶舱位等原因，卖方很难准确地按合同规定的数量交货。为避免买卖双方因微小的数量问题发生争议，影响合同的顺利履行，双方当事人对这类商品须在数量条款中规定一定的数量机动幅度。

数量机动幅度是在合同中规定的，卖方所交货物的实际数量可以多于或少于合同中规定数量的幅度。数量机动幅度一般有两种规定方式。

（1）在合同的数量条款中的具体数量之前加“约”字，以此来表示卖方交货的数量可以有一定的灵活性。例如，“Quantity：1 000 000 yards about”（数量：大约 1 000 000 码）但应该注意的是，不同国家、不同行业对“约”字的含义有不同的解释，如，有的解释为 2%，有的解释为 5%，而国际商会在《跟单信用证统一惯例》中规定，如果信用证上商品的数量前有“约”字，则应解释为允许有不超过 10%的增减幅度。因此，这种采用“约数”的方式在具体执行时，买卖双方容易因解释上的差异而产生纠纷。我国进出口合同中应尽量避免采用这种方式来规定数量机动幅度，即使采用，买卖双方也须就这种约数的含义做出书面说明。

（2）在合同中规定卖方交货数量的具体差异幅度，表现为合同数量条款下的溢短装条款（More or Less Clause）。即买方在交货时可超过或短缺合同数量的百分之几。如中国大米 10 万公吨。卖方可溢交或短交 2%。同时，条款用语要具体、明确，避免使用笼统含糊的字眼。比如，在数量前面加上“约”字，意思是卖方交货数量可有一定范围的灵活性，实际上十分不妥。因为国际上对“大约量”的含义有各种不同的解释，有的为 2%，有的为 5%，也有的为 10%。

第三节　商品的包装

在国际贸易中，除少数商品采用散装或裸装外，大多数商品都需要有一定的包装，以便于存储、装卸、运输、计数和销售。

一、商品包装的种类

商品包装按其作用可以分为以下两类。

（一）运输包装

它是指为了保护商品的品质和数量，防止在储运过程中发生货物损失所使用的盛器或包装材料。运输包装按包装方式可以分为单件运输包装和集合运输包装。单件运输包装，如箱（Cases）、桶（Drums）、袋（Bags）、包（Bales）、捆（Bundless）、篓（Baskets）、罐（Cans）等。

集合运输包装是把若干单件运输包装组合成一个大的包装，如集装袋（Flexible Container）、托盘（Pallet）和集装箱（Container）。包装材料也是多种多样，如托盘有木托、金属托、塑料托、纸托和合成托等。因此，合同中的包装条款对于包装材料和包装方式，应根据商品的性质和运输方式作出具体明确的规定，不宜采用“适合海运包装”（Seaworthy Packing）、“习惯包装”（Customary Packing）之类的术语。

实例一：木箱装，每箱 30 匹，每匹 40 码。

实例二：捆包，每件内含 40 束，用牛皮纸包裹，并以 6 条钢带捆紧。每束 10 磅，需先裹以单层塑料薄膜，然后包上单层防潮纸及双层麻布。

除了有明确的包装材料和方式外，经常还要规定包装标志。包装标志是指在商品的运输包装上，用文字、图形、数字书写、压印、刷制的特定记号和说明事项，以便于识别货物，有利于装卸、运输、仓储、检验和交接等相关工作的顺利进行。包装标志通常是用一些简单图形或一些字母来做出的，包括运输标志、指示性标志或警告性标志。国际标准化组织（ISO）建议使用的简化的运输标志包括四项内容：收货人代号、参考代号（如运单号、合同或发票号码）、目的地和件号。

在刷制标准化运输标志时应注意，唛头应为4行，每行不超过17个字母，且不采用几何图形。如：

SGL* * * * * *收货人代号

97/s/c—— 663646* * * * * *参考号码

Yokohama……目的地

NO. 1～600……件号

指示性标志是根据商品的性能和特点，用简单醒目的图形或文字在货物的外包装上标出，提醒有关人员在存储、搬运、操作、装卸过程中引起注意。如“向上”、“小心轻放”、“防热”、“保持干燥”、“此处开启”等。在外包装上一般同时用英文标明。

（二）销售包装，通常也称为内包装

它是直接与消费者见面的包装，除了具有保护商品的作用外，更是商品促销的手段。销售包装上除商标、品名和产地外，一般还根据具体商品的需要，印有规格、用途、使用方式等项说明。

在过去相当长的时期里，商品供不应求，社会消费处于追求数量的阶段，广大消费者的消费态度及对商品的嗜好，存在着广泛的趋同现象，社会消费意识呈现大众化。汽车工业巨头亨利·福特的一句名言概括了那个时代的消费特征——“只要汽车是黑色的，它就能满足顾客对汽车颜色的需求”。20世纪70年代以来，随着经济的发展，人们的生活水平有了很大的提高，消费行为也随之发生了巨大的变化。消费者对普通化和共性化的商品逐渐失去了兴趣，追求物质满足转移到追求精神满足，消费者不再只是关注商品的性能，而且注重享受通过商品所带来的生活情趣，强调消费者与物、物与物、物与场合之间的关系，也就是说，以“快乐”为中心的“感性消费”不断扩大，以“实用”为核心的“理性消费”相对缩小。消费者对商品的选择性大大增强，选择范围不断拓宽，商品的性能和价格已经不再是影响消费行为的首要因素了，而精美的包装能带给消费者极大的生活情趣，满足消费者对生活质量的追求，从而更能唤起消费者的购买欲望。例如，在日本购买食品，素有“用眼睛吃”的说法，即先用眼睛看，看包装是否漂亮，不漂亮就不喜欢买，在日本人看来，食品的外观效果比口味更重要。包装装潢日益成为商品促销的重要手段。为了增强商品的吸引力，有时包装的价值甚至超过了商品本身。

包装有时会成为妨碍出口的技术壁垒。如日本、加拿大、毛里求斯及欧美各国，禁用稻草、干草和报纸等作包装衬垫物；英国限制用玻璃、陶瓷等材料制造包装；不少国家对食品、药品、服装等进口商品的销售包装也有特殊规定。因此，出口厂商必须密切注意不同国家的这些有关规定，以免造成不必要的损失。

二、包装条款

买卖双方在合同的包装条款中，对包装材料、包装方式、包装费用和运输标志等内容作出明确规定。

例如：Packing：In galvanized iron drums of 175kg net.

（包装：镀锌铁桶装，每桶净重 175 千克。）

Packing：In new single jute bags，each containing 100kg net. Tare weight not less than 1kg.

（包装：单层新麻袋，每袋净重 100 千克，皮重不少于 1 千克。）

采用这种方式规定包装条款时应注意。

（一）在包装方式方面

一般都要说明包装的内含量；对于需要根据花色或尺寸的不同面搭配装箱的商品，买卖双方应具体约定搭配方式及搭配量，以免日后发生异议。

（二）在包装材料方面

多数情况下，包装材料都由卖方提供，并随商品一起交付给买方。如果买方要求由自己提供包装材料；则买卖双方须在条款中约定买方提供包装材料的时间和方式。若买方逾期提供包装材料使卖方不能按时交货并由此而产生了其他额外费用，买方应承担一切责任。

（三）在包装费用方面

包装费用通常都包括在货价之内，买卖双方在合同中不另行约定。但是，如果买方要求特殊包装导致了超出正常包装费用的额外包装费用的发生，则这部分额外的包装费用应由买方承担，对此须在合同中做出具体约定。

（四）在运输标志方面

按照惯例运输标志一般由卖方设计确定。但在有些情况下，买方要求指定运输标志，此时买卖双方须在合同中对买方提供运输标志的时间作出规定。若买方逾期尚未指定，则卖方可以自行决定运输标志。此外，有些国家对进口商品的运输包装所使用的唛头和标记有严格规定，此时卖方应向买方取得详细指示，从而保证合同的顺利履行。

本章主要术语

商品品质　看货成交　凭样交货　商品品质条款　商品数量条款　运输包装　销售包装　商品包装条款　运输标志

复习思考题

1. 表示商品品质有哪些方法?
2. 订立品质条款时应注意哪些问题?
3. 货物运输保险的基本原则有哪些?
4. 什么是运输包装与销售包装? 它们各起什么作用?

第九章　国际货物运输与保险

学习目标：

掌握国际货物运输的基本方式与特点；

掌握海运提单的性质、内容和种类；

掌握装运条款的订立和运输费用的计算；

掌握国际货物运输保险的各种险别和有关保险条款的具体内容。

引例：

2008年年初以来，索马里海盗在亚丁湾附近海域频繁劫持过往船只，勒索赎金，对国际航运造成重大影响。其中，沙特油轮“天狼星”号船东向索马里海盗支付了300万美元赎金，乌克兰军火船“法伊尼”号船东向索马里海盗支付了320万美元的赎金。土耳其、韩国、德国的许多货船船东也向索马里海盗支付赎金，以换回船货。中国“天裕8号”经多方努力最终获救，据称海盗获得了170万美元赎金。由于索马里长期处于无政府主义状态，从根本上解决海盗问题不容乐观，海盗劫持船舶勒索赎金难于避免。各国政府为了不助长海盗的嚣张气焰拒绝支付赎金，但为了船货安全，特别是船员的生命安全，大多由船东出资埋单息事宁人。

如何通过法律途径救济船东损失，就成为海商法界的热点话题。事实上，自古代罗马时代，自愿支付赎金赎回船舶的行为就被定性为共同海损。现代的《德国商法典》与《荷兰海商法》规定海盗赎金为共同海损。一般认为，共同海损的成立必须具备以下几个要件：同一海上航程中的财产遭遇了共同危险，采取的措施必须是有意且合理的，财产的牺牲和费用的支出必须是特殊的，采取的措施必须有效果。

但是，索马里海盗赎金具有新特点，与古代海盗赎金存在许多不同。例如，以船员为人质勒索赎金，一般不杀害船员；船东支付赎金赎回的不仅仅是船舶，也包括货物和船员，赎金具有不可分割性；勒索的赎金以船货价值为基础，不以船员人数的多寡决定赎金数额的高低；船东通过与海盗谈判支付赎金，解救被困船舶及船上货物和船员。因此，如何认定船东支付赎金行为的合理性，船东支付赎金与其应尽义务之关系以及海难救助制度与共同海损制度之区别等问题，成为索马里海盗赎金认定需要解决的主要问题，也使对赎金性质的认识出现了分歧。

思考：索马里海盗赎金是否可以认定为共同海损，船东是否应该因此而得到补偿?

第一节　国际货物运输的主要方式

在国际贸易中，货物从卖方国家转到买方国家必须通过运输来实现。在买卖合同中，须明确装运条款，定好货物的运输方式和交货条件。国际货物运输是一门比较复杂的科学，也是国际贸易中必不可少的一个环节，它有线长面广、中间环节多、时间性强、情况复杂、风险大等特点，其中一个环节出现疏漏，都有可能对合同的顺利履行产生重大影响。作为从事国际贸易的人员，只有掌握国际货物运输的基本知识，才能在交易磋商及签订合同时充分考虑有关情况，使合同运输条款的订立更加明确、具体、合理，为合同的顺利履行奠定基础。

在国际货物运输中，使用的运输方式很多，包括海洋运输、铁路运输、航空运输、公路运输、邮包运输、管道运输以及由各种运输方式组合而成的国际多式联运等，这些运输方式在运输能力、运输费用、货物适应性以及风险等方面具有不同的特点，在实际业务中，应根据具体情况，合理审慎地选择运输方式。这里介绍几个主要的运输方式。

一、海洋运输

在国际货物运输中，海洋运输是最主要的运输方式，它具有运量大、运费低、不受铁路和管道限制等优点，因此目前其运量在国际货物运输总量中占80%以上。当然，海洋运输也存在不足之处，例如航行速度慢，运输时间长，受气候和自然条件的影响较大，航期不准等，应根据实际情况加以选择。

按照船舶的经营方式不同，海洋运输可分为班轮运输和租船运输两种方式。

（一）班轮运输（Liner Transport）

班轮运输又称定期租船合同，是指船舶按预定的航行时间表在固定的航线和港口之间往返运送货物，并按照相对固定的运费率收取运费的一种运输方式。它是在不定期租船运输的基础上发展起来的，是国际航运的一种主要方式，它具有以下特点：

（1）船舶按照固定的船期表、沿着固定的航线、停靠固定港口来往运输，并按照相对固定的运费率收取运费，因此，它具有“四固定”的特点。

（2）班轮运费已包括了装卸费用，货物装卸载配由承运人负责，船货双方不计算滞期费和速遣费。

（3）承运人与托运人双方的权利、责任与义务豁免，以船方签发的提单条款为依据。

（4）班轮承运货物的品种和数量比较灵活，尤其是所托运的货物数量较少时，一般采用班轮运输的方式比较简便，而且班轮运输一般是在码头仓库交接货物，对货主便利。

班轮运费由基本费和附加费构成。其中，基本费是指货物从装运港到卸货港所应收取的基本运费，也包括装卸费用，它是构成班轮费用的主体；附加费则是对一些需特殊处理的货物，或者由于运输中导致额外支出的特殊原因而需另外加收的费用。附加费名目繁多，主要有燃油附加费、货币贬值附加费、变更卸货港附加费、港口拥挤附加费、转船附加费、超重附加费、超长附加费、直航附加费、选港附加费等许多种。

基本运费按照班轮运价表的计收标准计收，根据商品的种类不同，计收班轮基本运费一般可以采用下面几种标准：

（1）按货物的毛重计收称为重量吨（Weight Ton），运价表中用“W”表示。

（2）按货物的体积、容积计收，称为尺码吨（Measurement Ton），运价表中用“M”表示，一般以1立方米为计量单位。

重量吨和尺码吨统称为运费吨。

（3）按货物的毛重或体积计收，由船公司从重量吨和尺码吨中选择收费较高的作为标准，运价表中以“W/M”表示。

（4）按货物的价格计收，又称从价运费，运价表中用“A. V”或者“Ad. Val”表示。从价运费一般按货物FOB价格的百分之几收取，通常只有黄金、白银、宝石等贵重货物才按此标准收费。

（5）按货物的毛重、体积或从价计费，有两种方式：一是按照三者中较高的一种收费，运价表中用“W/M or Ad Val”表示；另一种是按货物毛重和体积选择其高者，再加上从价运费计算，运价表中用“W/M plus Ad Val”表示。

（6）按货物的个数计收。如车辆、活牲畜等。

（7）临时议定价格，通常适用于承运粮食、矿石、煤炭等运量大、货值较低、装卸容易的农副产品和矿产品。在运价表中以“Open Rate”表示。

（8）起码运费。当按货物毛重和体积所计算的运费不是运价表中所规定的最低运费时，则按起码运费计收。

班轮运费通常是按班轮运价表计算的。班轮运价表从费率结构上可分为等级费率运价表和单项运价表两种，按照运价表的制定人不同，又可分为航运公会运价表、班轮公司运价表、货方运价表和船方运价表四种，一般包括说明其有关规定、货物分级表、航线费率表等。应根据实际情况，在进口和出口贸易中分别选择不同的运价表。

班轮运费的具体计算方法是：先根据商品的英文名称从运价表的货物分级表中查出该商品的等级和收费标准；然后从航线费率中查出有关这种商品的基本费率；最后查找需支付的各项附加费率；将基本费率和附加费率相加即为该商品的单位运费，再乘以计费重量吨或尺码吨，即得该批货物运往指定目的港的运费总额。

（二）租船运输

租船运输（Shipping by Chartering）又称不定期船运输，是指船东将整船或一部分舱位出租给承租人使用以完成货物的运输，租船人按约定的运价或租金支付运费的一种运输方式。它与班轮运输不同，没有预定的船期表，也不固定航线和停靠港口，一切均由承租人根据实际需要同船方签订租船合同，并在租船合同中做出明确规定。在实际业务中，租船运输一般是租用整船。

根据出租方式的不同，租船运输分为定程租船和定期租船两种。

（1）定程租船（Voyage Charter）。又称程租船或者航次租船，它是指由船东提供船舶，在指定的港口之间进行一个航次或数个航次承运指定货物的租船运输。租船的费用根据船级吨位和租船市场运费行市等条件由船货双方在租船合同中订明，一般来讲，船方负责船舶的经营管理及航行中的一切开支费用，承租人则按约定支付运费。就其租赁方式不同，定程租船可分为单程（或单航次）租船、来回程租船、连续航次租船和包运合同租船几种。

在定程租船合同中，应该明确规定装运货物的条件，尤其是要规定装卸费用由谁负担。另外，采用程租船运输时要规定装卸期限和装卸率，并根据这个计算滞期费和速遣费。

（2）定期租船（Time Charter）。是指由船东将船舶出租给承运人，供其使用一定时期的租船方式，承租人也可将此期租船充作班轮或承租船使用。船舶在租期内的一切运营费用及日常维修等开支均由承租人负担，但是船方负责船舶在租赁期内的适航性、维修保养、船员工资等开支。

除了上述两种租船方式外，还有一种光船出租（Bare Boat Charter），它属于定期租船的一种。是指船东将没有船长又不配备船员的空船出租给承租人使用一段时间，承租期内，承租人必须自己配备人员并负责运营维修的费用。这种光船出租实际上属于一种单纯的财产租赁，目前在国际贸易中很少采用。

二、铁路运输

在国际货物运输中，铁路运输是一种仅次于海洋运输的主要运输方式，负担着进出口货物的集中和分散的繁重任务。铁路运输有许多优点，它一般不受气候条件的影响，可以保证常年的正常运输，而且运量较大，速度较快，有高度的连续性，运输过程中可能遭受的风险也比较小，手续也比较简单，因而有广泛的适用性。

铁路运输可分为国内铁路货物运输和国际铁路货物联运两种。

（一）国内铁路运输

国内铁路运输是指进出口货物在口岸和内地之间的集散。在我国，供港澳台地区的物资经铁路运往香港、九龙和澳门，也属于国内铁路运输的范畴，只是在办理手续时与一般国内铁路运输有所不同，它是一种特殊的租车方式的两票运输。

（二）国际铁路货物联运

国际铁路货物联运简称国际联运，是指使用一份统一的国际铁路联运票据，由铁路负责经过两国或两国以上的全程运输，并由一国铁路向另一国铁路移交货物。移交货物时，不需发货人和收货人参加。

采用国际联运，有关当事国事先必须有书面的约定，许多国家都非常重视并参加了协约组织，订立了各种约定。当前国际上主要铁路联运协定有《国际铁路联运协议》和《国际铁路货物运送公约》，前者一般简称“国际货协”，后者一般简称“国际货约”。参加《国际货约》的国家主要有德国、奥地利、比利时、意大利，丹麦、瑞典、英国等二十几个，而参加《国际货协》的则主要有中国、越南、蒙古、朝鲜、原苏联等 12 个国家，而且有一些东欧国家，例如匈牙利、保加利亚等国家同时加入了这两个条约，从而使得货物可以通过铁路在参加这两个条约的国家之间转送。

而且，不仅《国际货协》的参加国之间可以办理铁路联运，而且从参加国到未参加国或者相反方向运送货物，也可办理联运。

三、航空运输

航空运输是一种现代化的运输方式。与海洋运输和铁路运输相比较，它具有交货迅速、节省包装、减少保险和储存费用、保证运输质量且不受地面条件限制等优点，因而特别适合于易腐商品、鲜活商品和季节性强的商品运输。根据运输货物的不同需要，国际航空运输有班机运输、包机运输、集中托运和航空急件等几种运输方式。

航空运费指的是从起运机场到目的机场的运价，一般按重量或体积计算，取两者中高者为准，并且按照一般货物、特种货物和货物等级规定不同的运价标准。尽管航空运输费用较高，但是由于空运比海运计算运费的起点低，又便于抢行应市，所以有些货物用空运更为有利。

四、集装箱运输

集装箱运输是以集装箱作为运输单位进行货物运输的一种现代化运输方式。它可适用于海洋运输、铁路运输、内河运输及国际多式联运等。由于集装箱运输具有提高了货运速度、简化了货运手续、降低了货运成本等诸多好处，因此成为国际货物运输中普遍采用的重要方式。

集装箱运输的货物有整箱货和拼箱货两种。整箱货由发货人在工厂或仓库进行装箱，然后直接运交集装箱堆场等待装运，货到目的港或目的地后，收货人可直接从目的港或目的地的集装箱堆场提走货物；拼箱货是指货量不足一整箱，需由承运人在集装箱货运站负责将不同发货人的货物拼装到一个集装箱内，货到目的港或目的地后，由承运人拆箱后分给各收货人。

根据交货方式不同，集装箱运输可分为“门对门”与“港对港”两种。

五、国际多式联运

国际多式联运是指根据多式联运合同，由多式联运经营人以至少两种不同的运输方式将货物从一国境内接受货物的地点运往另一国境内指定交货地点的一种运输方式。按照《联合国国际货物多式联运公约》的解释，构成国际多式联运必须具备以下几个条件：

（1）必须有一个多式联运合同。

（2）必须是国际间两种或两种以上不同运输方式的连贯运输。

（3）必须使用一份包括全程的多式联运单据，并由一个多式联运经营人对全程运输负责。

（4）必须是全程单一的运费费率。

国际多式联运是货物运输中一种高级组织形式，它与传统的单一运输方式比较，有简化货运手续、加快货运速度、降低货运成本、中间环节少等优点。

六、邮包运输

国际邮包运输具有国际多式联运和“门对门”运输的性质，是一种应用广泛而且手续简便的运输方式。按照惯例，托运人只需按照邮局章程一次托运，一次付清足额邮资，取得邮政包裹收据后，即完成了交货义务，邮件在国际间的传递由各国的邮政部门负责办理，邮件到达目的地后，收件人可凭到件通知向邮局提取。

国际邮包运输对邮包的重量和体积均有限制，例如，每个邮包重量不得超过 20 千克，长度不得超过 1 米，因此，邮包运输只适用于量轻体积小的商品。

邮包运输包括普通邮包和航空邮包两种方式。

第二节　国际货物运输单据

运输单据是承运人收到承运货物后签发给托运人的证明文件，它集中体现了货物运输各关系人的各项权利和义务，是交接货物、处理索赔与理赔以及出口结汇的重要单据。在国际货物运输中，运输单据的种类很多，现介绍其中的主要几种。

一、海运提单

海运提单（Bill Of Lading，B/L）简称提单，是证明海上运输合同和货物由承运人接管或装船，以及承运人据以交付货物的凭证。它是海运和内河航运方式下，最主要的运输单据。

（一）海运提单的性质和作用

海运提单的性质和作用，可以概括为以下三个方面。

（1）提单是承运人或其代理人签发给托运人的货物收据，证明承运人已按提单所列内容收到或接管托运人的货物。

（2）提单是代表货物所有权的凭证。提单的持有人拥有支配货物的权利，因此，凭提单可以在指定目的地提取货物，可以向银行议付货款，也可以通过合法转让提单而转让货物所有权。

（3）提单是承运人与托运人之间订立的运输契约的证明。提单条款明确规定了承运人与托运人或提单持有人等各方之间的权利与义务、责任与豁免，是处理他们之间有关海洋运输方面争议的法律依据。

（二）海运提单的内容

海运提单的内容很广泛，每个船公司都有自己的提单格式和具体条款，但其基本内容都是依据1924年《统一提单的若干法律规则的国际条款》（简称《海牙条款》）的规定，一般包括提单正面的记载事项和提单背面印就的运输条款。

1. 提单正面的内容

提单正面的内容分别由托运人、承运人及其代理人填写，通常包括下列事项：

（1）托运人（Shipper）

（2）收货人（Consignee）

（3）被通知人（Notified Party）

（4）装运港或收货地（Port of Lading or Place of Receipt）

（5）目的地或卸货港（Destination or Port Of Discharge）

(6) 船名及航次 (Vessel's Name and Voyage Number)

(7) 唛头及件号 (Shipping Marks and Voyage Number)

(8) 货名 (Description of Goods)

(9) 件数与包装种类 (Number and Kind of Package)

(10) 重量和体积 (Weight and Measurement)

(11) 运费预付或运费到付 (Freight Prepaid or Freight to Collect)

(12) 正本提单的份数 (Number of Original B/L)

(13) 船公司及其代理人的签章 (Signature of the Carrier)

(14) 签发提单的地点及日期 (Place and Date of Issue)

2. 提单背面的条款

在海运提单的背面，通常都有印就的运输条款，这些条款是确定承运人与托运人、收货人、提单持有人之间权利和义务的主要依据。为了统一提单背面条款的内容，缓解船货双方的矛盾，国际上曾先后签署了有关提单的国际公约，主要包括前面提到的《海牙规则》，以及《维斯比规则》和《汉堡规则》，由于这三个规则的历史背景不同，内容也不同，因此采用不同规则国家的船公司所签发的提单背面条款也就有所不同。

海运提单通常一式数份，承运人凭其中的一份交付货物后，其余几份均作废。

(三) 海运提单的种类

海运提单可以从不同的角度予以分类，主要有以下几种。

1. 根据货物是否已经装船，分为“已装船提单”和“备运提单”

(1) 已装船提单 (On Board B/L)。是承运人在货物已经装上指定船舶后所签发的提单。已装船提单必须以文字表明货物已装上或已装运于某具名船只，提单签发日期即为装船日期。

(2) 备运提单 (Received for shipment B/L)。又称收讫待运提单，是指承运人在收到货物后等待装船时向托运人签发的提单。这种提单上没有装船日期和具体船名，在实际国际贸易业务中，通常买方不愿意接受这种提单。

2. 根据提单上对货物外表状况有无不良批注，分为“清洁提单”和“不清洁提单”

(1) 清洁提单 (Clean B/L)。是指货物在装船时“表面状况良好”，承运人在签发提单时未加注任何有关货物残损、包装不良等批注的提单。

(2) 不清洁提单 (Unclean B/L，Foul B/L)。是指承运人在签发的提单上带有明确宣布货物已存在残损、包装不良或其他有碍结汇批注的提单。

按国际贸易惯例，除非另有约定，卖方有义务提交清洁提单。清洁提单也是提单转让时必须具备的基本条件之一。

3. 根据提单上收货人抬头的不同可分为“记名提单”、“不记名提单”和“指示提单”

（1）记名提单（Straight B/L）。又称收货人抬头提单。是指提单上的收货人栏内具体写明特定收货人名称的提单。记名提单只能由该特定收货人用以提货，而不能通过背书的方式转让给第三方，所以在国际贸易中只在特定情况下使用。根据某些国家的惯例，收货人可以不凭正本提单而只需证明自己的收货人身份即可提货，因此，记名提单不能作为物权凭证，仅仅是一份货物收据和运输合同的证明。

（2）不记名提单（Bearer B/L）。是指提单收货人一栏未注明任何收货人，只注明提单持有人（Bearer）的字样。在这种情况下，谁持有提单，谁就可以提货，而且不需要背书即可以转让，流通性极强，因此风险较大，在国际贸易中很少使用。

（3）指示提单（Order B/L）。是指提单收货人栏内只填写“凭指定”（To Order）或“凭某某人指示”（To the order of……）字样的一种提单。这种提单可以经过背书后转让给其他人提货。背书的方法有“空白背书”和“记名背书”两种：前者是指背书人仅在提单背面签字转让，而不注明背书人名称；后者则必须注明被背书人名称，而且要有转让人签章。在实际业务中，采用最多的是“凭指定”并经空白背书的提单，即“空白抬头，空白背书”提单。

4. 根据运输方式的不同可分为“直达提单”、“转船提单”和“联运提单”

（1）直达提单（Direct B/L）。是指货物从装运港直抵目的地，途中不许转船的提单。

（2）转船提单（Transhipment B/L）。是指在装运港装货后，不直接驶往目的港，而需在中途换装另外船舶所签发的提单。在这种提单上要注明“转船”或“在××港转船”的字样。

（3）联运提单（Through B/L）。是指经过海运和其他运输方式联合运输时由第一程海运承运人签发的包括全程运输在内并能在目的港或目的地凭以提货的提单。这种提单虽然包括全程运输，但一般来讲，第一承运人会在提单中声明只对本程运输负责。

5. 根据提单内容的繁简，可分为“全式提单”和“略式提单”

（1）全式提单（Long Form B/L）。是指提单背面列有承运人和托运人权利、义务的详细提单。

（2）略式提单（Short Form B/L）。又称简式提单，是指省略提单背面条款，只列出提单正面必须记载事项的提单。

6. 根据提单的使用效力，可分为“正本提单”和“副本提单”

（1）正本提单（Original B/L）。是指提单上有承运人、船长或其代理人签名盖章的提单。这种提单上必须标明“正本”字样，它在法律上和商业上都公认有效。收货人在目的港提货必须使用正本提单。

（2）副本提单（Copy B/L）。是指提单上没有承运人、船长或其代理人签名盖章的提单。副本提单一般都表明“Copy”或者“Non—negotiable”字样，仅供工作上参考使用。

7. 在实际业务中经常遇到的其他提单

（1）班轮提单（Liner B/L）。是指由班轮公司承运货物后签发给承运人的提单。

（2）租船提单（Charter Party B/L）。是指承运人根据租船合同所签发的提单。这种提单受租船合同条款的约束。

（3）集装箱提单（Container B/L）。是指集装箱运输时签发的提单。

（4）舱面提单（On Deck B/L）。又称甲板货提单，是指注明了货物载于甲板上的提单。除非在提单中明确指明，承运人对场面货的损失或灭失不负责任，所以进口商一般不接受舱面提单。

（5）过期提单（Stale B/L）。是指晚于规定的交单日期或晚于货物到达目的港的提单。前者期限为 21 天，即提单签发日后 21 天才向银行提交，银行可拒收；后者一般在订立条款后银行可接受。

（6）倒签提单（Antedated B/L）。是指提单上的出单日期早于装船实际完成日期的提单。这是一种不合法提单。

（7）预借提单（Advanced B/L）。是指承运人应托运人的要求，在货物实际装船之前签发给托运人的提单。造成这种状况的原因可能是船舶未能按期到港受载和托运人未能按时备妥货物，出具这样提单的承运人要承担一定的风险。

二、其他运输单据

（一）海上货运单

海上货运单（Sea waybill）简称海运单，是证明海上货物运输合同和货物由承运人接管或装船，以及承运人保证据以将货物交付给单证所载明的收货人的一种不可流通的单证，因此又称“不可转让海运单”。

海运单只是货物收据和运输契约证明，不具有物权凭证的性质，不能凭单交货，也不能流通转让。这与象征性交货中完全代表货物的海运提单不同，也与实际交货中作为货物附属的货运单据不同，严格地讲，海运单是一种介于象征性交货和实际交货之间的适应新形势的交货方式。

（二）国际铁路联运运单

国际铁路联运运单是国际铁路联运的主要运输单据，是铁路与货主之间的运输契约。运单随同货物到达终点站并交给收货人，它既是铁路承运货物出具的凭证，也是铁路与货主交接货物、核收运杂费和处理索赔与理赔的依据。运单副本于运输合同缔结后交给发货人，是卖方凭以向收货人结算货款的主要证件。

（三）承运货物收据

承运货物收据（Cargo Receipt）是我国内地货物通过铁路运往港澳台地区时使用的一种特殊运输单据。它是承运人出具的货物收据，又是承运人与托运人签订的运输契约。其内容和海运提单基本相同，主要区别是它只有第一联为正本。

航空运单（Air Waybill）是航空公司出具的承运货物的收据。它是承运人与托运人签订的运输契约，也是承运人或其代理人签订的货物收据，还可作为承运人核收运费的依据和海关检查放行的基本单据。但航空运单不是代表货物所有权的凭证，而且也不能背书转让。

此外，还有多式联运单据（Multimodal Transport Document，MTD）和邮包收据（Parcel Post Receipt）。前者与海运的联运提单相似，只是性质上有所区别；后者是邮局收到寄件人邮包后所签发的证明，又是提取邮件以及索赔理赔依据，但它不是物权凭证。

第三节　国际货物买卖合同中的装运条款

运输条款是国际货物买卖合同中的主要条款，通常包括交货时间、装运地和目的地、装卸时间及费用、是否分批装运和转运等主要内容。明确、合理地规定装运条款，是保证买卖合同履行的重要条件。

合同中的装运条款因运输方式的不同在具体内容上略有差异，其中以海上装运条款最为常用又最为复杂，现以海洋运输为例介绍一下装运条款的主要内容。

一、装运时间

装运时间又称装运期，是指卖方将合同规定的货物装上运输工具或交给承运人的期限。它是国际货物买卖合同的主要条款，卖方必须严格按照规定时间交付货物。

装运时间和交货期是两个不同的概念，但是在进出口贸易中，最常用的FOB、CFR和CIF均属于装运港交货，按照上述贸易术语订立的合同，交货和装运的概念是一致的，可以把二者当做同义语。若采用目的港和其他地点交货的术语，要注意二者的分别。

从实际业务看，装运时间有下面几种规定方法。

（一）明确规定具体的装运时间

这种方法就是在合同中具体订明某年某月装运，或者某年某月某日前装运。即使具体规定装运时间，一般也是把时间规定在某一个时段上而不是确定在某一个日期上。

（二）规定收到信用证后若干天装运

主要适用于一些进口管制较严的国家或地区，或专为买方制造的特定商品，或对买方资信不够了解的情况。这种方法可以有效地减少我方资金占压的时间，使货款的回收得到切实的保障，从而降低履约风险。

采用这种方法时，必须在合同条款中就有关信用证的开到期限或开出日期做出规定。

（三）笼统规定装运时间

如规定“立即装运”（Immediate Shipment）、“尽快装运”（Shipment as soon as possible）、“即刻装运”（Prompt Shipment）等。这种方法适用于买方急需而卖方又有现货供应的情况，不过由于各国、各地、各行业对上述术语的解释不同，容易发生纠纷，因此应尽量避免使用。

（四）收到电汇后若干天装运

适用于采用汇付方式支付货款的情况。

规定合同中的装运时间时，要充分考虑船、货、证三者的衔接问题，防止因某一项工作脱节致使装运工作不能如期进行。

二、装运港与目的港

在国际贸易业务中，装运港与目的港的规定同商品价格有密切关系，又与买卖双方所承担的运输责任有很大关系，因此是装运条款中的一项重要内容。装运港一般由卖方提出，经买方同意后确认；目的港则相反。

通常，装运港和目的港分别规定各一个，有时按实际业务的需要，可以分别规定两个或两个以上的装运港或目的港。在磋商交易时，如明确规定装运港或目的港有困难，也可以采用选择港的办法。

规定装运港和目的港时应注意以下问题：

（1）规定国外装运港和目的港必须明确具体，而且要注意这些港口的具体条件。

（2）不能接受内陆城市为装运港或目的港的条件。

（3）应注意国外港口有无重名。如有重名的问题，应在前面冠以国家或地区名称

（4）采用选择港时，被选港口不宜超过三个，而且必须在同一航区、同一航线比较靠近的港口。

三、分批装运和转运条款

分批装运（Partial Shipment）是指一笔交易的货物分若干批装运，在大宗货物或成交数量较大的交易中，可在合同中规定分批装运条款。转运（Transhipinent）是指货物在装运港装船后不能直达最终目的港而必须在中途某一港口转运，造成这种情况一般是由于没有直达船只或直达航线。

分批装运和转运使卖方有了较大的主动性和灵活性，但是对于买方来说，却增大其收货的不确定性，因此除非迫不得已，买方一般不愿接受这种条款。

四、装船通知

装运港交货合同下，卖方应在货物装船后即向买方发出装船通知；目的港交货合同下，卖方则应该在交货后将交货情况电告买方。卖方需要通知的情况包括合同号码、货物名称、件数、重量、金额、船名等内容，以便买方根据情况办理保险并做好接货及报关的准备工作。

五、滞期费和速遣费

滞期费（Demurrage）是指在规定的装卸期限内，因租船人未完成租船作业而给船方造成经济损失时，租船人对超过的时间应向船方支付的罚金；速遣费（Despatch Money）是指在规定的装卸期内，租船人提前完成装卸作业，使船方节省了船舶在港的费用开支，船方为此向租船人支付的奖金。

滞期费和速遣费是合同中装运条款的一个特殊部分，一般在租船运输中使用，其目的在于约束租船人在约定时间内完成装卸作业。

第四节　国际货物运输保险

保险是指投保人根据合同约定向保险人支付保险费，保险人则对于合同约定的可能发生的事故因其发生所造成的财产损失承担赔偿保险金的责任，或者当被保险人死亡、伤残、疾病或达到合同约定的年龄、期限时承担给予保险金责任的商业保险行为。它是一种经济补偿制度，而且有很多的种类，主要有财产保险、责任保险、保证保险和人身保险等等，国际货物运输保险属于财产保险的范围。

在国际货物买卖中，由于国际货物一般要经过长途运输，货物在整个运输、装卸和储存过程中，可能会因遇到各种难以预料的自然灾害或意外事故而遭受损失。为了在货物遇险受损时能得到一定的经济补偿，就需要办理货物运输保险。货物运输保险（Cargo Transportation Insurance）就是指在货物装运前，被保险人（the insured）或投保人（applicant）按一定的投保金额、投保险别及保险费率向保险人（insurer）或承保人（underwriter）即保险公司支付保险费并取得保险单据，若被保险货物在运输过程中遭受保险事故造成损失，则保险人负责对保险险别责任范围内的损失，按保险金额及损失程度赔偿保险单据的持有人。

可见，国际货物通过投保运输险，将可能发生的损失变为固定的费用，在货物遭到承保范围内的损失时，可以及时从保险公司得到经济上的补偿，这不仅有利于进出口企业加强经济核算，而且也有利于进出口企业保持正常经营，从而有效促进国际贸易的发展。

运输方式不同，货物运输保险的种类也就不同，基本可以分为海上货物运输保险、陆上货物运输保险、航空货物运输保险和邮包货物运输保险。其中，海上货物运输保险起源最早，历史也最悠久，其他货物运输保险都是以它为基础发展起来的。尽管这几种货物运输保险的责任不同，但保险的基本原则、保障范围等大致相同。

在国际贸易中，买卖双方必须谈妥有关货物运输保险的问题，并在合同中具体订明，从而能更正确地处理货物运输保险的有关事宜。下面就将国际货物运输保险的有关问题作一下简单介绍。

一、国际货物海运保险的保障范围

国际货物海运保险承保的范围，包括海上风险、海上损失与费用以及外来风险三个方面。

（一）海上风险

海上风险（Perils of the Sea）又称海难，一般是指船舶或货物在海上运输过程中发生的或随海上运输所发生的风险，包括自然灾害和意外事故两种。

海上自然灾害是指由于自然界本身变异所引起的破坏力量造成的伤害，主要包括恶劣气候、地震、雷电、海啸、洪水或火山爆发等。它是自然存在并且不以人的意志为转移的，所以是保险人承保的主要风险。

海上意外事故指的是由于不可抗力的原因所造成的事故，主要包括船只搁浅、触礁、沉没、碰撞、爆炸、火灾、与冰山或其他物体碰撞、船舶失踪等原因造成的货物损失。

（二）海上损失与费用

1. 海上损失

海上损失是指被保险人因保险标的在运输途中遭遇海上风险而造成的损失。按各国保险业习惯，海上损失也包括与海运相连接的陆上或内河运输中所发生的损失。根据海上损失的程度不同，可分为全部损失和部分损失。

（1）全部损失。全部损失（Total Loss）简称全损，是指整批或不可分割的一批被保险货物在运输途中全部遭受损失。根据情况不同，它又分为实际全损和推定全损。

实际全损（Actual Total Loss）。实际全损又称绝对全损，是指保险标的物运输途中完全灭失，或损失已无法挽回，或受到严重损坏完全失去原有的形体或效用，如果载货船舶失踪，经过相当时间仍杳无音信，也视为实际全损。

推定全损（Constructive Total Loss）。推定全损是指被保险货物的实际全损已不可避免，或者为避免全损发生所支付的抢救费用、修理费用再加上将货物继续运至原定目的地的费用之和超过该货物的保险价值或者其在目的地的价值，这种情况下，即可推定被保险人遭受了全部损失。

在发生推定全损时，被保险人可以要求保险公司按投保货物的部分损失赔偿，也可要求按推定全损赔付，若想采用后者，必须对保险人进行委付并经保险人同意，将其对保险标的一切权利转让给保险人。所谓委付，是指在推定全损的情况下，被保险人将保险标的的一切权利包括所有权转让给保险人，而要求保险人按实际全损予以补偿。应该明确的是，保险人也可以不接受委付，只按照部分损失赔偿。

（2）部分损失。部分损失（Partial Loss）是指保险货物没有达到全损程度的损失。按照其性质的不同，又可分为共同海损和单独海损。

共同海损（General Average，GA）。共同海损是指载货船舶在航行途中遭遇自然灾害或意外事故，威胁到船、货等各方面的共同安全，为了解除这种危险，或者为了使航行能够继续完成，船方有意且合理地采取挽救措施所造成的某些特殊牺牲或支付的额外费用。共同海损的损失和费用由船方、货方和付运费方按获救财产价值或获益大小比例分摊。

构成共同海损必须具备以下条件：第一，导致共同海损的危险必须是真实存在，而不是主观臆断的，而且此危险必须威胁到了船、货和各利益方的安全；第二，船方所采取的措施必须是有意识而且是合理的；第三，所做的牺牲具有特殊性，支出的费用是额外的，是为了解除危险而不是由危险直接造成的；第四，做出的牺牲必须是共同海损行为的直接结果。

单独海损（Particular Average）。单独海损是指被保险货物遭遇海上风险受损后，其损失未达到全损程度，该损失应由受损方单独承担的部分损失。可见共同海损和单独海损主要在损失的原因和补偿方式方面有差别：前者是因采取人为的故意的措施而导致的损失，由各受益方按获救财产价值的比例分担；后者则是由海上风险直接造成的货物损失，由受损方自行承担。

2. 海上费用

海上风险除了会使被保险货物本身遭受损失之外，还会导致一些费用的损失，保险人对此也承担赔偿责任，这种由海上风险造成的费用即为海上费用。海上费用主要包括施救费用和救助费用两种。

施救费用（Sue and Labour Charges）。施救费用是指保险标的在遭遇保险责任范围内的灾害事故时，被保险人或其代理人与受让人对保险标的所采取的各种抢救、防止或减少货损的措施而支出的合理费用。保险人对这种施救费用负责赔偿。

救助费用（Salvage Charges）。救助费用是指保险标的在运输途中遭遇保险责任范围内的灾害事故时，由保险人和被保险人以外的第三方实施救助行为并获得成功，由被救方向救助方支付的劳务报酬。保险人负责赔偿救助费用的前提是救助成功。

（三）外来风险和损失

外来风险和损失是指海上风险以外的其他外来原因所造成的风险和损失。按照不同的原因，又可分为一般外来风险和损失以及特殊外来风险和损失两种。前者是指保险标的在运输途中由于偷窃、短量、破碎、雨淋、受潮、受热、发霉、串味、生锈、钩损等外来风险所遭受的损失；后者是指由于军事、政治、国家政策法令以及行政措施等外来原因造成的风险与损失，这些外来原因主要包括战争、罢工、拒绝进口、黄曲霉素、舱面的货物损失等。

二、中国国际贸易货物海运保险的险别

保险险别是保险人对风险和损失的承保责任范围，也是确定保险人所承担责任大小及应交保费多少的依据，而各种险别的承保责任又是通过不同的保险条款加以规定的。中国人民保险公司根据我国保险业务的实际情况，并参照国际保险市场的习惯做法，制定了中国人民保险公司货物保险条款，简称“中国保险条款”。在该条款中把海运货物保险险别分为基本险和附加险两大类。

（一）基本险

基本险又称主险，是可以单独投保的险别。同国际保险市场的习惯做法一样，我国海洋运输货物保险的基本险分为平安险、水渍险和一切险三种。

1. 基本险的承保责任范围

（1）平安险。平安险（Free from Particular Average，FPA）其英文原意是“单独海损不赔”，随着保险业的发展和保险条款的修订，平安险的责任已不仅仅局限于对全损的赔偿。该保险承保的责任范围包括：

①被保险的货物在运输途中由于恶劣气候、雷电、海啸、地震、洪水等自然灾害造成整批货物的全部损失，包括实际全损和推定全损。

②由于运输工具遭受搁浅、触礁、沉没、碰撞以及失火、爆炸等意外事故所造成的保险货物的全部或部分损失。

③在运输工具发生搁浅、触礁、沉没、焚毁等意外事故的情况下，货物在此前后又在海上遭受恶劣气候、雷电、海啸等自然灾害所造成的部分损失。

④在装卸或转运时由于一件或数件甚至整批货物落海所造成的全部损失或部分损失。

⑤被保险人对遭受承保责任内危险的货物采取抢救、防止或减少货损的措施而支付的合理费用，但以不超过该批被救货物的保险金额为限。

⑥运输工具遭遇海难后，在中途港或避难港因卸货、存仓、装货以及运送货物所产生的特别费用。

⑦共同海损的牺牲、分摊和救助费用。

⑧运输条款中如订有“船舶互撞条款”，则根据该条款规定应由货方偿还船方的损失。

（2）水渍险。保险公司对水渍险（With Particular Average，WPA）的承保责任范围，除包括上列平安险的各项责任外，还负责被保险货物由于恶劣气候、雷电、海啸、地震、洪水自然灾害所造成的部分损失。

（3）一切险。一切险（All Risks）的责任范围，除包括上列平安险和水渍险的各项责任外，还包括被保险货物在运输途中由于一般外来原因所造成的全部或部分损失。因此，一切险是平安险、水渍险和一般附加险的总和。但是因非偶然发生或非外来因素所造成的损失不包括在一切险的责任范围之内。

2. 基本险的除外责任

除外责任是保险公司明确规定不予承保的损失和费用。保险条款中规定除外责任，可以进一步明确保险人承保的责任范围，而且可以划清保险人、被保险人和发货人各自应负的责任。中国人民保险公司《海洋运输货物保险条款》对各种基本险规定的除外责任有下列几项：①被保险人的故意行为或过失所造成的损失；②属于发货人责任所引起的损失；③在保险责任开始前，被保险货物已存在的品质不良或数量短缺所造成的损失；④被保险货物的自然损耗、本质缺陷、特性以及市价跌落、运输延迟所引起的损失或费用；⑤战争险和罢工险条款规定的责任及其除外责任。

3. 基本险责任的起讫期限

我国海洋运输保险设立的三种基本险的责任起讫期限，沿用国际保险市场惯用的“仓至仓条款”（Warehouse to warehouse Clause，W/W Clause），即保险责任自被保险货物运离保险单所载明的起运地仓库开始运输时生效，包括正常运输过程中的海上、陆上内河和驳船运输在内，直至该项货物到达保险单所载明目的地收货人的仓库为止。如未抵达上述仓库，则从被保险货物在最后卸载港全部卸离海轮后满 60 天为止。另外，如果被保险货物在运至保单所载明的目的地或目的港前的某一仓库发生分配、分派，则保险责任自货物抵达该分配、分派仓库时即告终止。在非正常运输的情况下，对保险责任期限有不同规定，某些特殊情况可按“扩展责任条款”办理。

（二）附加险

附加险是基本险的扩大和补充，因此，投保人只有在投保了基本险的基础上，才能投保附加的险种，并另外支付保险费。附加险包括一般附加险和特殊附加险两种。

1. 一般附加险

一般附加险所承保的是由于一般外来风险所造成的全部或部分损失，由于它包括在一切险的承保范围内，故在投保一切险时，不存在再加保一般附加险的问题。

一般附加险的险别共有 11 种：偷窃、提货不着险（Theft，Pilferage and Non—Delivery，TPND），淡水雨淋险（Fresh Water Rain Damage，FWRD），短量险（Risk of Shortage），渗漏险（Risk of Leakage），混杂、玷污险（Risk of Intermixture & Contamination），碰损、破碎险（Risk of Clash & Breakage），串味险（Risk of Odour），受热受潮险（Sweating and Heating Risks），钩损险（Hook Damage），包装破裂险（Loss Of Damage Caused by Breaking of Packing），锈损险（Risk of Rust）。

2. 特殊附加险

特殊附加险是承保由于特殊外来风险所造成的全部或部分损失，共包括战争险（War Risk）、罢工险（Strikes Risk）、交货不到险（Failure to Delivery Risk）、进口关税险（Import Duty Risk）、舱面险（On Deck Risk）、拒收险（Rejection Risk）、黄曲霉素险（Aflatoxin Risk）、出口到港澳存仓火险责任扩展条款（Fire Risk Extension Clause for Storage of Cargo at Destination Hong Kong，Including Kowloon or Macao）8 种。

三、其他运输方式下的货运保险

在国际贸易中，除了海洋运输这种最主要的运输方式外，在其他运输方式下，货物在运输途中也面临着各种各样的风险，进而导致货物的损失，因此也需要办理运输保险。其他运输方式下的保险都是在海运货物保险的基础上发展起来的，因此与海运保险有很多相似之处。

（一）陆上货物运输保险

陆上货物运输保险是针对以汽车或火车等陆上交通工具运送的国际贸易货物的保险。根据中国人民保险公司《陆上货物运输保险条款》的规定，其基本险别分为陆运险和陆运一切险两种，附加险与海运货物保险一样，分为一般附加险和特殊附加险。

陆运险的承保责任范围同海运水渍险相似，而陆运一切险的承保责任范围同海运一切险相似，主要承保陆运途中由于自然灾害、意外事故和外来原因造成的保险标的的损失。此外，冷藏货物险也具有基本险的性质，其责任范围除包括陆运险的责任外，还负责赔偿由于冷藏设备在运输途中损坏而导致货物变质的损失。

陆运货物在投保上述基本险之一的基础上可以加保附加险。类似海运货物保险，若投保陆运险，则可以加保一般附加险和战争险等特殊附加险；若投保陆运一切险，就不能再加保一般附加险而只能加保战争险等特殊附加险。

陆运险的责任起讫期限也采用“仓至仓条款”。保险人负责自被保险货物运离保险单所载明的起运地仓库或储存处所开始生效，包括正常运输过程中的陆上和与其有关的水上驳运在内，直至该项货物运达保险单所载目的地收货人的最后仓库或储存处所或被保险人用作分配、分派的其他储存处所为止。如未运抵上述仓库或储存处，则以被保险货物运抵最后卸载的车站满 60 天为止，在陆运冷藏保险货物项下，此期限为 10 天。

陆上运输货物险的索赔时效为：从被保险货物在最后目的地车站全部卸离车辆后起算，最多不超过两年。

（二）航空运输货物保险

航空运输货物保险主要承保以飞机作为运输工具的货物运输保险。根据中国人民保险公司的规定，航空货物运输保险分为基本险和附加险两类，其中基本险又包括航空运输险和航空运输一切险两种，分别类似于海运保险的“水渍险”和“一切险”，主要承保在航空运输途中由于自然灾害、意外事故和外来原因所造成的货物损失。

航空货物运输保险的保险责任起讫也采用“仓至仓”条款。所不同的是，在货物运抵目的地机场后的终止日期是卸离飞机满 30 天，如在上述 30 天内被保险货物需转送到非保险单所载明的目的地时，则自该项货物开始转运时责任终止。

附加险主要是航空运输货物战争险，承保空运途中由于战争、敌对行为以及常规武器等造成的货物损失。

（三）邮包运输货物保险

根据中国人民保险公司的规定，邮包保险也分为基本险和附加险两类。其中，基本险又分为邮包险和邮包一切险两种，其承保范围与前面两种货运保险基本相同。邮包的运送可能涉及各种运输方式甚至联合运输，保险公司对此也负责。邮包运输保险的保险责任范围是：自邮包离开保险单所载启运地点寄件人的处所运往邮局时开始生效，直至被保险邮包运达保险单所载明的目的地邮局，从邮局签发到货通知书给收件人的当日午夜起算，满 15 天为止，在此期限内，邮包一经递交至收件人处所时，保险责任即告终止。

邮包战争险是邮政包裹保险的一种主要附加险别，承保邮包在递送途中由于战争、敌对行为以及常规武器等造成的邮包损失。只有在投保了邮包险或邮包一切险的基础上，经过投保人与保险公司协商方可加保。

四、国际货物买卖合同中的保险条款及保险合同的形式

国际货物运输保险是以处于运输中的各种货物为保险标的的，采用的贸易术语不同，办理保险的人就不同，但是无论交易按何种术语达成，均会涉及风险如何划分以及由谁负责投保的问题。如果采用 CIF 和 CIP 等贸易术语，则应由卖方负责办理保险；而在 FOB、CFR 和 FCA 等贸易术语下则由买方办理保险。而且国际贸易中的货物多种多样，保险条款设有多种险别，投保加成率又无统一标准，所以在国际货物买卖合同中有必要就以上内容作出明确规定，以免日后产生不必要的纠纷。

（一）保险条款的主要内容

一般认为，合同中保险条款应该包括以下内容：

（1）保险投保人的约定。

（2）投保险别的约定。

（3）保险金额的约定。一般来讲，保险金额按货物的 CIF 或 CIP 发票金额和规定的加成率计算，其计算公式为：

出口货物保险金额＝CIF 货价×(1＋加成率)

保险费＝保险金额×保险费率

按照国际惯例，这个加成率通常是 10%，若买方要求的加成率超过 10%，卖方也可酌情接受，如买方要求保险加成率过高，则卖方要先征得保险公司的同意才能予以接受。

（4）以何种保险条款为依据。目前，国际上最权威的是伦敦保险协会海运货物保险条款（ICC），其特点是承保责任范围较广。而中国人民保险公司根据我国保险工作的实际情况，参照国际保险市场的习惯做法，制定了中国人民保险公司货物保险条款（CIC）。因此，在我国的对外贸易中有两种常见的做法，即分别以这两个条款为依据。由于两个条款的基本险别在保险人的承保责任范围方面差别不大，保险公司均予以承保，因此在合同中也可以接受买方以 ICC 条款投保的要求。

（二）进口合同中的保险条款

如果买卖合同采用 FOB 或 CFR 这两种贸易术语，则由买方自办保险，因此，具体投保险别、投保金额、选用的保险条款等完全是买方单方面的事情，和卖方无关。所以买卖合同中的保险条款一般只需订明“装船后保险由买方负责”即可。

我国进口一般采用 FOB、CFR 或 CPT 术语，由我方公司办理保险。为了简化投保手续和防止来不及投保或漏保，我国进口一般采用预约保险的做法，即各外贸公司与中国人民保险公司签订各种运输方式下的预约保险合同，以后每批进口货物，无须填制投保单，仅以国外的装运通知单代替投保单。

我国进口货物的保险金额原则上是以 CIF 价作为保险金额而不再加成，其中的运费率和保险费率均采用平均值计算。一般有：

FOB 进口保险金额＝FOB 货价×(1＋平均运费率)/(1－平均保险费率)

CFR 进口保险金额＝CFR 货价/(1－平均保险费率)

（三）出口合同中的保险条款

为发展中国的保险事业，中国出口一般都按照 CIF 条件出口。在签订出口合同时，双方除了约定险别、保险金额等内容，还应明确订明按照 CIC 向中国人民保险公司适用的保险条款投保。通常在保险合同中也要注明由卖方投保。在合同中可写明“由卖方按发票金额的××%投保××险（险别名称），按照中国人民保险公司 1981 年 1 月 1 日的有关海洋运输货物保险条款为准”。

在实际业务中，按 CIF 或 CIP 出口的货物，由卖方向中国人民保险公司以合适的险别办理投保手续时，应根据出口合同或信用证规定，在备妥货物并确定装运日期和船只后，按规定格式填制保险单，列明各项内容，送保险公司投保，交纳保费，并向保险公司领取保险单证。

我国各外贸进出口公司的出口货物保费是逐笔投保的，保险金额按上述公式计算就可。

（四）保险合同的形式

由于保险合同所涉及的范围十分广泛，保险标的种类繁多，投保人和被保险人的保险利益与保险标的之间的关系错综复杂、保险责任的繁琐和保险期限较长等原因，长期以来，保险合同均以书面形式签订。随着保险业的发展，逐渐出现对保险合同内容和格式标准化的要求，这主要是指要求保险合同的凭证主要内容与格式的基本统一。

保险合同的形式一般以保险单据来表示。保险单据是保险人与被保险人之间订立的有关权利和义务关系的法律文件，也是保险人的承保证明，一旦发生承保范围内的损失，它也是被保险人凭以向保险公司索赔的依据。保险单据的标准化，是在不断实践过程中自然定型的，如国际上使用的劳合社标准格式，也有同行业协议商定保险单据格式的，此外还有以政府法令的形式制定保险单据格式或者规定某些必须采用的保险条款。目前，我国进出口业务中主要使用四种保险单据。

1. 保险单

保险单（Insurance Policy）俗称大保单或正式保险单。它是保险合同中最重要的书面形式，除了载明投保单各项内容外，还列有保险公司的责任范围及双方的权利、义务。

2. 保险凭证

保险凭证（Insurance Certificate）俗称小保单，它只在如机动车第三者责任保险等少数几种保险业务中使用，实际上是一种简化了的保险单。保险凭证只包括保险单的正面内容，背面没有载明保险条款的详细内容，与保险单具有同样的效力。但《UCP 500》规定，当信用证要求保险单时，不得以保险凭证代替。

3. 预约保险单

预约保险单（Open Policy）又称开口保险单，它适用于经常有相同类型货物需要陆续分批装运的保险，一般没有保险金额的限制。在我国预约保险单用于按 FOB 或 CFR 条件进口的货物和出口展卖品。

4. 联合凭证

联合凭证（Combined Certificate）是一种比保险凭证更简化的保险单据，仅供在港澳货物运输保险和少数对新加坡、马来西亚的出口业务中使用。这种单据不是一种单独的保单，而是在保险人承保后将保险险别和保险金额注明在商业发票上，其余内容以发票为准，保险人盖章后生效。在被保险货物受损后，依所投保险别的有关条款进行赔偿。

五、保险索赔

进出口货物在保险责任有效期内发生属于保险责任范围内的损失，被保险人依据保险合同的有关规定向保险公司提出赔偿要求，称为保险索赔。

保险货物运到目的地后，如果发生货损货差，收货人首先应判定损失责任，以确定索赔对象，向有关负责方要求赔偿损失：进出口货物发生残损，除原装原物品质不佳、包装不良或数量不足引起的损失，以及由于货物本身特性引起的损失，一般应由卖方或发货人负责；运输途中由于自然灾害或意外事故造成货物的损失，只要是在保险单承保责任范围内的损失，保险人应负赔偿责任，被保险人可以向保险人或其代理人提出索赔。

保险索赔应注意以下几方面的问题：

（1）在索赔时效内通知保险人或其代理人。被保险人索赔应在一定期限内提出，各国保险法和保险条款对各类险别的索赔时效都有规定，逾期索赔，被保险人就会丧失索赔权利。中国人民保险公司对海运货物保险条款规定的索赔时效，是从被保险货物在最后卸载港全部卸离海轮后起算，最多不超过两年。一经通知，即表示索赔行为的开始，被保险人不再受索赔时效控制。

（2）备齐索赔单证。被保险人在向保险人或其代理人索赔时，应提交索赔必需的各种单证。按照保险惯例，被保险人在索赔时应提供保险单或保险凭证正本、提单、发票、装箱单、磅码单、货损货差证明、货物残损检验报告、海事报告、费用清单及索赔清单等单据。

（3）应了解索赔免赔的一些规定。当货物发生全损时，应赔偿全部保险金额，如果是部分损失，则应合理确定赔偿比例。对易碎和易短量货物的索赔，应了解是否有免赔的规定：是规定不论损失程度均给予100%的赔偿，还是规定了免赔率。

如果货物损失没有超过免赔率的时候，保险公司不予赔偿，若超过了免赔率，保险人也可以免赔一定的百分数。免赔率又有相对免赔率和绝对免赔率之分：如果货物损失超过了免赔率，前者不扣除免赔率，全部予以赔偿；后者则要扣除免赔率，只赔偿超过的部分。中国人民保险公司现在实行的是绝对免赔率，但现行的伦敦保险业协会的《协会货物条款》则无免赔率的规定。

（4），有关代位追偿和委付的问题。在保险业务中，当货物遭受承保范围内的损失但是损失应由第三方负责的时候，为了防止保险人双重获益，保险人在全部赔偿或部分赔偿后，要求被保险人转让其对造成损失的第三者责任方要求全损赔偿或相应部分赔偿的权利，这种权利就是代位追偿权。

当进出口货物处于推定全损状态时，被保险人向保险人发出通知，愿将本保险承保的被保险人对保险标的的全部权利和义务转让给保险人，而要求保险人以全部损失予以赔偿，这就是委付。

本章主要术语

班轮运输　集装箱运输　集运条款　海运提单　最大诚信原则　可保利益原则　近因原则　风险　全损　共同海损　伦敦保险业协会海运货物保险条款

复习思考题

1. 简述国际贸易货物运输的基本方式与特点。
2. 简述装运条款的内容。
3. 简述海运提单的性质、内容和种类。
4. 货物运输保险的基本原则有哪些？

阅读资料

［1］逯宇铎．国际贸易实务［M］．北京：机械工业出版社，2004.

［2］陈岩．国际贸易实务［M］．北京：清华大学出版社，2008.

［3］胡丹婷．国际贸易实务［M］．北京：机械工业出版社，2007.

［4］陈建华，戴海珊．国际贸易实务［M］．大连：大连理工大学出版社，2008.

第十章　国际货款收付

学习目标：

掌握汇票、本票和支票的含义、内容和票据行为；
掌握汇付和托收等方式的特点和业务流程；
掌握信用证的概念、特点、种类、业务流程及风险防范；
了解各种支付方式的结合使用。

引例：

HQ公司是我国沿海某市以进口低硫燃料油为主的大型企业，长期在当地某商业银行（以下简称“C银行”）办理以跟单信用证为主要结算工具的进口业务，获得了该行大额授信额度。2007年夏，HQ公司向C银行申请开立总额为1 550万美元的提单日后90天付款的远期信用证，用于向新加坡某石油出口商购买低硫燃料油。由于HQ公司的开证额度已用完，C银行同意开证的条件为收取50万美元的保证金后，敞口部分1 500万美元由当地JB公司承担最高额保证担保，担保期限从2007年7月10日至2008年7月9日。2008年5月，C银行在确认有关开证手续已完备的情况下，对外开出了信用证。收到国外议付行的来单后，C银行进行了仔细的审核，确认单据无不符合并经申请人HQ公司书面签章同意接受单据，向议付行发出了已承兑的加押电文。汇票的付款到期日为2008年9月4日。

到了付款日，因当时全球金融危机导致的市场波动，HQ公司已无力支付信用证项下的货款，而C银行对汇票的承兑是不可撤销并且到期必定得履行付款职责的。为此，C银行与HQ公司紧急磋商后决定通过C银行的某海外代理行代垫付此笔货款。根据C银行总行的文件规定，办理海外代付业务必须由借款人（即HQ公司）出具由C银行所提供的统一格式的“借款借据”。海外代付后，C银行多次向担保人JB公司追索1 500万美元的垫款，JB公司最终支付了等值1亿元人民币的保证款项。

JB公司履行保证责任后心有不甘，向法院起诉HQ公司。因HQ公司已丧失偿付能力，JB公司将矛头直指C银行并将C银行追加为第二被告。JB公司的理由是：HQ公司向C银行出具的“借款借据”无任何记载与原信用证项下的垫款有关的措辞文句，这表明 C 银行向 HQ 公司发放了一笔原信用证之外的独立贷款，原信用证项下的债务已经不复存在，原最高额保证担保的责任亦自然解除，C 银行应退还 1 亿元人民币。

思考：JB 公司是否能够索回 1 亿元人民币的保证款项？

第一节　国际贸易支付工具

国际贸易货款的收付，采用现金结算的较少，大多使用非现金结算，即采用各类金融票据来进行支付。金融票据（Financial Document）指可以流通转让的债权凭证，是国际上通行的结算和信贷工具。金融票据主要有汇票、本票和支票，其中汇票最为常见。

一、汇票

（一）汇票的含义

根据 1995 年 5 月 10 日公布的《中华人民共和国票据法》第 19 条规定：汇票（Bill of exchange）是出票人签发的，委托付款人在见票时或在指定日期无条件支付确定的金额给收款人或持票人的票据。

按照各国广泛引用或参照的《英国票据法》的规定，汇票一个向另一个人签发的，要求即期或定期或在可以确定的将来时间，对某人或其指定人或持票人支付一定金额的无条件书面支付命令。从上面的定义看，汇票有 3 个当事人，即出票人（Drawer）、受票人（Drawee）或付款人（payer）和收款人（payee）。

（二）基本内容

各国票据法对汇票内容的规定不同，一般认为应包括下列基本内容：①注明“汇票”字样；②无条件的支付命令；③汇票金额；④出票日期和地点；⑤收款人姓名和商号；⑥付款地点；⑦付款期限；⑧付款人姓名和商号；⑨出票人签字。

附：汇票样本

BILL OF EXCHANGE

(place and date of issue)

No. ____________

For ____________

(amount and date of issue)

At ____________ sight of this FIRST Bill of exchange（SECOND being unpaid）Pay to ________________________________ or order the sum of

(amount in words)
Value received for ____________ of ____________
(quantity) (name of commodity)
Drawn
Under ________________________________
L/c no. ________________________________
Dated ____________
TO:
For and on behalf of (Signature)

(三) 汇票的种类

(1) 按出票人(drawer)的不同,可分为银行汇票(banking bill)和商业汇票(commercial bill)。出票人为银行,即为银行汇票;出票人为商户,即为商业汇票。

(2) 按有无附商业单据,可分为光票(clean bill)和跟单汇票(documentary bill)。汇票在使用过程中,如无附商业单据,即为光票;如有附商业单据,即为跟单汇票。

(3) 按付款时间的不同,可分为即期汇票(sight draft)和远期汇票(time bill or usance bill)。如果付款人见到汇票后立即付款,为即期汇票;如果付款人见到汇票后在一定期限或特定日期付款,为远期汇票。

远期汇票的付款时间一般有以下4种规定方式:①见(汇)票后××天付款(at xx days after sight);②出(汇)票后××天付款(at xx days after date of issue);③提单日期后××天付款(at xx days after date of b/1);④指定日期(fixed date)。

要注意上述①~③种情况下付款时间的不同,假如期限都为60天,那么,③最早,②其次,①最迟,因为在通常情况下,提单日期最早,汇票日期不得早于提单日期,而见票日期在国外收到汇票时的日期,从出票日期到见票需要一个邮程。

(四) 汇票的使用程序

1. 出票(issue)

出票人在汇票上填写付款人、付款金额、付款日期和地点及收款人等项目,经签字交给受票人的行为。

收款人(即汇票抬头)有三种写法。

(1) 限制性抬头(non-negotiable),如 Pay to xxx co.,限定了汇票的收款人,该汇票在市场上不能转让和流通。

(2) 指示性抬头(Endorsable),如 Pay to order 或 Pay to the order of xx

co or xx bank.，该汇票通过持票人在背面签字（背书），即可转让给他人。在国际贸易结算中比较常用。

（3）持票人或来人抬头（Marketable），Pay to the bearer. 该汇票无需持票人背书就可以转让给他人。

2. 提示（presentation）

持票人将汇票提交付款人要求承兑或付款的行为。付款人见到汇票叫见票(Sight)，提示可以分付款提示和承兑提示。如果是即期汇票，付款人应作出付款提示；如是远期汇票，先作出承兑提示，到期时付款。

3. 承兑（acceptance）

付款人对远期汇票表示承担到期付款责任的行为。即期汇票不需要该程序。

4. 付款（payment）

受票人（付款人）对即期汇票在见票后立即履行支付责任或对已经承兑的汇票在到期时履行支付责任的行为。

5. 背书（endorsement）

汇票是一种流通工具（Negotiable Instrument），可以在票据市场上流通转让。背书是转让汇票权利的一种法定手续，就是由汇票持有人在汇票的被面签上自己的名字或再加上受让人的名字，并把汇票交给受让人的行为。

6. 拒付（dishonor）

持票人提示汇票要求承兑时，遭到拒绝承兑（Dishonor by no－acceptance），或持票人提示汇票要求付款时，遭到拒绝付款（Dishonor by non－payment），均称为拒付，也称退票。

7. 追索（resource）

当持票人遭到拒付就可向出票人或汇票背书人行使追索权。汇票的善意持有人有权向所有“前手”追索，一直可追索到出票人。持票人为了行使追索权，通常要及时做成拒绝证书。持票人请公证机构做拒绝证书是为了证明持票人已按规定行使票据权利但未获结果。由此，持票人得以行使追索权。汇票拒付时，持票人应立即将票据交当地公证人由其再向付款人提示，若付款人仍拒付，则公证人将立即做成书面证明交持票人。为了避免承担被追索的责任，出票人或出让人在出票或背书时可加注“不受追索”（Without Recourse）字样。但是列明这种记载的汇票，一般不易在市场上被转让和流通。

二、本票

（一）本票的定义

《英国票据法》关于本票的定义是，本票（promissory note）是由一人向另一人签发的约定在见票时或在指定的或可以确定的将来时间向特定的人或其指定的人或持票人无条件支付一定金额的书面承诺。

(二) 本票的必要项目

包括：①注明“本票”字样；②无条件的支付承诺；③确定的金额；④收款人姓名和商号；⑤出票日期；⑥出票人签字。

(三) 本票的种类

按出票人的不同，本票可分为商业本票（commercial note）和银行本票（banking note)。企业和个人签发的本票为商业本票；银行签发的本票为银行本票。

商业本票按付款日期不同分为定日付款本票、签票日后定期付款本票、见票后定期付款本票和见票即付本票。银行本票则都是即期的。我国《票据法》第七十三条规定：“本票是出票人签发的，承诺自己在见票时无条件支付确定的金额给收款人或者持票人的票据。本法所称本票，是指银行本票。”由此可见，我国《票据法》所指的本票为银行即期本票，而未规定商业本票，这主要是从我国目前实际情况考虑的。银行本票，因是银行信用，较为常用。

三、支票

(一) 支票的定义

支票（Check or Cheque）是银行存款户对银行签发的要求银行对特定的人或其指定人或持票人在见票时无条件支付一定金额的书面命令。签发支票是以存款者在银行存款账户上有足够数额存款或事先同银行签订有一定的透支额度作为前提条件的。实际上，支票以银行为付款人的即期汇票。

(二) 支票的必要项目

包括：①注明“支票”字样；②无条件的支付委托；③确定的金额；④付款人姓名和商号；⑤出票日期；⑥出票人签字。

(三) 支票的种类

按照我国《票据法》，支票可分为现金支票和转账支票，现金支票可以向银行提取现金，转账支票通过银行将票款收入账户。转账支票也叫画线支票，是在支票正面画两道平行线，画线支票只能通过银行收款入账。使用画线支票的目的是为了在支票遗失，被人冒领时，还有可能通过银行代收的线索追回票款。

按各国票据法规定，支票可以由银行加“保付”（Certified to pay）而成为保付支票（Certified check）。支票一经保付，付款责任即由银行承担，出票人、背书人都可免予追索。付款银行对支票保付后，即将票款从出票人的账户转入一个专户，以备付款，所以保付支票不受付款提示期的限制。

在我国出口贸易中，如国外进口商交来支票作为支付凭证，为防止对方开立空头支票，除可要求对方出具“保付支票”外，还可在收到对方支票后，立刻委托我国内银行凭该支票向国外付款行收款，待支票面额收妥后方可发货，以防上当受骗。

第二节　国际贸易支付方式——汇付

汇付（Remittance），即付款人主动通过银行或其他途径将款项汇交收款人。它属于商业信用。

一、汇付的当事人

汇款人（Remitter），一般为进口方；
收款人（Payee），一般为出口方；
汇出行（Remitting Bank），也称进口地银行（Importer's bank）；
汇入行（Paying Bank），也称出口地银行（Exporter's bank）。

二、汇付的种类

（一）信汇（mail transfer，M/T）

汇出行应汇款人的申请将信汇委托书寄给汇入行，授权解付一定金额的款项给收款人的一种汇款方式。信汇委托书须由汇出行签字，经汇入行核对签字无误，证实信汇真实性后，方能解汇。信汇的优点是费用低廉，但收款人收到汇款的时间较迟。

（二）电汇（telegraphic transfer，T/T）

汇出行应汇款人的申请拍发加押电报、电传或 SWIFT 给汇入行，授权解付一定金额的款项给收款人的一种汇款方式。在电报或电传上，汇出行应加注双方约定的“密押”，以使汇入行核对金额和证实电报的真实性。电汇的优点是收款人收到汇款的时间迅速，但费用较高。

（三）票汇（remittance by banker's draft，D/D）

票汇是汇出银行应汇款人的申请，代汇款人开立以其分行或代理行为解付行的即期汇票，支付一定金额给收款人的汇款方式。

三、汇付在国际贸易中的应用

（一）预付货款（Pay in Advance）

预付货款是进口商先将货款的一部分或全部汇交出口商，出口商收到货款后，立即或在一定时间内发运货物的结算方式。预付货款有利于出口商，而不利于进口商。

比如合同中规定买方应在装船前××天支付全部或一定比例的货款给卖方（Buyer should pay total or ××% amount to seller by T/T within ×× days before shipment.）。

（二）货到付款

出口商先发货，进口商后付款的结算方式。货到付款方式对出口商不利，他要承担进口商不付款的风险，实际上就是赊销（Open Account，O/A）。

比如合同中规定买方应该在装船后若干天内支付全部或一定比例的货款给卖方（Buyer should pay total or ××%amount to seller by T/T within ×× days after shipment.）。

第三节　国际贸易支付方式——托收

一、含义

根据国际商会《托收统一规则》（URC522，1995 年公布并于 1996 年生效）规定：托收（Collection）是指由收到托收指示的银行根据所收到的指示处理金融票据（支付工具）和商业单据（装运单据）以便取得付款或承兑。通俗地说，也即托收是债权人（出口人）出具债权凭证（支付工具）委托银行向债务人（进口人）收取货款的一种支付方式。

二、当事人及其关系

根据《URC522》的规定，托收一般有如下几个当事人：

委托人（principal），委托银行向国外付款人受款的出票人，通常为出口方；

托收行（remitting bank），接受委托人的委托，办理托收业务的银行，通常为出口方银行；

代收行（collecting bank），接受托收行的委托向付款人收取票款的进口地银行。通常为托收行的国外分行或代理行；

提示行（presenting bank），向付款人作出提示汇票和单据的银行，可以是代收行委托与付款人有未来账户关系的银行，也可以由代收行自己兼行。

付款人（Payer），汇票的受票人，通常为进口方。

三、种类及程序

按托收过程，汇票是否随附商业单据来划分，可以分为光票托收（clean collection）和跟单托收（Documentary Collection）。

（一）光票托收

在托收过程中，汇票没有随附发票、提单等商业单据而单独使用。国际贸易中不常用。

（二）跟单托收

在托收过程中，汇票随附发票、提单等商业单据使用。国际贸易中货款的收取大都采用跟单托收。

在跟单托收的情况下，按照向进口人交单的条件不同，可分为付款交单（documents against payment，D/P）和承兑交单（documents against acceptance，D/A）。

1. 付款交单

即代收行在付款人（进口商）付款后才将全套托收单据交（放）给付款人，即以付款为条件的交单。按付款人付款期限的不同，分为即期（D/P at sight）和远期（D/P after ×× DAYS sight）。

（1）即期D/P：即在付款人（进口商）在见票后即期付款后，代收行才将全套托收单据交（放）给付款人，即以即期付款为条件的交单。

（2）远期D/P：即在付款人（进口商）在见票后先承兑到期付款后，代收行才将全套托收单据交（放）给付款人，即以远期付款为条件的交单。

付款交单的最本质特点是，不管是即期D/P还是远期D/P，代收行均以进口方付款为条件才将全套托收单据（发票、提单等）交给进口方。因此如果进口方没有付款，银行通常情况下不会将单据交与进口方，所以其最大风险是进口方因市场发生不利变动等因素拒绝付款，但货物仍归出口方所有。

在远期D/P中，如果出现货物到达目的港日期早于付款日期，这样就出现进口方不能及时提货的问题。为了不耽误提货，进口方可以要求代收行允许其借出单据。其具体做法是，进口方向代收行出具信托收据（Trust Receipt，T/R），是进口方凭以借出运输单据，以便提货出售，取得货款再偿还代收银行的保函。这种做法对出口方或代收行来说有一定风险。因此，借出单据前对进口方的资信调查十分重要。按惯例，如果是出口方授权代收银行凭T/R借单给进口方，如果出现进口方没有按期偿还货款，后果由出口方负责；若是代收银行自主决定凭信托收据借单，如果出现进口方没有按期偿还货款，后果由代收银行负责，要赔偿出口方货款。

2. 承兑交单

即代收行在付款人（进口商）承兑汇票后才将全套托收单据交（放）给付款人，即以承兑为条件的交单。付款交单的最本质特点是，D/A条件下，代收行以进口方承兑为条件就将全套单据（发票、提单等）交给进口方。进口方获得单据后可以先行提货，其最大风险是进口方因市场发生不利变动等因素到期拒绝付款，但货物已经被提走，出口方落得货款两空。

四、托收在国际贸易中应用

（一）托收的性质与特点

托收业务过程中虽然有多家银行的参与，但付款人是否对汇票付款或承兑，纯粹看付款人的信用，银行在办理业务过程中，不管单据的审核、不管货物和不管货款，即所谓的“三不管”原则，因此托收属于商业信用。不管是付款交单（D/P）和承兑交单（D/A）两种方式，均要求卖方先行发货，然后通过银行向买方收款，对买方相对有利，对卖方相对不利，而后者风险更大。在国际贸易中，卖方应谨慎选用。

（二）合同的条款

（1）付款交单（D/P at sight）：买方应凭卖方开具的即期跟单汇票于见票时立即付款，付款后交单。

（2）承兑交单（D/A at after days' sight）：买方应对卖方开具的远期跟单汇票于第一次提示时应即予承兑，并于到期日付款，承兑后交单。

第四节　国际贸易支付方式——信用证

长期以来，信用证作为银行信用的支付方式，一直处于主导地位。虽然进入20世纪90年代以来信用证在世界贸易中的使用率迅速下降，但是我国对外贸易结算仍以信用证为主（约占出口总额的80%），仍是出口企业首选的支付方式。基于这样的实际，本节对信用证有关内容做比较详尽的介绍。在介绍信用证有关内容之前，有必要对《跟单信用证统一惯例600号出版物》（简称《UCP 600》）做简要介绍。《UCP 600》第一条规定了统一惯例的适用范围，即“适用于所有在信用证正文中表明按本惯例办理的跟单信用证（包括本惯例适用范围内的备用信用证）。除非信用证中另有明文规定，本惯例对一切当事人均有约束力。”《UCP 600》的内容包括六大部分，即总则与定义、信用证的形式与通知、责任与义务、单据、杂项规定和可转让信用证，已成为当事人保证信用证得以正常运作必须遵循的国际惯例。下面介绍的相关内容都在《UCP 600》的框架之内。

一、含义

根据《UCP 600》规定，信用证（letter of credit，L/C）是指由银行（开证行）依照客户（申请人）的要求和指示或自己主动开立的，在符合信用证条款的条件下凭规定单据承诺付款的书面文件。这个定义中隐含三层意思：①信用证是由银行开立的，属于银行信用；②卖方（受益人）需要向银行出示单据；③出示的单据必须符合信用证条款等。

二、信用证的当事人

信用证涉及的当事人较多，一般有以下六个基本当事人。

（1）申请人（Applicant or Opener），即向银行申请开立信用证的人，进口人或实际买主。

（2）受益人（Beneficiary），即信用证上指定的有权使用信用证的人，即出口方或实际供货人。

（3）开证行（Issuing Bank），即接受委托开立信用证并承担保证付款的银行，一般为进口方银行。

（4）付款行（Paying Bank or Drawee Bank），即开证行指定的对信用证项下付款或充当汇票付款人的银行，可以由开证行自己承担，也可为进口方银行授权的银行。

（5）通知行（Advising bank），即受开证行的委托，将信用证转交给受益人的银行，一般为开证行的往来行或出口方指定银行。

（6）议付行（Negotiating bank），即开证行的授权买入或贴现受益人提交的符合信用证规定的汇票和单据的银行。一般为出口方银行或开证行指定的银行。

三、信用证业务程序

（1）申请人向开证行申请开立信用证；

（2）开证行开出信用证；

（3）通知行将信用证通知给受益人；

（4）受益人向申请人装运货物；

（5）受益人将全套单据交给议付行；

（6）议付行审核单据确定无误后办理议付（垫付）给受益人；

（7）议付行向付款行寄出单据；

（8）付款行付款或承兑；

（9）付款行向申请人提示单据；

（10）申请人付款；

（11）开证行交单；

（12）申请人提货。

四、信用证的主要内容

信用证内容简繁不一，但概括起来一般都包含以下六个方面的内容。

（1）关于L/C本身的说明（about L/C）：包括号码、种类、金额、开证日期、当事人等条款；

（2）对汇票的说明（about draft）：包括汇票的当事人、金额、期限和主要条款；

（3）关于货物的说明（about goods）：商品品名、数量、价格、包装和包装等条款；

（4）关于装运的说明（about shipment）：包括装运港、目的港和转运港、是否允许分批和转运、装运日期等条款；

（5）关于单据的说明（about documents）：包括要求受益人提交的单据种类、份数以及要求等条款，是跟单信用证的核心条款；

（6）其他：①关于特殊条款（about additional conditions）：对于较为复杂的信用证，一般均有这个条款，比如对装运、单据等的特殊要求；②开证行保证付款的文句；③关于给议付行的指示（about banking instructions）。

五、信用证的种类

1. 不可撤销信用证与可撤销信用证（Irrevocable Credit & Revocable Credit）

（1）不可撤销信用证，指信用证一旦开出，在有效期内，未经受益人及有关当事人的同意，不得片面修改和撤销的信用证。这种信用证对受益人较有保障，在国际贸易中使用最为广泛。在信用证中往往注明“不可撤销”（Irrevocable）字样。

（2）可撤销信用证，指在有效期内不必经受益人及有关当事人的同意，开证行可以随时修改和撤销的信用证。这种信用证对受益人没有保障，在国际贸易中一般不予接受。在信用证中往往注明“可撤销”（Revocable）字样。《UCP 600》规定，如果L/C中未规定不可撤销或可撤销，应视为不可撤销信用证。

2. 跟单信用证与光票信用证（Documentary Credit & Clean Credit）

（1）跟单信用证，如信用证业务流程中使用的是跟单汇票，即跟单信用证，在信用证条款中就会有“单据要求”（Document Required）。

（2）光票信用证，如果信用证业务流程中使用的是光票（汇票）的信用证，在信用证条款中就没有“单据要求”。在国际贸易中使用比较广泛的是跟单信用证。

3. 即期信用证与远期信用证（sight credit & usance credit）

（1）即期信用证，信用证业务流程中使用即期汇票的信用证，在信用证条款中就会有“即期汇票”的条款（Draft at sight）。

（2）远期信用证，信用证业务流程中使用即期汇票的信用证，在信用证条款中就会有“即期汇票”的条款（Draft at xx day's sight）。对受益人而言，前者收款时间快，而后者慢。

4. 转让信用证与不可转让信用证（Transferable Credit & Non－transferable Credit）

（1）可转让信用证，按《UCP 600》第 48 条的解释，系指受益人第一受益人可以要求授权付款，承担延期付款责任，承兑或议付的银行（“转让银行”），或在自由议付信用证的情况下，在信用证中特别授权转让的银行，将该信用证全部或部分转让给一个或数个受益人（第二受益人）使用的信用证。开证行对信用证“可转让”的要求既明确又严格，即只有开证行在信用证中明确注明“可转让”的，信用证才能转让。诸如“可分割”（Divisible）、“可分开”（Fractionable）、“可转移”（Transmissible）等用语并不能使信用证可转让。因此，如果信用证中使用了这些用语，银行可不予处置。

（2）不可转让信用证，如果 L/C 中没有规定“可转让信用证”或“不可转让信用证”，应视为不可转让信用证。

伴随着转口贸易的出现，在跟单信用证结算业务中也派生出一种转让信用证的结算方式。以香港地区转让信用证为例进行讨论。在这类转让信用证业务中，香港地区的商人（第一受益人）一般只充当中间商的角色，国内的进出口公司（第二受益人）为实际的供货商。第一受益人在收到进口商的信用证以后，通过当地的银行（转让银行）将其转让给国内的第二受益人，由第二受益人发货并向银行交付单据。待转让银行从原始信用证的开证行收到货款后，再向国内第二受益人付款。转让信用证的第一受益人为赚取商品的差价利润，一般会降低商品的价格，并缩短装船期和信用证有效期等项目以为其换单留出相应的时间。因此，转让信用证是一份经过“缩水”的信用证。

5. 保兑信用证与不保兑信用证（Confirmed Credit & Unconfirmed Credit）

（1）保兑信用证，由开证银行开出的信用证经另一家银行加以保证兑付，称保兑信用证。凡在信用证上载文，愿意承担保兑者称保兑银行（Confirming Bank），保兑银行通常是由通知银行担任。

（2）不保兑信用证，由开证银行开出的信用证未经另一家银行加以保证兑付，称不保兑信用证。

在国际贸易实践中采用保兑信用证，那么这种信用证对于受益人而言，就同时取得了两家银行的付款保证。《UCP 600》第 9 条规定了保兑行的责任，归纳起来，保兑信用证已明确的是保兑银行须直接向受益人负责，保兑银行议付时承担第一付款人角色，即保兑行应该按照开证行的授权或要求办理信用证的有关事项，独立对受益人负责。换言之，保兑银行充当和承担第一付款人的责任，而不是受益人向开证银行要求付款，被开证银行拒绝以后，才能向保兑银行要求偿付。也不是仅在开证行由于某种原因倒闭致使无法向受益人付款的情况下才由保兑行向受益人履行付款义务。受开证行的委托，以自己的名义从事收单付款的行为，并对其行为负法律责任，承担与开证行相同的付款义务。

6. 循环信用证（Revolving Credit）

循环信用证是指信用证被受益人全部或部分使用后，又恢复到原金额，再被受益人继续使用，直至用完规定的使用次数或累计总金额时为止的信用证。

它与一般信用证的不同之处在于它可以多次循环使用，而一般信用证在使用后即告失效。循环信用证主要用于长期或较长期内分批均匀交货的供货合同。使用这种信用证，买方可节省开证押金和逐单开证的手续及费用，卖方也避免了等证、催证、审证的麻烦，因而有利于买卖双方业务的开展。

循环信用证按运用的方式分为按时间循环和按金额循环两种：

（1）按时间循环信用证是指受益人在一定时间内可多次支取信用证规定金额的信用证。

（2）按金额循环信用证是指受益人按信用证规定金额议付后仍恢复原金额再继续使用，直至用完规定的循环次数或总金额时为止。在该项下，恢复到原金额的做法有三种。

第一，自动式循环：信用证规定的每次金额用完后，无需等待开证行通知，即可自动恢复到原金额，再次使用。

第二，半自动循环：信用证规定的每次金额用完后的若干天内，开证行未发出停止循环使用的通知，即可自动恢复到原金额，继续使用。

第三，非自动循环：信用证规定的每次金额用完后，必须待开证行的通知到达后，方能恢复到原金额，继续使用。

7. 背对信用证

背对信用证（Back to Back Credit），又称背对背信用证或从属信用证（Subsidiary 或 Secondary Credit），是适应中间商经营进出口业务的需要而产生的一种信用证。它是指出口人（中间商）收到进口人开来的信用证（称为母证）后，要求该证的通知行或其他银行以原证为基础，另开一张内容近似的新证（称为子证）给另一受益人（实际供货人）。这另开的新证就是背对信用证。与可转让信用证而言，背对信用证通常应用在转口贸易中。

新证开立后，原证仍有效，由新证开证行代原受益人（中间商）保管。原证的开证行与开证人同新证毫无关联，原因在于新证开证人是原证的受益人，而不是原证的开证人与开证行。因此，新证的开证行在对其受益人（供货人）付款后，便立即要求原证受益人（中间商）提供符合原证条款的商业发票与汇票，以便同新证受益人提供的商业发票与汇票进行调换，然后附上货运单据寄原证的开证行收汇。不过，新证交货期要短于原证交货期，其单价要低于原证，其金额也小于原证，以使原证受益人中间商有时间办理交单议付，并使其有利可图。这里要注意，新证的内容除开证人、受益人、金额、单价、保险金额、装运期限、有效期限等可有变动外，其他条款一般与原证相同。只是新证条款的修改比较困难，所需时间也较长，原因在于新证条款如要修改，新证开证人需征得原证开证人的同意。

8. 对开信用证

对开信用证（Reciprocal Credit），是买卖双方各自开立的以对方为受益人的信用证，即在对等贸易中，交易双方互为买卖双方，双方各为自己的进口部分互为对方开立信用证，这两张互开的信用证便是对开信用证。

对开信用证从生效时间看，有两种做法：一是同时生效的对开信用证，即一方开出的信用证，虽已为对方所接受，但暂不生效，另一方开来回头信用证被该证受益人接受时，通知对方银行两证同时生效；二是分别生效的对开信用证，即一方开出的信用证被受益人接受后随即生效，无需等待另一方开来回头信用证。

9. 预支信用证（anticipatory L/C）

预支信用证是指开证行允许受益人在货物装运前，可凭汇票或其他有关证件向指定付款行（通常为通知行）提前支取贷款的信用证。它与远期信用证刚好相反，是开证人付款在先，受益人交单在后。预交信用证分为全部预支和部分预支两种信用证：①全部预支信用证是指仅凭受益人提交的光票预支全部货款，实际上等于预付货款，也有的要求受益人在凭光票预取货款时，须附交一份负责补交货运单据的声明书；②部分预支信用证，是指凭受益人提交的光票和以后补交装运单据的声明书预支部分货款，待货物装运后货运单据交到银行再付清余款。预支货款要扣除利息。

为醒目起见，预支信用证的预支条款常用红字打出，习惯上称其为红条款信用证（Red Clauses Credit）。不过，现在使用的预支信用证的预支条款，并非都用红字打出，即使用黑字打出，同样能起红条款信用证的作用。

10. 备用信用证

备用信用证（Standby Letter of credit），又称商业票据信用证（Commercial Letter of Credit）、担保信用证或保证信用证（Guarantee Letter of Credit），是指开证行根据开证人的请求开立的对受益人承诺某项义务的凭证，或者开证行对开证人不履行合同义务予以一般性付款担保的信用凭证。例如，开证行为开证人不履行合同义务而对受益人作出下列承诺或担保：偿还开证人的借款或预支给开证人的款项；支付由开证人所承担的负债；对开证人不履约而付款。

可见，备用信用证实质上就是保函，是在开证人（债务人）不履约或违反约定时才使用的，因而有担保信用证之称。在一般情况下，备用信用证并不被使用，具有备用性质，这就是往往常说的“备而不用”。

UCP 500 仍把备用信用证列入信用证范围，明确规定该惯例的条文适用于备用信用证。备用信用证之所以被称为信用证，是基于采用备用信用证，开证行的付款是以单证相符为条件的，但它与跟单信用证也多有不同。

（1）备用信用证可适用于除货物买卖之外的其他多种交易，如劳务贸易、工程项目承包等，其目的是为了融通资金或保证付款。跟单信用证则不同，它一般只适用于货物买卖，以清偿货款为目的。

（2）备用信用证具有保函性质，即受益人只有在开证人未能履行合同义务时才能行使信用证规定的权利，从开证行索偿，如果开证人履行了合同义务，受益人则无此权利，因此，它往往是“备而不用”的文件。跟单信用证则不具有保函性质，即只要受益人履行了信用证规定的条件，开证行必须付款。

（3）在备用信用证项下，受益人可凭其出具的汇票或证明开证人违约的证明书，向开证行索偿债款。在跟单信用证项下，受益人向开证行索偿，要以其提交符合信用证规定的货运单据为依据。

但要注意，一笔业务采用备用信用证时，如果在该证中作了“根据《跟单信用证统一惯例》（第 500 号出版物）开立”的限定，那么它的各方当事人的权利与义务就要依据该惯例的条文加以解释，而不能以“备用信用证实质上是银行保证函为由”同时加列“根据《合约保证书统一规则》（第 325 号出版物）开立”的文句，因为国际商会的这两种文件的立意及遵循的准则各异。

六、合同中的信用证条款

合同中应规定 L/C 种类、有效期、开证期限等内容，例如：通过不可撤销信用证，凭卖方的跟单汇票见票后××天（即期或远期）获得支付，该证在装运后 15 天内在中国议付有效，该证必须在××（日期）前到达卖方。

第五节　国际贸易支付方式的选择

一、三种方式的比较

汇付、托收与信用证这三种支付方式的特点与性质是不同的，在选用的时候要认识到各种方式对买卖双方的风险，主要体现在：

（一）汇付与托收

汇付主要应用在预付款与赊销中，前者卖方先收款后发货，对卖方十分有利，对买方十分不利，而后者则刚好相反；托收有付款交单（D/P）和承兑交单（D/A）两种方式，均要求卖方先行发货，然后通过银行向买方收款，对买方相对有利，对卖方相对不利，而后者风险更大。

（二）信用证

体现“独立性原则、凭单付款原则”，原本这种运行机制是非常有效的，但这种机制本身也存在漏洞，使得不法商人有机可乘，利用假证、“软条款”、假单、假货等进行信用证欺诈，这种欺诈行为已屡见不鲜。比如邓白氏国际信息咨询公司发现，他们所接的案例更多是在信用证项下发生的，从而使得信用证的有效性大打折扣。

二、三种支付方式的搭配使用

基于上面的分析，进出口商在选择支付方式时常会出现矛盾，选择单一支付方式有时不免显得过于绝对。在国际贸易中经常出现各种方式结合使用的情况，大致有下面三种情况。

（一）汇付与信用证结合

出口贸易中信用证与汇付结合使用，是指一笔出口合同金额的一部分由信用证支付，另一部分通过汇付（一般采用电汇，即 T/T）支付。在实际操作中有以下三种情况。

1. 信用证与装船前汇付相结合

合同中支付方式规定，X%（一般为 70%～80%，下同）货款由信用证支付，剩余 Y%（一般为 20%～30%，下同）货款应由买方（即进口商，下同）在不晚于货物装船前若干天通过汇付方式支付给卖方（即出口商，下同）。一般情况下，会先开来信用证，然后在货物装船前若干天办理汇付，卖方收到货款或汇出行出具的汇付收据后将货物按时装船，然后向银行递交全套单据办理议付。这种方式对买方来说有时较为有利，国际市场价格变化对其不利时，买方可能会提出先检验装船前样品，然后借故拒付汇付部分的货款，卖方将无法按时发货，导致信用证过期失效，已生产完毕的货物积压，从而使卖方遭受重大经济损失。因此，对卖方来说，较为不利。

2. 信用证与预付款相结合

合同规定的付款方式为买方在合同签订后先汇付 Y%的货款作为预付款（订金），剩余 X%的货款由信用证支付。卖方在收到预付款和信用证后开始备货。通常情况下，卖方的收汇是相当安全的。买方一般不会苛刻要求开证行以单据中的“不符点”来拒付信用证项下的货款，否则，订金将无法收回。

3. 信用证与装船后汇付

合同规定的付款方式为 X%货款由信用证支付，剩余 Y%货款待货物装船后或货到目的地后若干天内买方通过汇付方式支付给卖方。这里的“若干天”的期限视具体业务，由双方协商决定。卖方按合同与信用证要求将货物装船后，提交全套单据向银行议付。倘若对方并未在规定的期限内办理剩余部分货款的汇付，那么将会给卖方带来很大的损失。

上述三种方式在中东客户中使用较为广泛，比如30%为L/C，70%为T/T，是普遍的做法。

（二）付款交单（D/P）与预付款相结合

合同中规定的支付方式为买方签订合同后先预付Y%的订金，剩余X%采用付款交单（D/P）方式。买方已支付20%～30%的订金，一般不会拒付托收项下的货款，否则，订金将无法收回，因此，卖方的收汇风险将大大降低，即使买方拒付，仍可以将货物返运回国，订金将用于支付往返运费。但若进口国是巴基斯坦、叙利亚、约旦和孟加拉等国，情况就不一样了。这些国家的海关规定如货物返运回国，必须要向其提交买方出具的书面退货声明并经进口国银行书面证实后，海关才能办理退关及退货手续，否则不予办理有关手续。有了上述规定，如果买方在拒付D/P后不愿出具书面退货声明，卖方将不能将货物返运回国。因此，这种情况下，买方拒付D/P的可能性大大提高，并在拒付之后往往提出降价等苛刻要求。因此，与上述国家的客商交易时，要慎重考虑。这种方式被较多地应用在与欧洲客户的交易。

（三）跟单托收与信用证结合

即部分货款采用信用证支付，部分采用跟单托收支付。一般做法是，在出口合同中支付条款作如下规定："买方须在装运月份前若干天送达卖方不可撤销信用证，规定xx%（一般为40%～80%）发票金额凭即期光票支付，其余yy%金额以跟单托收方式付款交单（即期或远期）。全套货运单据附于托收项下，在买方付清发票的全部金额后交单。如买方不能付清全部发票金额，则货运单据须由开证行掌握，凭卖方指示处理。"关键是使用光票信用证和跟单托收的结合。

三、结合使用的优点

1. 买方希望控制货物质量及装运，如采用信用证与装船前汇付结合方式；买方在信用证中规定了卖方难以办到的条款（如"软条款"），卖方要求买方先支付部分订金，既可防范收汇风险又可融通资金，或者买方急需该批货物，可以采用信用证与预付款结合使用；如果买方希望货物到达目的地经检验确定其品质或数量后（其实很多情况下为了约束卖方）再进行结算余额，就可以采用信用证与装船后汇付结合方式。上述三种方式下，买方（尤其在进口关税较高时）可以达到逃避进口关税的目的，因为卖方将出具两张不同比例的发票，其中信用证项下的发票将会被买方提交给进口国海关用以办理进口清关。

2. 采用付款交单（D/P）与预付款结合方式，对买方而言，只支付少部分订金，便可以获得较为优惠的支付条件（以付款交单取代信用证，节省了开证押金和费用），如前所述，可以少支付一定数额的进口关税；对卖方而言，收汇风险可大大降低，因通常情况下买方已支付订金一般不会轻易拒付托收项下的货款。

3. 信用证与托收结合方式，对买方而言，可以减少开证押金，少垫资金；对卖方而言，因有部分信用证的保证，且信用证规定货运单据随附托收汇票，开证行在买方付清发票的全部金额后交单，所以收汇比较安全。

本章主要术语

汇票　本票　支票　汇付　托收　信用证　商业发票　提单　进口押汇　出口押汇　银行保函

复习思考题

1. 汇票和本票的区别是什么？
2. 托收的含义是什么？付款交单和承兑交单有何异同？
3. 简述信用证的业务流程。
4. 简述各种支付方式的选择使用应考虑的因素。

阅读资料

[1] 冷柏军．国际贸易实务 [M]. 北京：对外经济贸易大学出版社，2005.

[2] 李金泽．UCP 600 适用与信用证法律风险防控 [M]. 北京：法律出版社，2007.

[3] 苏宗祥．国际结算（第 3 版）[M]. 北京：中国金融出版社，2004.

[4] 孙应征．票据法理论与实证解析 [M]. 北京：人民法院出版社，2004.

第十一章　国际贸易争议的预防与处理

学习目标：

掌握国际货物买卖合同中检验、索赔、不可抗力和仲裁条款的规定方法、内容；

掌握进出口货物检验的基本知识、基本程序；

了解仲裁的基本程序和注意事项；

掌握不可抗力事件的法律后果等内容。

引例：

甲公司向乙公司订购一批食糖，合同规定："如发生政府干预行为，合同应延长，以至撤销。"签约后，因乙公司所在国连遭干旱，甘蔗严重歉收，政府则颁布禁令，不准食糖出口，致使乙公司在约定的装运期内不能履行合同，乙公司便以发生不可抗力事件为由要求延长履约期限或解除合同，甲公司拒不同意乙公司的要求，并就此提出索赔。你认为，甲公司的索赔请求是否合理？试具体说明。

分析：甲公司拒不同意乙公司的合理要求，反而向乙公司索赔是不合适的，其理由如下：①买卖合同明确规定："如发生政府干预行为，合同应予延长，以至撤销。"乙公司依约提出的要求有理、有据，甲公司不应拒绝其合法要求。②按国际惯例，政府颁布禁令属不可抗力，发生不可抗力事件的一方当事人即乙公司可以免除履约责任，而甲公司却对国际上公认的法规和惯例熟视无睹，向乙公司提出索赔，这是毫无道理的。

第一节　国际贸易商品检验

一、约定商品检验的意义

国际货物买卖中的商品检验（Commodity Inspection），简称商检，是指商品检验机构对买方拟交付货物或已交付货物的品质、规格、数量、重量、包装、卫生、安全等项目所进行的检验、鉴定和管理工作

商品检验是国际贸易发展的产物。它随着国际贸易的发展成为商品买卖的

一个重要环节和买卖合同中不可缺少的一项内容。《中华人民共和国进出口商品检验法》规定：商检机构和国家商检部门、商检机构指定的检验机构，依法对进出口商品实施检验。进口商品未经检验的，不准销售、使用；出口商品未经检验合格的，不准出口。

二、我国进出口商品实施检验的范围

根据2002年修订的《中华人民共和国进出口商品检验法》及2005年12月实施的《中华人民共和国进出口商品检验法实施条例》的规定，我国进出口商品实施报验的分类和范围主要有进口商品法定检验和出口商品法定检验。

（一）进口商品法定检验范围

（1）列入现行《出入境检验检疫机构实施检验检疫的进出境商品目录》规定的进口商品；

（2）有关国际条约、协议规定须经商检机构检验的进口商品；

（3）其他法律、行政法规规定须经商检机构检验的进口商品。

法定检验的进口商品的收货人应当持合同、发票、装箱单、提单等必要的凭证和相关批准文件，向海关报关地的出入境检验检疫机构报检；海关放行后20日内，收货人应当向出入境检验检疫机构申请检验。法定检验的进口商品未经检验的，不准销售，不准使用。

（二）出口商品法定检验范围

（1）列入《出入境检验检疫机构实施检验检疫的进出境商品目录》的出口商品；

（2）出口食品的卫生检验；

（3）贸易性出口动物产品检疫；

（4）出口危险物品和《商检机构实施检验的进出口商品种类表》内商品包装容器的性能检验和使用鉴定；

（5）装运易腐烂变质食品出口的船舱和集装箱；

（6）有关国际条约、协议规定须经商检机构检验的出口商品；

（7）其他法律、行政法规规定须经商检机构检验的出口商品。

法定检验的出口商品的发货人应当在国家质检总局统一规定的地点和期限内，持合同等必要的凭证和相关批准文件向出入境检验检疫机构报检。法定检验的出口商品未经检验的或者检验不合格的，不准出口。

三、检验时间和地点

检验时间和地点是指在何时、何地行使对货物实施检验权。所谓检验权，是指买方或卖方有权对所交易的货物进行检验，其检验结果即作为交付与接受货物的依据。规定检验的时间和地点，是关系到买卖双方切身利益的重要问题，是交易双方洽商检验条款的核心。

在国际货物买卖合同中，根据贸易习惯和我国的业务实践，有关检验时间和地点的规定办法可归纳如下：

（一）在出口国检验

1. 产地（或工厂）检验

由出口国的产地（或工厂）检验人员，或按照合约规定会同买方验收人员于货物在产地或工厂发运前进行检验，卖方承担货物离厂前的责任。在运输过程中出现的品质、重量、数量等方面的风险，概由买方负责。这是国际贸易中普遍采用的习惯做法之一。

2. 装运港（地）检验

装运港（地）检验又称“离岸品质、离岸重量”（Sipping Quality and Weight），是指出口货物在装运港装船前，以双方约定的装运港商检机构验货后出具的品质、重量、数量和包装等检验证明，作为决定商品品质、重量和数量的最后依据。所谓最后依据，是指卖方取得商检机构出具的各项检验证书时，就意味着所检货物的品质和重量与合同的规定相符，买方无权对此提出任何异议，从而否定了他对货物的复检权。

（二）在进口国检验

1. 目的港（地）检验

目的港（地）检验习称为“到岸品质、到岸重量”（Landed Quality and Weight），是指货到目的港（地）卸离运输工具后，由双方约定的目的港（地）商检机构验货并出具品质、重量、数量检验证明作为最后依据。如发现货物的品质或者重量与合同规定的不符而责任属于卖方时，买方可依其提出索赔或按双方事先的约定处理。

2. 最终用户检验

对于精密包装的货物，或规格复杂、精密度高的货物，不能在使用之前拆开包装检验，或需要具备一定的检验条件和检验设备才能检验时，可将货物运至买方营业处或最终用户所在地进行检验。以那里的检验机构出具的品质、重量、数量证明作为最后依据。

（三）出口国检验、进口国复验

出口国装运港（地）检验，进口国目的港（地）复验。出口国装运港商检机构验货后出具的检验证明，作为卖方向银行议付或托收货款的单据之一，而不作为最后依据。货到目的港（地）后允许买方以双方约定的检验机构在规定的时间内进行复验，如发现货物的品质、重量或数量与合同规定的不符而责任属于卖方时，买方可以根据检验机构出具的复验证明，向卖方提出异议，并作为索赔的依据。

这种检验办法对买卖双方都有好处，且比较公平合理，符合国际贸易习惯和法律规则，因而在进出口业务中应用广泛，在我国国际贸易业务中也最为常用。

（四）装运港（地）检验重量、目的港（地）检验品质

装运港（地）检验重量、目的港（地）检验品质是以装运港检验机构验货后出具的重量证书为最后依据，以目的港检验机构出具的品质证书为最后依据。它被习惯称为“离岸重量、到岸品质”（Shipping Weight and Landed Quality）。这种做法多用于大宗商品交易的检验中，以调和买卖双方在检验问题上存在的矛盾。

四、检验机构与检验证书

（一）检验机构

国际贸易中的商品检验工作，一般是由专业性的检验部门或检验企业来办理，它们的名称很多，有的称公证鉴定人；有的称宣誓衡量人或实验室等，统称为商检机构或公证行，有时由买卖双方自己检验商品。在实际交易中，选用哪类检验机构检验商品，取决于各国的规章制度、商品性质以及交易条件等。检验机构的选择，一般也与检验的时间、地点联在一起。

国际贸易中，从事商品检验的机构大致有下述几类：①官方检验机构，即由国家设立的检验机构；②半官方检验机构，即指一些有一定权威的、由国家政府授权、代表政府行使某项商品检验或某一方面检验管理工作的民间机构；③非官方检验机构，即指由私人创办的、具有专业检验和鉴定技术能力的公证行或检验公司。

在我国，国家质量监督检验检疫总局是主管全国质量、计量、出入境商品检验、出入境卫生检疫、出入境动植物检疫、进出口食品安全和认证认可、标准化等工作，并行使行政执法职能的直属机构。

（二）检验证书

检验证书（Inspection Certificate）是检验机构对进出口商品进行检验、鉴定后签发的书面证明文件。

1. 检验证书的种类

国际货物买卖中的检验证书，种类繁多。在实际业务中，检验证书的种类和用途主要有：品质检验证书、重量或数量检验证书、兽医检验证书、卫生/健康证书、消毒检验证书、熏蒸证书、残损检验证书、积载鉴定证书、财产价值鉴定证书、船舱检验证书、生丝品级及公量检验证书、产地证明书、舱口检视证书、价值证明书、货载衡量检验证书、集装箱租箱交货检验证书等。

在国际商品买卖业务中，卖方究竟提供何种证书，要根据成交商品的种类、性质、有关法律和贸易习惯，以及政府的涉外经济贸易政策而定。因此，为了明确要求，分清责任，在检验条款中应订明所需证书的类别。

2. 检验证书的作用

上述各种检验证书是针对不同商品的不同检验项目而出具的，它们所起的作用基本相同，这就是：

（1）检验证书是证明卖方所交货物的品质、数量、包装以及卫生条件等方面是否符合合同规定的依据。如检验证书中所列结果与合同或信用证的规定不符，银行有权拒绝议付货款。

（2）检验证书是办理索赔和理赔的依据。如果买方收到的货物经指定的商检机构检验与合同规定不符，买方须在合同规定的索赔有效期内，凭指定的商检机构签发的检验证书向有关责任方提出索赔。

（3）检验证书是海关验关放行的依据。凡属法定检验范围的商品，必须向海关提供商检机构签发的检验证书。否则，海关不予放行。

（4）检验证书是卖方办理货款结算的依据。当规定在出口国检验、进口国复验时，一般都规定，卖方在向银行办理货款结算时，在所提交的单据中，必须包括检验证书。

在我国，检验证书通常是由国家出入境检验检疫局及其设在各地的分支机构签发，也可由中国对外贸易促进委员会或中国进出口商品检验总公司出具。

五、买卖合同中检验条款的规定方法

（一）出口合同中检验条款的规定

目前，在我国的出口贸易中，一般采用在出口国检验、进口国复验的办法。具体规定如下："双方同意以装运港中国进出口商品检验局签发的品质和数（重）量检验证书作为信用证项下议付单据的一部分。买方有权对货物的品质、数（重）量进行复验。复验费由买方负担。如发现品质或数（重）量与合同不符，买方有权向卖方索赔，但须提供经卖方同意的公证机构出具的检验报告。索赔期限为货到目的港××天内"。

（二）进口合同中的检验条款

双方同意以制造厂出具的品质及数（重）量证明书作为有关在信用证项下付款的单据之一。但是，货物的品质及数（重）量检验应按下列规定办理：货到目的港××天内，经中国进出口商品检验局复验，如发现品质或数（重）量与本合同规定不符时，除属保险公司或船公司负责者外，买方凭中国进出口商品检验局出具的检验证明书，向卖方提出退货或索赔。所有因退货或索赔引起的一切费用（包括检验费）及损失，均由卖方负担。在此情况下，凡货物适于抽样者，买方可应卖方要求，将货物的样品寄交卖方。

第二节　国际贸易异议与索赔

一、争议与索（理）赔的含义

所谓争议（Dispute），是指交易的一方认为对方未能部分或全部履行合同规定的责任与义务而引起的纠纷。

所谓索赔（Claim），是指遭受损害的一方在争议发生后，向违约方提出赔偿的要求，在法律上是指主张权利，在实际业务中，通常是指受害方因对方违约而根据合同或法律提出予以补救的主张。所谓理赔，是指违约方对受害方所提赔偿要求的受理与处理。索赔与理赔是一个问题的两个方面，在受害方是索赔，在违约方是理赔。

交易中双方产生争议，进而引发索赔的原因有很多，大致可归纳为以下几种情况。

（一）卖方违约

不按合同规定的交货期交货，或不交货，或所交货物的品质、规格、数量、包装等与合同（或信用证）规定不符，或所提供的货运单据种类不齐、份数不足等。

（二）买方违约

在按信用证支付方式成交的条件下，不按期开证或不开证；不按合同规定付款赎单无理拒收货物；在FOB条件下，不按合同规定如期派船接货等。

（三）买卖双方均负有违约责任

双方对合同条款规定得欠妥当、不明确，或同一合同的不同条款之间互相矛盾，致使双方当事人对合同规定的权利与义务的理解互不一致，导致合同的顺利履行产生困难，甚至发生争议，引起纠纷。

此外，对合同义务的重视不足，也是导致违约、发生纠纷的原因之一。

二、不同法律对违约行为的不同解释

违约（Breach of Contract）是指买卖双方之中，任何一方不履行合同规定的义务的行为。目前，各国和地区的合同法规都是以立法的形式赋予有效合同强制力，以保障当事人缔结的合同得到严格的执行。所以，当事人的任何一方如果不严格履约，就应承担违约的法律责任，而受害方也有权根据合同或有关法律规定提出损害补偿要求。

（一）大陆法的规定

大陆法国家一般将违约的形式概括为不履行合同和延迟履行合同两种情况。

前者又称为给付不能，是指债务人由于种种原因，不可能履行其合同义务。后者又称为给付延迟，是指债务人履行期已届满，而且是可能履行的，但债务人没有按期履行其合同义务。违约方是否要承担违约责任，则要看是否有归责于他的过失。如果有，过失违约方才承担违约的责任；但当事人不履约时，只要能证明自己无过错，就可不承担任何责任。

（二）英国法的规定

英国法将违约的形式划分为违反要件（Breach of Condition）和违反担保（Breach of Warranty）两种。

前者是指合同当事人违反合同中重要的、带有根本性的条款。按照英国法，买卖合同中关于履约的时间、货物的品质和数量等条款都属于合同的要件。后者是指当事人违反合同中次要的、从属于合同的条款。按照英国法的有关规定，在违反要件的情况下，受损的一方可以解除合同，并要求损害赔偿；而在违反担保的情况下，受损方可以要求赔偿损失，但不能拒绝履行合同的义务或解除合同。

（三）我国法律的规定

目前，我国有关法律规定，当事人一方不履行合同或者履行合同义务不符合约定条件（违反合同），另一方有权要求赔偿损失或者采取其他合理的补救措施。采取其他补救措施后，尚不能完全弥补另一方受到的损失的，另一方仍然有权要求赔偿损失。如当事人双方都违反合同的，则应各自承担相应的责任。

（四）《联合国国际货物销售合同公约》的规定

《联合国国际货物销售合同公约》将违约划分为根本性违约（Fundamental Breach of Contract）和非根本性违约（Non - fundamental Breach of Contract）。

根本性违约是指一方当事人违反合同的结果，如使另一方当事人蒙受损害，以至于实际上剥夺了他根据合同有权期待得到的东西，即为根本性违反合同，除非违反合同的一方并不预知而且同样一个通情达理的人处于相同情况中也没有理由预知会发生这种结果。而不构成根本性违约的情况，均视为非根本性违约。至于怎样才构成根本性违约，只能视具体情况而定。从法律结果来看，《公约》认为，构成根本性违约的，受害方可解除合同，并提出损害赔偿；反之，则只能请求损害赔偿。

三、异议和索赔条款

异议和索赔条款是国际货物买卖合同中的条款之一，它不仅约束卖方履行合同义务，也约束买方实际履行合同义务。因此，在一般的商品买卖合同中，多订有此条款。该条款除规定一方当事人如违反合同，另一方当事人有权提出索赔外，还包括索赔依据、索赔期限、处理索赔的办法以及索赔金额等内容。

（一）索赔依据

根据世界各国有关法律的规定，任何当事人提出索赔时，必须要有充分的证据。若证据不全或不清、出证机构不符合要求，都可能遭到对方拒赔。这里提到的证据包括法律依据、事实依据以及符合法律规定的出证机构。

法律依据是指一方当事人对违约事实提出的索赔事项，都必须符合合同和有关国家法律的规定。事实依据是指违约的事实、情节及其证据。各国法律对提供事实依据的要求是一方当事人提赔时，必须提供证明另一方违约的充分证据，以证明其违约的真实性。

（二）索赔期限

索赔期限亦称索赔的通知期限或索赔有效期，即指索赔方向违约方提赔的有效时限。超过索赔期限，受损害的一方即失去在交货的品质、数量等方面要求损害赔偿或其他补救措施以及宣告合同无效的权利。如果营业地处于公约缔约国的买卖双方，在合同中无约定索赔期限时，将以《联合国国际货物销售合同公约》规定的两年为索赔期限，自买方实际收到货物之日起算。

索赔期限通常指由当事人双方根据合同货物的种类、性质、检验、港口条件和检验所需时间等因素，达成一致意见，并在合同中加以约定。规定方法一般有：

（1）货物运抵目的港后××天起算。此种规定对买方不甚有利，因为载货的运输工具抵达目的港后，由于港口拥挤而不能及时靠码头卸货时，其等候泊位的时间将计入索赔期限内，这样，买方的索赔期限势必被缩短。

（2）货物运抵目的港卸至码头后××天起算。此种办法可以使买方充分利用所规定的索赔期限，从而充分保障行使索赔权。

（3）货物运抵最终目的地后××天起算。此种办法是指货物运抵买方、用户的营业处所或货物储存场所是在内陆地区。当货物的目的地不在港口城市时，可作此项规定。

（三）对索赔金额的规定

索赔金额通常在合同中只作一般的笼统规定。由于双方当事人在订约时很难预计未来货物受损的程度，从而难以确定索赔金额。而在业务实践中，关于索赔事件的发生，可能来自许多不同的业务环节，可供选择的违约补救办法又多种多样，故很难在订立合同时准确地加以规定。但根据以往的法院判例，索赔的金额一般包括实际损失加上预期的商业或生产利润。

（四）合同中的异议和索赔条款实例

若买方不履行本合同规定的任何义务，卖方有权全部或部分终止执行本合同，或延迟，或停交在途货物，在任何类似情况下，买方均负有赔偿卖方因此而蒙受的一切损失和所支付的费用的责任。

买方对于装运货物的任何索赔，必须于货到提单规定的目的地××天内提出，并须提供经卖方同意的公证机构出具的检验报告。

第三节　国际贸易中的不可抗力

一、不可抗力的含义

根据《中华人民共和国合同法》第一条的规定，不可抗力是指不能预见、不能避免并不能克服的客观情况。而国际贸易中的不可抗力（Force Majeure）又称人力不可抗拒，是指在货物买卖合同签订以后，不是由于订约者任何一方当事人的过失或疏忽，而是由于发生了当事人既不能预见、又无法事先采取预防措施的意外事故，以致不能履行或不能如期履行合同，遭受意外事故的一方可以免除履行合同的责任或延期履行合同。

不可抗力既是合同中的一项条款，也是一项法律的免责原则。这种免责，是指遭受意外事故的一方当事人免承损害赔偿之责；另一方当事人仍有除要求损害赔偿以外的其他任何权利，包括履约、减价和宣告合同无效等。

二、不可抗力的范围

不可抗力的范围很广，涉及的领域很多，且情况复杂多变，难以划定其确切的范围，但就其起因而论，可以分为以下几种情况。

（一）自然力量事故

自然力量的事故，是指非人类自己造成的事故。通常包括给人类造成灾害的诸多自然现象，如水灾、冰灾、火灾、风灾、暴风雨、雷电、大雪、地震、海啸、干旱、山崩、森林自燃等。

（二）政府行动

政府的行动，是指当事人签约后，有关政府当局发布了新的法律法规、行政措施，如颁布禁令、调整政策制度等。政府的这些行动往往影响到国际间经济贸易的正常开展，致使当事人不得不放弃履行原合同。

（三）社会异常事故

社会上出现的异常事故，如骚乱、暴动、战争、恐怖事件等，往往构成当事人履约的障碍。这类事故对于普通的合同当事人来说，也属于不可抗力，也是他们无法控制、不能预见和无法克服的。

由于不可抗力是一项免责条款，买卖双方（通常主要是卖方）都可以援引它来解释自身所承担的合同义务，这种援引在多数情况下是扩大不可抗力的范围，以减少自己的合同责任，有的卖方除把各种自然灾害列入外，还把生产制作过程中的意外事故，战争预兆罢工、货物集运中的事故、原材料匮乏、能源危机、原配件供应不及时等生产过程中的事故，以及航、陆运机构的怠慢、未按已预定日期出航等，统统归入不可抗力的范围。因此，在交易中应认真分析，区别不同情况，作出不同处理，防止盲目接受。

三、不可抗力的法律后果

根据《中华人民共和国合同法》第 117 条的规定，“因不可抗力不能履行合同的，根据不可抗力的影响，部分或者全部免除责任，但法律另有规定的除外。当事人延迟履行后发生不可抗力的，不能免除责任。”而《联合国国际货物销售合同公约》也规定，“一方当事人享受的免责权利只对履约障碍存在期间有效，如果合同未经双方同意宣告无效，则合同关系继续存在，一旦履行障碍消除，双方当事人仍须继续履行合同义务。”所以，不可抗力事件所引起的后果可能是解除合同也可能是延迟履行合同，应由双方按公约规定结合具体情势商定。

在国际贸易业务中，发生不可抗力事件后，买卖双方应按约定的处理原则和办法，并考虑相应的国际贸易惯例及时进行处理。究竟如何处理，应视事故的原因、性质、规模及其对履行合同所产生的实际影响程度而定。

四、援引不可抗力条款处理事故应注意的事项

当不可抗力事故发生后，合同当事人在援引不可抗力条款和处理不可抗力事故时，应注意如下事项。

（1）发生事故的一方当事人应按约定期限和方式及时将事故情况通知对方。根据《公约》规定，在不可抗力事件发生后，“一方当事人必须及时通知另一方，并提供必要的证明文件，而且在通知中应提出处理意见。如果因未及时通知而使另一方受到损害，则应负赔偿责任。”对方亦应于接到通知后及时答复，如有异议也应及时提出。

（2）双方当事人都要认真分析事故的性质，看其是否属于不可抗力事故的范围。

（3）发生事故的一方当事人应出具有效的证明文件，以作为发生事故的证据。

（4）双方当事人应就不可抗力的后果，按约定的处理原则和办法进行协商处理。处理时，应弄清情况，体现实事求是的精神。

此外，还应正确区分商业风险和不可抗力事件。商业风险往往也是无法预见和不可避免的，但它和不可抗力事件的根本区别在于一方当事人承担了风险损失后，有能力履行合同义务，典型情况是对“同种类货物”的处理，此类货物可以从市场中购得，因而卖方通常不能免除其交货责任。

我国进出口合同中常用的不可抗力条款列举如下：

如因战争、地震、水灾、火灾、暴风雨、雪灾或其他不可抗力的原因，致使卖方不能部分或全部装船或延迟装船，卖方对此均不负有责任。但卖方必须在事故发生时立即电告买方，并在事故发生后 15 天内航空邮寄给买方灾害发生地点之有关政府机关或商会所发给的证件以证实灾害存在。除因不可抗力导致装船延迟或不能交货外，如卖方不能在合同规定期限内发船，则应赔偿买方直接由于延期交货或不能按合同条件交货所遭受之一切损失及费用。人力不可抗拒事故继续存在 60 天以上时，买方有权撤销合同或合同中未发运的部分。

第四节　国际贸易仲裁

一、解决国际贸易争议的方式

在国际贸易中，买卖双方签订合同后，由于种种原因，没有如约履行，从而引起争议。而解决争议的方式有很多，既可以由当事人双方自行协商处理，也可以由第三方出面调解，还可以通过仲裁或交司法机关审理。这些做法各有特点，也各有利弊。

（一）协商

协商（Consultation），又称友好协商，它是指在发生争议后，由当事人双方直接进行磋商，自行解决纠纷。在协商过程中，当事人通过摆事实、讲道理，弄清是非曲直和责任所在，必要时，由双方各自作出一定让步，最后达成和解，消除分歧。

（二）调解

调解（Conciliation）是指发生争议后，双方协商不成，则可邀请第三方居间调停。调停的作用是帮助当事人弄清事实，分清是非，并找到一种双方均可接受的解决办法。在运用该方式时，是以双方当事人自愿为前提，一方当事人或调解员不得强迫另一方当事人接受调解。

（三）诉讼

诉讼（Litigation）即打官司，是指由司法部门按法律程序来解决双方的贸易争议。在争议出现后，可由任何一方当事人，依照一定的法律程序，向有管辖权的法院提起诉讼要求法院依法予以审理，并作出公正的判决。该方式的运用通常是由于争议所涉及的金额较大，双方都不肯让步，或者一方缺乏解决问题的诚意，通过协商或调解难以达成协议以致诉诸法律解决。

（四）仲裁

仲裁（Arbitration），亦称公断，是指买卖双方按照在争议发生之前或之后签订的协议自愿把他们之间的争议交给仲裁机构进行裁决，并约定裁决是终局的，具有法律的强制性对双方均有约束力。若对方不执行裁决，另一方有权向法院起诉，要求予以强制执行。

由于仲裁有其自身的立法及程序，断案迅速，仲裁员一般具有较丰富的专业知识和审案经验，从而为确切、合理、公正地解决争议提供了有利条件。因此，仲裁在解决争议方面得到了国际贸易界的普遍承认和广泛应用。

二、仲裁的特点

仲裁一直是解决国际贸易争议的首选方式。和其他争议解决方式相比，仲裁具有以下优点。

（一）一裁终局

仲裁裁决对当事人具有约束力，并可强制执行。仲裁裁决不同于法院判决，仲裁裁决不能上诉，一经作出即为终局，对当事人具有约束力。

（二）当事人意思自治

在仲裁中，当事人享有选定仲裁员、仲裁地、仲裁语言以及适用法律的自由。当事人还可以就开庭审理、证据的提交和意见的陈述等事项达成协议，设计符合自己特殊需要的仲裁程序。

（三）仲裁具有保密性

仲裁案件不公开审理，一般不损伤当事人双方的业务关系，有益于买卖业务的继续开展，从而可以有效地保护当事人的商业秘密和商业信誉。

（四）仲裁费用合理

与诉讼相比，仲裁具有一裁终局、程序快捷等特点，因此对当事人而言，采用仲裁比采用诉讼更为经济。

三、我国涉外仲裁案件的类型

我国的涉外仲裁案件，主要来自不同合同主体所签经济合同及其法律关系方面的争议。根据2005年实施的《中国国际经济贸易仲裁委员会仲裁规则》第3条的规定，中国国际经济贸易仲裁委员会以仲裁的方式，解决契约性或非契约性的经济贸易等争议。具体包括：①国际的或涉外的争议案件；②涉及香港特别行政区、澳门特别行政区或台湾地区的争议案件；③国内争议案件。

根据《中国国际经济贸易仲裁委员会金融争议仲裁规则》第2条的规定，仲裁委员会受理当事人之间因金融交易而发生的或与此有关的争议，包括但不限于下列交易：货款；存单；担保；信用证；票据；基金交易和基金托管；债券；托收和外汇汇款；保险理赔；银行间的偿付约定；证券和期货。

但中国国际经济贸易仲裁委员会不受理以下争议：①婚姻、收养、监护、扶养、继承争议；②依法应当由行政机关处理的行政争议；③劳动争议和农村集体经济组织内部的农业承包合同争议。

四、仲裁协议

仲裁协议是指当事人在合同中约定的或单独订立的提交仲裁的书面协议。它是当事人提起仲裁案件的重要法律依据，是申请仲裁的必备材料。

（一）仲裁协议的形式

在我国，解决国际贸易争议的仲裁协议必须是书面的。它既包括当事人双方为解决争议而特意签订的协议，也包括当事人之间以书面达成的其他形式的协议，如相互交换的信函、电子邮件和电传等。

仲裁协议主要有两种形式：一种是由双方当事人在争议发生之前订立的，表示同意把将来可能发生的争议提交仲裁解决的协议，这种协议一般都已包含在合同内，作为合同的一项条款，即我们所说的仲裁条款（Arbitration Clause）；另一种是由双方当事人在争议发生之后订立的，表示同意把已经发生的争议交付仲裁的协议，这种协议被称为提交仲裁的协议（Arbitration Submission）。

这两种仲裁协议的形式虽然不同，但其法律作用与效力是相同的。

（二）仲裁协议的作用

1. 约束双方当事人只能以仲裁方式解决争议

由于已签有仲裁协议，当事人之间一旦发生争议，就只能以仲裁方式来解决，向仲裁机构提出仲裁申请，既不得任意改变仲裁机构和仲裁地点，更不得单方面地要求撤销仲裁协议。

2. 撤销法院对有关案件的管辖权

只要双方当事人一经订立仲裁协议，则任何一方都不得向法院提起诉讼。如果一方违背仲裁协议，自行向法院起诉，另一方可根据仲裁协议作出抗辩，要求法院予以撤案，并将争议案件退回仲裁机构予以审理。

3. 仲裁机构取得对有关案件的管辖权

日后一方当事人如将争议案件提交仲裁，而另一方如果在规定的时限内未出庭应诉，则仲裁机构有权进行缺席审理和作出缺席裁决。

案例思考

案情：我国某公司与外商订立一项出口合同，在合同中明确规定了仲裁条款，约定在履约过程中如发生争议，在中国仲裁。后来，双方对商品品质发生争议，对方在其所在地法院起诉我公司，法院发来传票，传我公司出庭应诉。对此，你认为我公司该如何处理？简述理由。

分析：仲裁协议排除了法院对有关争议案的管辖权，就是说，只要双方订立了仲裁条款或其他形式的仲裁协议，就不能把有关争议案件提交法院审理，如果任何一方违反协议，自行向法院提起诉讼，对方可根据仲裁协议要求法院停止司法诉讼程序，把有关争议案发还仲裁庭审理。在本案中，由于买卖双方在合同中已经明确规定了仲裁条款，因此，外商在其所在地法院起诉我公司的行为是不成立的。

五、仲裁条款

目前我国进出口贸易合同中的仲裁条款一般包括：提请仲裁的事项、仲裁地点、仲裁机构、仲裁程序规则的适用、仲裁裁决的效力以及仲裁费用的承担等。

（一）仲裁事项

仲裁事项是指当事人提交仲裁解决的争议范围，也是仲裁庭依法管辖的范围。凡日后所发生的争议超出所规定的范围时，仲裁庭无权受理。所以，在仲裁协议中一定要规定清楚仲裁事项。

（二）仲裁地点

在国际贸易实践中，仲裁地点与仲裁所适用的程序法以及合同所适用的实体法关系甚为密切。仲裁地点不同，适用的法律可能不同，对买卖双方的权利、义务的解释就会有差别，其结果也会不同。我国进出口贸易合同中的仲裁地点，一般应力争规定在我国仲裁。

（三）仲裁机构

目前我国有常设的仲裁机构，即设在北京的中国国际经济贸易仲裁委员会及其分别设在深圳和上海的分会。

世界许多国家也都有常设的国际贸易仲裁机构，如英国伦敦仲裁院、瑞典斯德哥尔摩商会仲裁院、瑞士苏黎世商会仲裁院、日本国际商事仲裁协会、美国仲裁协会、意大利仲裁协会等。国际组织的仲裁机构有设在巴黎的国际商会仲裁院。

（四）仲裁程序

仲裁程序主要是规定进行仲裁的手续、步骤和做法，其中包括仲裁申请、仲裁员指定、仲裁庭组成、仲裁答辩与反诉、仲裁审理、仲裁裁决及仲裁费用等各方面的内容，同时为当事人和仲裁机构所共同遵守。

我国现行的仲裁程序规则是自 2005 年 5 月 1 日起施行的《中国国际经济贸易仲裁委员会仲裁规则》。根据该规则规定，凡当事人同意将其争议提交中国国际经济贸易仲裁委员会仲裁的，均视为同意按本规则进行仲裁。

（五）仲裁裁决的效力

根据中国仲裁规则规定，仲裁庭应当根据事实，依照法律和合同规定，参照国际惯例，并遵循公平合理原则，独立公正地作出裁决。仲裁裁决是终局的，对双方当事人均有约束力，任何一方当事人不得向法院起诉，也不得向其他任何机构提出变更裁决的请求。

（六）仲裁费用的负担

通常在仲裁条款中会明确规定出仲裁费用由谁负担，一般规定由败诉方承担，也有的规定由仲裁庭酌情决定。

（七）中国国际经济贸易仲裁委员会仲裁示范条款

凡因本合同引起的或与本合同有关的任何争议，均应提交中国国际经济贸易仲裁委员会，按照该会现行的仲裁规则，由申请人选定在该会总会或深圳分会或上海分会进行仲裁。仲裁裁决是终局的，对双方均有约束力。

本章主要术语

商品检验　出口国检验　进口国检验　检验机构　检验证书　检验条款　国际贸易争议　索赔　不可抗力　国际贸易仲裁

复习思考题

1. 在国际货物买卖合同中规定违约金条款有何意义？该条款应包括哪些基本内容？规定该条款时应注意哪些事项？

2. 为什么要在合同中订立不可抗力条款？不可抗力事故引起的后果怎样？合同中的不可抗力条款包括哪些内容？

3. 仲裁协议有哪几种形式？其作用如何？

4. 为什么仲裁是解决国际经贸争议的重要方式？在国际货物买卖合同中为什么要规定条款？仲裁条款应包括哪些主要内容？

第十二章　国际货物买卖合同的磋商与订立

学习目标：

了解国际货物买卖合同的特点、地位、适用的法律规范；
掌握国际货物合同有效成立的条件、基本内容；
掌握国际货物买卖合同的交易条款；
熟知国际货物买卖合同的磋商与订立。

引例：

2007年1月15日，我国某进出口公司（以下简称“A公司”）接到以前无任何业务往来的法国B公司的询价，询问A公司是否有松节油供货。随即A公司业务科长向国内C工厂电话询问近期松节油报价。在电话中落实了存货数量、价格和近期可以供货的肯定答复后，该业务科长当天在C工厂口头报价的基础上，加上若干利润以传真方式向法国B公司报价：“现有松节油450桶，2月底交货，每桶130美元，FOB大连，不可撤销即期信用证付款。”16天后，A公司接到B公司按其报价条件开来的信用证，于是立即向C工厂发出订货函，并付出一笔定金。但第二天C工厂以缺乏原料和春节放假为由，通知A公司要求延迟交货期至3月下旬，否则不接受订货。如果A公司同意C工厂延期交货，显然无法依信用证规定的期限交货。对此，A公司业务科长认为：“既然我们收到了对方的信用证，说明我们知道了对方已经接受我方发价的事实，对方已经用申请银行开证的行为作出了接受，合同已经成立。”

思考：B公司根据A公司的报价条件向其开出信用证是否构成接受呢？

第一节　国际货物买卖合同概述

国际货物买卖合同是合同的一种类型。对于合同的概念，各国法律有不同的解释。例如，英美法系解释合同为：合同是可以依法执行的允诺（Promise）；而大陆法系对合同的解释有所不同，如《法国民法典》规定：合同是一人或数人对另一人或另数人承担给付某物、做或不做事的义务的合意（Consensus)；又如中国《合同法》规定：合同是平等主体的自然人、法人、其他组织之间设立、变更、终止民事权利义务关系的协议。通过对上述概念的考察和综合，我们可以对合同的概念表述如下：合同（Contracts）是两个或两个以上当事人依照法律通过协商所达成的设立、变更、终止他们间权利义务关系的一种具有法律约束力的协议。

各国对合同的概念解释不尽相同，并且合同种类繁多，因此，需要对国际货物买卖合同的概念做一般性的解释。根据《联合国国际货物销售合同公约》（1980年）的规定，国际货物买卖合同（Contract for the International Sale of Goods）是指营业地处于不同国家的当事人之间所订立的货物买卖合同。国际货物买卖合同又称国际货物销售合同或国际货物进出口合同。

一、国际货物买卖合同的特点

在国际贸易中，国际货物买卖合同的当事人处于不同的国家，因此国际货物买卖合同与国内货物买卖合同相比，具有不同的特点。

（一）国际性

即订立国际货物买卖合同的当事人的营业地在不同的国家，不管合同当事人的国籍是什么。如果当事人的营业地在不同的国家，其签订的合同即为“国际性”合同；反之，合同被称为“国内”合同。如果当事人没有营业地，则以其长期居住所在地为“营业地”。

（二）合同的标的物是货物

国际货物买卖合同的标的物是货物，即有形动产，而不是股票、债券、投资证券、流通票据或其他财产，也不包括不动产和提供劳务的交易。

（三）国际货物买卖合同的货物必须由一国境内运往他国境内

国际货物买卖合同的订立可以在不同的国家完成，也可以在一个国家完成，但履行合同时，卖方交付的货物必须运往他国境内，并在他国境内完成货物交付。

（四）国际货物买卖合同具有涉外因素

调整国际货物买卖合同的法律涉及不同国家的法律制度、适用的国际贸易公约或国际贸易惯例。

二、国际货物买卖合同的地位

国际货物买卖合同是国际贸易中最为重要和最基本的合同，这是因为：

（1）在国际货物买卖合同签订后，为履行该合同产生的其他各种合同是辅助性合同。在对外经济活动中，签订完国际货物买卖合同，为了履行该合同，需要与承运方订立国内或国际运输合同，与保险公司订立货物运输保险合同，与银行订立托收货款、支付价款合同等。这些合同是以国际货物买卖合同为中心建立的，但又独立于国际货物买卖合同，不受其约束。然而，其他的各种合同是为了履行国际货物买卖合同服务的，都要与国际货物买卖合同条款规定一致，是辅助性的合同。

（2）国际货物买卖是国际贸易中最基本的和最原始的方式，其他交易方式都是在国际贸易发展到一定阶段后逐步发展起来的，因此，国际货物买卖是国际贸易其他交易方式的基础。

（3）国际货物买卖在国际贸易中占有极为重要的地位，国际贸易包括国际货物买卖、国际技术贸易、国际服务贸易等交易方式。其中，国际货物的买卖是对外经济活动中最主要的和最基本的交易方式，而且在多种贸易方式中，逐笔成交、以货币结算的单边进出口方式仍占主导地位，而国际货物买卖主要是通过签订国际货物买卖合同来进行的。即使在合资经营、合作经营方式上，一般也要涉及货物的进口和出口，或是外商以货物资本投入，或是合资、合作企业进口所需物资，或是将其产品出口销售，因此也涉及国际货物买卖合同。

三、国际货物买卖合同适用的法律规范

国际货物买卖合同是营业地处于不同国家的当事人之间订立的货物买卖合同，体现了当事人的经济关系，需要运用法律来调整当事人之间的关系。因此国际货物买卖合同不仅是当事人之间的经济关系，而且是当事人之间的法律关系。但是由于国际货物买卖合同当事人分别处于不同的国家，并且各国的有关法律存在着某些差异，一旦发生合同纠纷，就涉及该合同适用哪个国家的法律问题，即究竟是适用国内法，还是适用国外法，或是适用某一国际公约。这就是国际货物买卖合同的法律适用问题。适用不同的法律，可能导致不同的法律结果，对合同双方当事人的切身利益有着重大影响。因此，在签订国际货物买卖合同时，比较有经验的当事人都很重视法律适用问题。

在国际贸易中，解决法律适用问题通常有两种方法：第一种方法是由合同当事人经过磋商，在合同中订立法律适用条款，明确规定该合同适用的法律；第二种方法是，当双方当事人未在合同中规定该合同的适用法律，一旦发生争执，就由受理案件的法院或仲裁机构依据法律适用规则确定该合同所适用的法律。无论是在哪种情况下，国际货物买卖合同适用的法律一般包括国内法、国际贸易惯例和国际公约三类。

（一）合同有关国家国内的相关法律

国际货物买卖合同首先必须符合国内法，即符合合同当事人所在国的国内法律。但是国际货物买卖合同双方当事人处于不同国家，他们各自都需要遵守所在国的法律，而各国的相关法律规定往往不一致，从而导致“法律冲突”。

为了解决“法律冲突”，各国法律通常都对国际货物买卖合同的法律适用原则作出具体规定。我国法律对涉外经济合同的法律适用原则也与国际通用规则接轨。在我国新《合同法》中规定：涉外合同的当事人可以选择处理合同争议所适用的法律，但法律另有规定的除外。涉外合同的当事人没有选择的，适用与合同最密切联系的国家法律。

下面是一些有关货物买卖合同的适用法律：《法国民法典》；《德国民法典》；《日本民法典》；英国《货物买卖法》；美国《统一商法典》；《中华人民共和国合同法》（1999 年修订）。

（二）国际贸易惯例

国际贸易惯例（International Trade Practice）也是国际货物买卖合同应当遵循的法律规范，它涉及国际贸易实务活动的许多方面，对国际贸易实务活动具有重要的指导和制约作用。它是在国际贸易长期实践的基础上逐渐形成的一些较为明确的和固定内容的贸易习惯和一般做法，包括一些成文或不成文的通则、准则、规则。国际贸易惯例的特点是不具有法律的强制性，而是以当事人的意思自治为基础。如果合同当事人在合同中同意采用某种惯例来约束该项交易或是合同当事人在合同中既未排除也未注明合同适用某项惯例，在合同执行中发生争议时，受理法院或仲裁机构引用该国际贸易惯例进行判决或裁决，国际贸易惯例就具有了法律约束力，这是因为各国法律或国际公约赋予了它法律效力。如果合同当事人在合同中作出与某项惯例不符的规定，则该项惯例对合同没有法律约束力。

在实践中，国际贸易惯例通常为大多数国家的贸易界人士所熟知、经常运用和遵守。国际贸易惯例虽不是国际性法律，但某些规则或解释经长期的运用和发展，已经被写入法律之中，成为法律条款；有些惯例成为国际上或区域性条约和协定的内容，这些惯例就上升为法律规定了。

常用的国际贸易惯例有：①《1932 年华沙—牛津规则》（Warsaw - Oxford Rules 1932）；②《1941 年美国对外贸易定义修订本》（Revised American Foreign Trade Definitions 1941）；③《2010 年国际贸易术语解释通则》（International Rules for the Interpretation Of Trade Terms 2010. INCOTERMS 2000）

（三）国际条约

国际条约是两个或两个以上主权国家为确定彼此间经济、贸易、航海等方面的权利和义务而缔造的诸如公约、协定、议定书等各种协议的总称。对缔约国来说，国际条约是该国涉外经济贸易法的组成部分。根据“条约必须遵守”的国际法惯例，国际货物买卖合同的订立和履行还必须符合当事人所在国缔结或参加的与合同有关的双边或多边国际条约；如果缔约国的企业或个人在对外经济活动中违反了这些条约的规定，该企业或个人所在缔约国司法机构必须予以制约。

有关国际货物买卖合同的国际公约主要是1988年生效的《联合国国际货物销售合同公约》（United Nations Convention on Contracts for the International Sale of Goods，CISG）。它是与我国对外经济贸易活动关系最大、最重要的一项国际贸易条约。

《联合国国际货物销售合同公约》是联合国贸易法委员会在《国际货物买卖统一法》和《国际货物买卖合同订立统一法》基础上，广泛听取了各方面的意见，经过认真研究、准备和草拟，于1980年在维也纳召开的外交会议上讨论修改和通过的，并于1988年1月1日生效。该公约共分为四个部分：①适用范围和总则；②合同的订立；③货物销售；④最后条款。全文共101条。

我国是《联合国国际货物销售合同公约》的最早缔约国之一。我国政府曾派代表参加了1980年的维也纳会议，并在1986年12月核准了该公约。但应当注意的是，我国在核准该公约时，根据该公约的第95条和第96条规定提出了两点重要的保留：

（1）关于公约适用范围的保留。《联合国国际货物销售合同公约》第1条（1）款（b）项规定：双方当事人的营业地处于不同的国家，即使他们的营业地所在国不是该公约的缔约国，如果按照国际私法规则导致适用某一缔约国的法律，则该公约也将适用于这些当事人之间订立的国际货物买卖合同。对于这一点，我国在核准该公约时提出了保留，即我国不同意扩大该公约的适用范围，并指出我国认为该公约的适用范围仅限于营业地处于不同缔约国的当事人之间订立的国际货物买卖合同。

（2）关于合同形式的保留。《联合国国际货物销售合同公约》第11条规定："销售合同无须以书面订立或书面证明，在形式方面也不受任何其他条件的限制。销售合同可以用包括人证在内的任何方法证明。"即该公约对国际货物买卖合同没有提出任何特定的形式要求，无论采取口头形式或采用书面形式订立合同都是有效的。这一规定以及其他类似内容的规定，同我国当时的《涉外经济合同法》关于涉外经济合同必须采取书面形式的规定不一致。因此我国对此提出了保留，即该公约的上述规定对中国不适用。但在1999年颁布实施的新《中华人民共和国合同法》中对此进行了修订，并与该公约相一致。

四、国际货物买卖合同有效成立的条件

国际货物买卖合同必须符合有关法律规范，才能构成有效的合同，否则不具有法律效力的合同是不受法律保护的。但国际货物买卖合同的有效成立的条件，各国民法典、商法的规定不尽相同。综合起来看，国际货物买卖合同有效成立的条件主要有以下几方面。

（一）合同双方当事人必须具有法律行为资格和能力

签订合同的当事人主要是自然人和法人，其必须具备法律行为资格和能力。如果合同当事人是“自然人”，则他首先必须是公民，然后必须具有签订合同的行为能力，即自然人必须是精神正常的成年公民。未成年人、精神病人在发病期间、醉汉在神志不清时，其所签订的合同无效，可以免去合同的法律责任。如果合同当事人是“法人”，则其行为人应是企业的全权代表；如果签订行为人不是全权代表，要订立合同时，一般应有全权代表的授权证明书、委托书或类似的文件。

在我国，只有经过政府批准的有外贸经营权的企业，才能从事对外贸易活动，才能在经营商品的范围内对外订立国际货物买卖合同。

（二）合同当事人必须在自愿和真实的基础上达成一致协议

根据“契约自由”的原则，合同订立必须建立在双方当事人自愿的基础上，一方自愿邀请发价，另一方明确表示愿意承诺，双方自愿表示达成协议的诚意，承诺履行合同所规定的责任与义务。这样签订的合同才能成为有法律约束力的合同，如果一方当事人在受到强制、威胁、暴力或欺诈的情况下订立了合同，则订立的合同在法律上视为无效合同。

（三）合同必须有对价或约因

国际货物买卖合同涉及有偿的交换。英美法系对有偿交换称为“对价”(Consideration)，法国法对此称为“约因”(Cause)。所谓“对价”或“约因”是指在合同中一方所享有的权利以另一方所负有的义务为基础，卖方负有交付约定货物的义务和享有取得买方货款的权利，而买方负有支付货款的义务和取得卖方货物的权利。如果买卖双方违反了对价或约因，不按合同条款交货或付款，都负有赔偿对方损失的责任。

（四）合同的标的内容必须合法

所有的国家法律对订立合同都有一定的限制，即合同必须合法。一般包括：①合同标的内容不得违反有关国家法律强制规定，即不得违法；②不得违反公共秩序或损害公共利益；③合同标的内容的确定应遵循公平原则。凡是违反上述规定的合同一律无效。货物必须是政府允许进出口的商品；政府管制的商品，必须先取得进出口许可证或配额；外汇的收付必须符合国家规定。有些国家的法律还把限制价格、限制销售地区、限制竞争等的合同视为非法。

（五）合同必须符合法律规定的形式

世界各国对合同采取怎样的形式构成有效成立，有不同的规定。有些国家法律规定允许使用口头形式；有些国家则规定必须采用书面形式；或是超过一定金额的合同必须采用书面形式，而不承认口头合同的有效性。《联合国国际货物销售合同公约》则允许采用书面形式、口头形式和其他形式。我国新颁布实施的《中华人民共和国合同法》也与国际贸易公约接轨，规定合同可以采用书面形式、口头形式和其他形式。

上述五个方面构成了国际货物买卖合同有效性的基本条件。有效的合同具有法律效力，受到法律的保护。合同当事人任何一方都无权单方面变更、终止合同；如果在履行过程中产生合同纠纷和争议，有效的合同是解决纠纷和争议的法律依据，司法机关或仲裁机构审理合同纠纷和争议时，将根据合同规定的条款按照法律和国际惯例判定双方应尽的责任、义务或赔偿损失，并在必要时强制执行。

五、国际货物买卖合同的基本内容

国际货物买卖合同不仅是当事人各自履行约定义务的依据，也是履行合同过程中发生争议时，进行补救、处理争议的法律依据。为此，一项有效的国际货物买卖合同应包括以下基本内容。

（一）合同的标的

在国际货物买卖中，明确合同的标的，从法律上说是规定了买卖双方在货物交收方面的基本权利和义务；从业务上说是规定了交易的物质内容。因此，在合同中规定标的物，不仅是货物交收的基本依据之一，也是交易赖以进行的物质基础和前提。国际货物买卖的标的通常必须具备三个条件：①必须是合法的；②必须是卖方所占有的；③必须是不涉及第三者权益的。标的的内容主要包括商品的品名、品质、数量和包装等。

（二）商品买卖的价格

商品的价格是买卖双方磋商的一项重要内容，它涉及买卖双方的利害关系，在国际市场上，商品的价格不仅受国际价值的影响，而且受政治、经济等各方面因素的影响。因此，正确地制定和掌握商品的价格，是买卖双方洽谈交易和订立合同时的一个重要问题。商品的价格主要涉及商品的单位价格和总价，国际贸易中惯用的某种价格术语、作价办法、佣金和折扣、支付方式和价格调整条款等内容。

（三）买卖双方的义务

在国际贸易中，由于商品不同、贸易条件不同，所选用的惯例不同，故每一份合同中所规定的当事人的权利和义务也不一样。卖方的义务主要包括，按照合同规定交付货物；移交一切与货物有关的单据；转移货物的所有权等。买方的义务主要包括：按照合同规定支付货款和收取货物等。

（四）争议的预防与处理

买卖合同订立后，卖方和买方都有可能发生违约行为。如卖方不交货，不按时、按质、按量交货，或不按合同规定提交与货物有关的单据等；买方无理拒收货物或拒绝支付货款等。为了防止违约或争议的发生以及对违约的补救或处理争议，买卖双方商订合同时，需要在合同中订立检验、索赔、不可抗力和仲裁条款等。

（五）其他基本条款

如合同当事人的名称或姓名、国籍、主营业场所或住所；合同使用的文字及其效力；合同签订的日期、地点；合同转让等内容。

第二节　国际货物买卖合同的交易前准备与磋商

国际货物买卖是围绕着国际货物买卖合同这一中心而展开的，国际货物买卖合同的运作流程包括交易前准备阶段、交易磋商阶段、合同签订阶段和合同履行阶段。

一、交易前的准备阶段

无论进口商还是出口商，只有在交易之前做好充分的准备，才有可能顺利地磋商和签订合同，提高交易的成功率。这些准备工作主要包括选配贸易谈判人员，市场调研，客户调研，制定进出口商品经营方案等。

（一）选配贸易谈判人员

高素质的贸易谈判人员是确保交易磋商成功的关键，为保证磋商顺利进行，应事先选配优秀的谈判人员。国际货物买卖是跨国交易，其程序、参与方、市场和文化背景以及所涉及的法律、法规都十分复杂，所以，参加交易洽谈的人员不仅要具有认真负责的工作态度，同时还要掌握较为广泛的国际贸易业务知识。除了一般的商品知识外，还要了解运输、保险、国际结算、国际金融等方面的知识，熟悉有关的国际惯例和法律（尤其是《合同法》、《公约》)，精通国际市场营销的一般方法和规律。

在大宗交易或其他内容复杂的交易中，由于洽谈人员不可能精通所有相关知识，因而有必要组织一个有力的谈判团队。在该团队中，应当包括熟悉商务、技术、法律和财务的人员，他们不仅要掌握谈判技巧，善于应变，还要具有良好的团队精神，能在谈判过程中精诚合作，在知识上互相补充、谋求一致。

（二）市场调研

在洽商交易之前，必须加强对国外市场的调研工作，通过各种途径广泛收集国外市场资料，了解市场供求状况、价格动态、各国有关进出口的政策、法规和惯例，以便从中确定最恰当的目标市场。对于出口商来说这意味着选择销售市场，对进口商来说则是选择采购市场。

对于出口商来说，应着重了解特定市场的人口、气候、语言、度量衡制度；清楚消费者的购买能力和消费习惯、消费水平；调查其商品在该市场是否适销，是否存在竞争产品或替代品以及其竞争力如何，自身产品是否具有价格、性能、质量或服务上的独特优势；了解目标市场上的供求关系以及影响供求关系变动的各种因素。如生产周期、产品销售周期等；研究市场价格的变动趋势及其影响因素，如经济周期、通货膨胀、市场竞争强度、投机活动、自然灾害、季节变动等社会的、经济的和自然的因素。此外，还要对市场所在地的进口管制、外汇管制及海关制度等情况作认真分析，这样才能选择一个较为适当的销售市场。

对于进口商来说，应认真比较各个不同市场上商品的品质、规格、性能、花色品种、生产技术及工艺的先进程度等，并结合汇率变动情况，考察商品的本币价格，做到货比三家，从而选择我们最需要的、价格最合理的商品。

对国外市场的调研可通过以下途径来开展：查阅既有信息，如公共商业图书馆、商业学报、商会发布的信息文件、政府出口部门及贸易协会的记录、贸易及商业杂志；通过因特网进行网上调研；聘请专业的市场调研代理或购买专业信息服务商提供的信息；通过参加对外贸易使团或贸易博览会、交流会获得第一手资料（直接印象）等。

（三）客户调研

在交易之前，应对客户的资信情况进行全面调查。对客户的资信调查主要从以下方面进行。

支付能力。主要是了解客户的财力，其中包括注册资本的大小、融资渠道、营业额的大小、潜在资本、资本负债和借贷能力等。

客户背景。主要是指客户的政治经济背景、政治态度以及对我们的态度。

经营范围。主要指企业经营的品种、经营的性质、经营业务的范围、合作还是独资经营，以及是否同我国做过交易等。

经营能力。主要是指客户的活动能力、购销渠道、联系网络、贸易关系和经营做法等。

经营作风。主要是指企业经营的作风和客户的商业信誉、商业道德、服务态度和公共关系水平等。

此外，对于选择供货商或进口商来说，在坚持以上原则的基础上，更要特别注意对方所提供的商品是否先进、适用以及交易条件是否对我方有利。

在以上调查的基础上，进/出口商应尽量选择政治上友好、资信状况良好、经营能力较强的客户作为交易对象，并与之建立稳定的贸易关系。

市场调研的各种途径可同样适用于客户调研。稍微不同的一点是，客户调研可在实际的业务接触和交往活动中进行，也就是对老客户进行评估。对于信誉良好的老客户，进/出口商应不断巩固合作关系。同时，也要积极地通过其他各种途径，发展并建立新的客户关系，以在国际市场上形成一个广泛的有基础、有活力的客户群。

（四）制定进出口商品经营方案

出口商品经营方案。出口商品经营方案是在一定时期内对外推销商品和安排出口业务的具体安排，是对外洽商交易的依据。其主要内容包括：

（1）国内货源情况。主要包括国内生产能力、可供出口的数量，以及商品的品质规格和包装等情况。

（2）国外市场情况。主要包括国外市场需求情况、供求和价格变动情况。

（3）出口经济效益。包括出口成本、出口盈亏率和出口换汇成本等。通过核算同类商品在不同时期的出口经济效益，有助于出口商改进经营管理；而对同类商品出口到不同国家和地区的经济效益的比较，则可以为选择市场提供依据。

（4）销售计划和措施。包括分国别和地区、按品种数量与金额列明销售的计划进度，以及按销售计划采取的措施，如对客户的利用，贸易方式、收汇方式的应用，对价格佣金和折扣的掌握。

对于大宗商品或重点销售的商品，通常是逐个制定出口商品经营方案；对其他一般商品可以按商品大类制定经营方案；对一些中小商品或成交额不大的商品，则仅制定内容简单的价格方案即可。同时，还要做好出口商品的商标注册和广告宣传工作。出口商可委托国外的代理人或广告商，或自己通过广播、电视、报刊等媒体，或通过举办展览、印发宣传品等各种方式，将产品的用途及突出特点介绍给特定市场上的消费者，力求加深消费者对商品的印象和好感。

（五）进口商品经营方案

进口商品经营方案是为了完成进口任务而确定的各项具体安排，是进口商对外洽商交易、采购商品和安排进口业务的主要依据。凡涉及大宗或重要商品的进口，一般都要在交易前制定进口经营方案，其主要内容大致包括以下几个方面。

订货数量。根据国内需要的轻重缓急和国外市场的具体情况，适当安排订货数量和进度。在保证满足国内需要的情况下，争取在有利的时机成交。

采购市场。根据国别/地区政策和国外市场条件，合理安排进口国别/地区，既要选择对我们有利的市场，又不宜过分集中在某一市场，力争使采购市场的布局合理。

交易对象。要选择资信好、经营能力强并对我们友好的客户作为交易对象。为了减少中间环节和节约外汇，一般应向厂家直接采购。

交易价格。根据国际市场近期价格，并结合采购意图，拟定出价格掌握的幅度，以作为谈判交易的依据。同时，在初步确定交易价格时，还要充分考虑融资成本以及汇率变动的因素，尽量计算出不同报价实际的本币价格。

贸易方式。贸易方式有很多种，我们可以采用招标方式采购，也可以按补偿贸易方式，同时可采用一般的单边进口方式订购。具体如何选择，应根据采购的数量、品种、贸易习惯做法等酌情掌握。

交易条件的掌握。应当注意的是，有些商品是受国家进口管制的，进口商必须先从国家有关机构办理进口许可证方能办理进口手续。另外，如果进口商还没有自营进口的权利，则必须先与有进口经营权的企业签订代理进口的合同，由后者代理进口其所需商品。

对一些中小商品或成交额不大的商品，一般仅制定内容简单的价格方案即可。

二、交易磋商阶段

交易磋商（Business Negotiation）通常又称作贸易谈判，指买卖双方就买卖商品的有关条件进行协商以期达成交易的过程。交易磋商是合同订立的基础，没有交易磋商就没有合同的产生，交易磋商工作的好坏，直接影响到合同的签订和履行，关系到双方从交易中所获利益的大小，因而必须谨慎对待。

交易磋商在形式上可分为口头和书面两种。口头磋商既可以是在谈判桌上面对面地谈判，如参加各种交易会、洽谈会，以及贸易小组出访、邀请客户来访等，也可以通过电话来进行。书面磋商是指通过信函、电报、电传等方式进行交易洽谈。此外，随着电子商务在国际贸易中的普及，交易磋商正越来越多地直接通过计算机在国际互联网上进行。通过口头谈判或书面磋商，双方在交易条件方面达成协议后，即可制作正式书面合同。

交易磋商的内容涉及拟签订合同的各项条款，其中包括商品名称、品质、数量、包装、价格、装运、保险、支付方式，以及商品检验、索赔、仲裁和不可抗力等。在使用格式合同的情况下，这些条款可作为一般交易条件出现在合同中，因而它们并非每次都要一一列出、逐条商讨。此外，在许多老客户之间，大多以事先就“一般交易条件”达成了协议，或者双方在长期的交易过程中已经形成了一些习惯做法，或者双方已经订立了长期的贸易协议，在这些情况下，也不需要在每笔交易中对各项条款进行一一协商。

交易磋商一般包括询盘、发盘、还盘、接受四个环节，其中发盘和接受是每笔交易必不可少的两个基本环节。只要一方被另一方有效接受，便达到了合同成立的实质性的要求。《联合国国际货物销售合同公约》（以下简称《公约》）第 11 条规定：“销售合同无须书面订立或书面证明，在形式方面也不受任何其他条件的限制，销售合同可以用包括人证在内的任何方法证明。”我国《合同法》的规定也取消了必须采用书面形式的保留意见，但当事人约定采用书面合同的应当采用书面形式。

（一）询盘

询盘（Enquiry）是指交易的一方打算购买或出售某种商品，向对方询问买卖该项商品的有关条件，或者就该项交易提出带有保留条件的建议。在实际业务中，询盘通常由买方向卖方发出，一般被称为“邀请发盘”；它也可以由卖方发出，习惯上将其称为“邀请递盘”。询盘的内容以对价格的询问为主，所以询盘又称作询价；但有时也会涉及商品的规格、品质、数量、包装、交货期，以及索取样品、商品目录等。询盘往往是交易的起点，但并不是交易磋商的必经阶段。

询盘可采用口头的方式，也可采用书面的方式。书面方式有书信、电报、传真、询价单。电报、传真询盘由于传递速度快，在业务中采用较多。

询盘人发出询盘的目的有时只是为了了解市场行情，有时则是为了表达与对方成交的愿望，希望对方能及时发盘。询盘中涉及的交易条件往往不够明确或带有某些保留条件，因此它对询盘人和被询盘人都没有法律上的约束力。如果被询盘人愿意与询盘人成交，还需同对方进行进一步的磋商。不过，虽然询盘对询盘人没有约束，但也要慎重，不要乱发询盘，特别是在进口业务中，以免引起不良后果。因为乱发询盘，很可能引来大量发盘，而买方又不能全买，这样会影响双方的合作。同时也容易把自己的意图泄漏出去，形成高价发盘。

（二）发盘

发盘（Offer）又称发价、报盘或报价，是指交易一方（发盘人）向对方（受盘人）提出交易条件，并愿意按此条件达成交易、签订合同买卖某种商品的一种表示。

发盘可以是应对方的邀请发盘做出的答复，也可以是在没有邀请的情况下直接发出。在实际业务中，发盘多由卖方发出，这种发盘称为售货发盘（Selling Offer），也可以由买方发出，称为购货发盘（Buying offer）或递盘（Bid）。

发盘在《合同法》中称为要约，具有法律效力。因而，它既是一项是商业行为，又是一种法律行为。在发盘有效期内，发盘人不能任意撤销或修改其内容。如果受盘人在有效期内对该发盘表示无条件地接受，发盘人就必须按发盘条件与其成交，签订合同，否则即为违约，要承担相应的法律责任。需要指出的是，无论是买方发盘还是卖方发盘，其法律后果都一样，即发盘一经对方无条件接受，就算达成交易，买卖合同即告成立。

发盘可以口头进行，也可以以书面进行。下面是一个电报发盘的实例。

offer 5 000 dozen sport shirt sampled March 15th USD 84.5

Per dozen CIF New York export standard packing May/June shipment irrevocable sight L/C subject reply here 20th

（兹发盘 5 000 打运动衫，规格按 3 月 15 日样品，每打 CIF 纽约价 84.5 美元，标准出口包装，5—6 月装运，以不可撤销信用证支付，限 20 日回复）。

1. 构成发盘的条件

根据《公约》第 14 条第一款解释："向一个或一个以上特定的人提出订立合同的建议，如果十分确定，并且表明发盘人在得到接受时承受约束的意旨，即构成发盘。"据此，一项有效的发盘应具备以下几个条件。

（1）发盘必须向一个或一个以上的特定的人提出。在发盘中必须指定一个或多个可以对发盘表示接受的人，也就是说，受盘人必须确定。如果发盘中没有指定受盘人，它便不能构成有法律约束力的发盘，而只能被看做邀请发盘，比如，向国外客户广为散发的商品目录、价格表等。

（2）发盘的内容必须十分确定。对于什么是"十分确定"，不同国家有不同的解释。《公约》的解释是在发盘中明确货物，规定数量和价格。在规定数量和价格的时候，可以明示，也可以暗示，还可以只规定确定数量和价格的方法。但在我国的贸易业务中，一般要求交易条件是完整的，也就是要求在发盘中列明商品名称、品质或规格、数量、包装、价格、交货、支付等主要条件。应该说，后者相对于前者的风险更小，更容易避免纠纷，有助于交易的顺利进行。当然，如果交易双方已就"一般交易条件"达成协议，或已在长期的贸易往来中形成了某种习惯做法，或由于在发盘中援引了过去的函电或过去的国际经济贸易实例，那么发盘中的一些交易条件也可以省略，此时它仍然是一项完整的发盘。

发盘中交易条件的表述不能含糊不清，不能用诸如"大概"、"大约"、"仅供参考"之类的词句。而且发盘必须是终局性的，不得附加任何保留及限制条件，如"以我方最终确认为准"。

（3）发盘人必须表明发盘人愿意按照发盘中的各项条件同对方签订合同的意思，即发盘人在发盘时向对方表示，在得到有效接受时双方即可按发盘的内容订立合同。发盘人在发盘中是否有这种意思表示，不必一定要求发盘中有"实盘"之类的字样，更重要的是取决于发盘的整个内容是否确定。如果受盘人对此不能确定，则应向发盘人提出，不能任意猜测。

（4）发盘必须送达受盘人。按照《公约》第 15 条的解释："发盘于送达受盘人时生效。"也就是说，发盘虽已发出，但在到达受盘人之前并不产生对发盘人的约束力，受盘人也只有在接到发盘后，才可考虑接受与否的问题，在此之前，即使受盘人已经通过其他途径知道了发盘的内容，也不能主动对该发盘表示接受。

以上是构成有效发盘的四个条件，也是考察发盘是否具有法律效力的标准，一个有效发盘必须同时满足这四个条件。否则，即使发盘上注明“实盘”或类似字样，也不能使发盘具有法律约束力。

2. 发盘的有效期

发盘中通常都规定有效期，作为发盘人受约束的期限和受盘人接受的有效时限。只有在有效期内，受盘人对发盘的接受才有效，发盘人才承担按发盘条件与受盘人成交的法律责任。

有效期可在发盘中进行明确的规定。在实际业务中常见的一种做法是在发盘中规定一个最后时限。这时，发盘人要说明该日期是受盘人发出接受通知的最后期限，还是接受通知送达发盘人的最后期限，以及该日期以何处时间为准。也可以在发盘中只规定一段有效期限，如“Offer valid within 3 days”(本发盘有效期 3 天)。此时，若发盘是以电报或信函方式发出的，有效期从电报拍发或信函寄出时起算；若该发盘是以电传形式发出，则有效期从发盘送达受盘人时起算。

另外应注意的是，规定有效期并非构成发盘的必要条件。如果发盘中没有明确有效期，受盘人应在合理时间内接受，否则无效。“合理时间”需视交易的具体情况而定，一般按照商品的特点和行业习惯或国际惯例处理。对于像有色金属、棉花、粮食等市场行情不稳定、价格变动幅度大的大宗商品，有效期应短一些；反之则可长一些。

若发盘采用的是口头形式，则除非双方另有约定，受盘人必须立即表示接受才有效。

3. 发盘的撤回和撤销

关于发盘的撤回，《公约》第 15 条第二款规定：“一项发盘，即使是不可撤销的，也可以撤回，如果撤回的通知在发盘到达受盘人之前或同时到达受盘人。”也就是说，只要发盘还未生效，对发盘人就还未产生约束力，发盘是可以撤回的。所以发盘人要想撤回发盘，必须以更快的通信方式使撤回的通知赶在发盘到达受盘人之前到达受盘人，或起码与之同时到达。否则就不是撤回的问题，而是撤销了。

发盘的撤销与撤回不同，它是指发盘送达受盘人，即已生效后，发盘人再通知受盘人取消该发盘，解除自己在发盘项下所应承担的法律责任的行为。对于发盘生效后能否再撤销的问题，各国合同法的规定有较大分歧。英美等国采用的普通法认为，发盘在原则上对发盘人没有约束力。除了受盘人已经给予了发盘人一定的对价（或称“约因”）或者发盘人以签字蜡封的形式发盘的情况，在受盘人接受之前，发盘人可以随时撤销发盘或变更内容。美国《统一商法典》则对上述原则做了修改，承认在一定的条件下（发盘人是商人，以书面形式发盘，有效期不超过三个月）无对价的发盘亦不得撤销。大陆法中的德国法认为，发盘原则上对发盘人有约束力，除非他在发盘中已表明不受约束。法国虽然允许发盘人在有效期内撤销其发盘，但判例表明，他必须承担赔偿责任。

《公约》对这些不同的规定做了折中，其第16条的规定是：未订立合同之前，如果撤销的通知于受盘人发出接受通知之前送达受盘人，发盘可以撤销。

但在下列情况下，发盘不得撤销：①发盘中写明了发盘的有效期或以其他方式表明发盘是不可撤销的；②受盘人有理由信赖该发盘是不可撤销的，而且已本着对该发盘的信赖行事。

我国法律承认《公约》的规定，认为发盘可以撤销和撤回。但在实际业务中，为了减少纠纷，维护我方发盘的严肃性和进出口商的信誉，应尽量减少对发盘的撤销。

4. 发盘的失效

《公约》第17条规定："一项发盘，即使是不可撤销的，于拒绝通知到达发盘人时终止。"就是说，若受盘人在对发盘表示拒绝后又表示接受，即使原发盘仍在有效期内，其效力也会随着受盘人的拒绝送达而丧失，发盘人将不再受其约束，除非他愿意对该项接受予以确认。除此以外，以下情况也可造成发盘的失效。

受盘人做出还盘。还盘实际上也是对原发盘的拒绝，因而也会是发盘失效。

发盘人依法撤销发盘。

发盘中规定的有效期届满。若受盘人没有在发盘规定的有效期或一段合理的时间内做出接受，则该发盘自动失去效力。

不可抗拒力。非当事人所能控制的意外事故造成发盘的失效，如政府禁令或限制措施、战争、罢工等。

在发盘被接受前，当事人丧失行为能力或死亡或法人破产等。

（三）还盘

还盘（counter offer）又称还价，是指受盘人不同意或不完全同意发盘人在发盘中提出的条件，为了进一步协商，对发盘提出修改或变更的意见。还盘实际上是对原发盘的拒绝，同时也是受盘人向原发盘人做出的一项新的发盘。还盘一旦做出，原发盘即失去效力，同时还盘一方与原发盘人在地位上发生变化，分别成为新的发盘人和受盘人。因而，与发盘一样，还盘也存在一个效力问题，这与发盘是一致的，只有具有约束力的还盘才能成为一项新的发盘。

还盘可以用口头方式或者其他方式表达出来，一般与发盘采用的方式相符。还盘可以是针对价格，也可以是针对品质、数量、交货的时间及地点、支付方式等重要条件提出修改意见。

这里值得注意的是，还盘人对原发盘所表示的异议应该是实质性的。换言之，还盘是对交易条件的实质性变更。如果受盘人的答复仅对一些非实质性的、细枝末节的内容作了添加或修改，“除发盘人在不过分延迟的期间内以口头或书面通知反对其间的差异外”（《公约》第19条第二款），将构成接受，而非还盘。

（四）接受

所谓接受（Acceptance），是指交易的一方无条件地同意对方在发盘或还盘中所提出的交易条件，并以声明或行为表示愿意按照这些条件与之成交、签订合同。这在法律上叫承诺。接受如同发盘一样，既属商业行为，也属于法律行为。发盘一经接受，合同即告成立，对买卖双方都产生了法律上的约束力。

1. 构成一项有效接受的条件

（1）接受必须由受盘人做出。这一条件是与构成发盘的第一个条件相呼应的。发盘必须向特定的人发出，即表示发盘人愿意按发盘中的条件与对方订立合同，但这并不意味他愿意按这些条件与任何人订立合同。因此，接受只能由受盘人做出，才具有效力。任何第三人对发盘的接受对发盘人都没有约束力，只能被看做对发盘人的一项新发盘。

（2）接受的内容必须与发盘的内容相一致。接受是受盘人无条件同意发盘人所提出的内容的意思表示。接受的内容应当与发盘的内容相一致。如果受盘人在接受中将发盘的内容进行添加或更改，则此项接受就不是接受而是一项新的发盘，是对原发盘的拒绝。但如果这种添加或更改并非实质性的，该回复仍能具有接受的效力。对此，《公约》第19条第二款规定：“对发盘表示接受但载有添加或更改内容的答复，应视为对发盘的拒绝，并构成新发盘；但如接受所载的内容实质上并没有变更该项发盘的条件，则除发盘人在不过分延迟的时期内提出反对外，仍可构成接受。”如果发盘人不提出异议，合同条件将包括接受中所载的更改内容。

根据《公约》的规定，有关货物的价格、付款、货物质量与数量、交货地点与时间、一方当事人对另一方当事人的赔偿责任范围或解决争端的添加或者不同条件，均视为在实质上变更了发盘的条件。除此以外，对发盘内容的变更，如要求提供某种单据、要求增加单据的份数、要求将货物分成两批装运等，均属非实质性变更。

（3）接受必须采取明示的方式。接受必须由特定的受盘人表示出来，缄默或不采取任何行动不能构成接受（《公约》第19条第二款）。表示方式一般应采用与发盘相同的传递方式，但如果接受人采用的方式比发盘人所规定采用的方式更为快捷，也视为有效。它可以是口头声明，也可以是书面声明；在发盘中有规定或者交易双方已形成某种习惯做法时，也可以通过某些行为来表示，如买方立即开来信用证的行为或卖方立即发货的行为。

（4）接受必须在发盘的有效期内做出并送达发盘人。发盘中通常都规定有有效期，受盘人只有有效期内做出的接受，才有法律效力。如发盘中未规定有效期则应在合理的时间内做出接受方为有效。但在国际贸易中，由于各种原因，经常会出现受盘人的接受通知晚于发盘人规定的有效期送达的情况，这在法律上称为“迟到的接受”。对于这种接受，发盘人不受其约束，不具法律效力。但在以下两种情况下，该逾期接受仍有效力（《公约》第21条）：①如果发盘人毫不延迟地用口头或声明形式将表示同意的意思通知受盘人；②如果载有逾期接受的信件或其他书面文件表明，它在传递正常的情况下是能够及时送达发盘人的，那么这项逾期接受仍具接受的效力，除非发盘人毫不延迟地用口头或书面方式通知受盘人，他认为发盘已经失效。可见，《公约》一方面主张逾期的接受没有效力，另一方面又承认这种接受能否产生效力应取决于发盘人。

2. 接受的生效和撤回

关于接受在什么情况下生效，各个国家的不同法律体系存在明显的分歧。英美法系实行“投邮生效”的原则，这是指在采用信件、电报等通信方式表示接受时，只要发出的时间是在有效期内，接受的函电一经发出立即生效，即使函电在邮途中延误或遗失，也不影响合同的成立。在大陆法中，以德国法为代表采用的是“到达生效”原则，即表示接受的函电须在规定的时间内送达发盘人，接受方能生效。因此，函电如果在邮递途中发生延误或遗失，合同不能成立。《公约》采用的是到达生效的原则。《公约》第18条中明确规定：“接受发盘于表示同意的通知到达发盘人时生效。”这是针对书面形式的接受的规定。如果双方以口头方式磋商，《公约》规定：“对口头发盘必须立即接受，但情况有别时不在此限。”这里所说的“情况有别”指的是发盘中有特殊的规定或双方另有约定。如果受盘人以行为表示接受，那么这种接受何时生效呢？《公约》第18条第三款规定：“（受盘人）无须向发盘人发出通知，接受于该项行为做出时生效，但该项行为必须在上一款所规定的期间内做出。”

《公约》第22条规定：“接受可以撤回，如果撤回通知于接受原应生效之前或同时送达发盘人。”也就是说，接受与发盘一样，在发出后可以撤回，但必须是在其生效前。如果接受生效，合同即告成立，受盘人则不能撤回其接受。但在英美法系中，由于对接受的效力采用“投邮生效”原则，接受一经投邮就已生效，合同即告成立，因而不存在撤回的问题；大陆法的规定则与《公约》一致，受盘人在做出接受后，原则上是可以撤回的，只要撤回的通知先于或同时于接受的通知到达发盘人。在实际业务中，我们应注意各国法律规定上的这种差别，以免产生误解或争议。

3. 对综合盘和复合盘的接受

综合盘又称联合发盘或一揽子发盘，是指将两个或两个以上的发盘搭配在一起，作为一个发盘对外发出。对于这种发盘，受盘人只能全部接受或全部拒绝，不能只接受或其中之一，否则即构成还盘。

复合盘是发盘人向受盘人同时发出两个或两个以上彼此独立的发盘，受盘人可选择其愿意接受的一部分发盘表示接受。

第三节 国际货物买卖合同的订立

在国际货物买卖交易中，买卖合同的订立，对买卖双方来说十分重要。合同关系建立后，当事方就要受双方商定的交易条件的约束。

一、合同的形式

合同可以采用书面形式、口头形式和其他形式。《公约》第 11 条规定："销售合同无须以书面订立或书面证明，在形式上也不受任何其他条件的限制。销售合同可以用包括证人在内的任何方法证明。"口头合同是指通过口头协商达成的协议，在实际业务中较少采用。在实际业务中，买卖双方达成协议后，通常都要制作书面合同将各自的权利和义务用书面的形式加以明确。

在国际贸易中，订立书面合同具有重要的意义。

首先，书面合同是合同成立的证据。对以口头协商达成的协议，书面合同的作用和意义尤为明显。依照法律要求，凡是合同必须提供证据，以证明合同关系的存在。双方当事人一旦发生分歧，提交仲裁或诉讼，仲裁员或法官首先要求当事人提供证据，以确认合同关系的存在。如仅是口头协议，往往是"空口无凭"，不能提供充足证据，很难受到法律的保护。因此，尽管有些国家的合同法并不否认口头合同的效力，但在国际贸易中，一般多要求签订书面合同，以作为合同成立的证据。

其次，书面合同是履行合同的依据。实际业务中，双方一般都要求将各自的权利义务用文字规定下来，以作为履行合同的依据。

第三，书面合同有时也是合同生效的条件。一般情况下，合同的生效是以接受生效为条件的，只要接受生效，合同就成立。这是多数国家合同法的规定。《公约》第 23 条也规定："合同于按照本公约规定对发价的接受生效时订立。"但在特定的环境下，签订书面合同却成为合同生效的条件。例如，中国《合同法》第 10 条规定："法律、行政法规规定采用书面形式的，应当采用书面形式。当事人约定采用书面形式的，应当采用书面形式。"

二、合同的内容

一份正式的进出口合同，内容应全面、完整、具体和准确，一般由以下几部分组成。

（一）约首部分

（1）合同的名称和编号。合同名称必须正确体现合同的内容。合同的编号应按规定，分别用英文字母、阿拉伯数字为代号编制。

（2）合同的前文。又称约首，是合同的序言部分，包括订约日期、当事人姓名及法定地址、签约地址、签约原由等。

（二）基本条款

基本条款是合同的主体，一般包括以下内容。

（1）合同的核心条款。包括品名、品质、数量、价格、包装、支付、交货、保险以及检验条款等。

（2）通用条款。如不可抗力、索赔、仲裁条款。

（3）特别条款。如许可证条款、税收条款及汇率条款等。

（三）约尾部分

包括合同的有效期，使用文字的效力及合同份数，买卖双方当事人签字等。

三、有效合同的要件

合同要产生法律效力，还要具备其他一些法律所规定的条件，否则不受法律保护。关于合同生效的条件，各国的法律规定不尽相同。但综合来看，主要要求具备以下几个条件。

（一）合同当事人必须具有缔约能力

签订买卖合同的当事人主要为自然人或法人。按各国法律一般规定，对于自然人，只有精神正常的成年人才能订立合同，未成年人、精神病人、酗酒人或禁治产人订立合同必须受到限制；如果是法人，则必须在法人的经营范围内签订合同，越权的合同一般无效。

（二）合同必须有对价或合法的约因

对价（Consideration）是指当事人为了获得合同中某项允诺所付出的代价。在法律上，对价的作用是对允诺方产生约束力。约因是指当事人签订合同所追求的直接目的。按照英美法和法国法的规定，合同只有在有对价或约因时，才能得到法律的保障。

（三）合同的标的和内容必须合法

包括不得违反法律，不得违反公共秩序或公共政策，以及不得违反善良风俗或道德三个方面。我国《合同法》第 7 条规定，“当事人订立、履行合同应当依照法律、行政法规，尊重社会公德，不得扰乱社会经济秩序，损害社会公共利益。”

（四）合同的形式必须符合法律规定的要求

世界上大多数国家，只对少数合同才要求必须按法律规定的特定形式订立，而对大多数合同，一般不从法律上规定其应当采取的形式。我国《合同法》第 10 条规定，“当事人订立合同，有书面形式、口头形式和其他形式。”

（五）当事人必须在自愿和真实的基础上达成协议

各国法律都认为，合同当事人的意思表示必须是自愿、真实的，才能成为一项有约束力的合同，否则这种合同无效。

本章主要术语

国际货物买卖合同　国际贸易惯例　国际条约　合同交易条款　不可抗力　交易前的准备　询盘　发盘　还盘　接受　合同的订立 有效合同　对价　约因

复习思考题

1. 国际货物买卖合同有效成立的条件有哪些？

2. 磋商交易中可能出现哪些环节？为什么发盘和接受是其不可缺少的基本环节？

3. 发盘能否撤回和撤销？《联合国国际货物销售合同公约》关于发盘的撤回与撤销问题是怎样规定的？

阅读资料

[1] 逯宇铎．国际贸易实务 [M]．大连：大连理工大学出版社，2010.

[2] 徐景霖．国际贸易实务 [M] 大连：东北财经大学出版社，2003.

[3] 熊良福．国际贸易实务新编 [M]．武汉：武汉大学出版社，2007.

第十三章　进出口合同的履行

学习目标：

了解国际货物买卖合同的特点、地位、适用的法律规范；

掌握国际货物合同有效成立的条件、基本内容；

掌握国际货物买卖合同的交易条款；

熟知国际货物买卖合同的磋商与订立。

引例：

某公司以 CIF 鹿特丹出口食品 1 000 箱，即期信用证付款。货物装运后，凭已装船清洁提单和已投保一切险和战争险的保险单，向银行收妥货款。货到目的港后经进口人复验，发现下列情况。

（1）该批货物共有 10 个批号，抽查 20 箱，发现其中 2 个批号涉及 200 箱内含沙门氏细菌超过进口国标准。

（2）收货人共收 998 箱，短少两箱。

（3）有 15 箱货物外表状况良好，但箱内共短少货物 60 千克。

试分析以上情况，进口商应分别向谁索赔，并说明理由。

案例分析：

第一种情况应向卖方索赔，属于原装货物有内在缺陷。

第二种情况应向承运人索赔，因承运人签发清洁提单，货到目的地后应如数交货。

第三种情况可以向保险公司索赔，属承保范围以内的损失，但如进口人能举证原装数量不足，也可向卖方索赔。

买卖双方经过交易磋商、达成协议进而签订合同后，就进入了合同履行阶段，亦即己方义务的实际履行和对方权利的实际实现阶段。在国际贸易中，买卖合同一经依法成立，有关当事人就必须按时、按质、按量地履行合同的规定，这不仅关系到买卖双方行使和取得各自的权利和义务，而且关系到企业和国家的对外声誉。

合同的履行是当事双方的共同责任，下面我们分别从进口商和出口商的角度予以介绍。

第一节　出口合同的履行

按照《公约》第30条规定："卖方必须按照合同和本公约的规定，交付货物，移交一切与货物有关的单据并转移货物所有权。"然而，在实际的出口业务中，由于每一笔交易中的商品品种、贸易条件以及所选用的惯例不同，合同规定的当事人的权利和义务也各不相同，合同的履行往往要经过不同的环节。在我国的出口业务中，最常见的就是以信用证为支付方式、以海运为运输方式的CIF与CFR合同。在履行这类合同时往往要经过备货、报验、催证、审证、改证、租船订舱、报关、保险、装运、制单结汇等诸多环节，只有将这些环节做好，使其环环紧扣，才能避免有货无证、有证无货、有船无货、有货无船等诸多问题，使出口企业在按合同规定出运货物，提供全套合格单据，顺利从进口方取得货款，安全收汇。

一、备货和报验

备货指出口人根据合同规定的品质、规格、数量、包装等条件准备好货物，以便按质、按量、按时地完成交货义务。需要进行检验的出口商品，还应及时向出入境检验检疫机构报验。

（一）备货

备货一般在合同签订后开始进行，外贸公司首先向生产或供货单位下达联系单，安排生产或催交货物，并要求后者按联系单的内容对货物进行加工、整理、刷制唛头，再由外贸公司对货物进行核实、验收，以便货物提前验收入仓。有的商品进仓后，尚须根据出口合同规定对入库货物再进行加工整理或重新包装并刷好唛头，才能使货物符合合同中规定的要求。然后，填制货物出仓申请单，待得到储运部货物出仓通知单后，即可办理其他手续。

在出口备货时，一般要注意以下几个问题。

（1）货物的品质、规格及花色搭配应与合同规定完全一致，对不符合规定的商品应立即更换，以免买方拒收货物或提出索赔要求，给出口方在经济和声誉上造成损害。如系凭样品达成的合同，则必须与样品相一致；如既凭文字说明又凭样品达成的合同，则两者均须相符。

（2）货物的包装要与合同规定一致。卖方必须按照合同规定的包装方式交付货物。倘若合同对包装未作具体规定，应按《公约》第35条第二款的规定："应按照同类货物通用的方式装箱或包装。如果没有此种通用方式，则应按照足以保全和保护货物的方式装箱或包装。"若发现包装不妥，要立即更换或修整。

(3) 运输标志（唛头）的式样，如合同有规定或客户另有指定的，则应按合同或信用证中的规定办理；如合同未规定，客户对此又无要求的，则由我方自行选定刷制，而且要做到字迹清晰、位置醒目、刷制正确。如进口国有关当局规定包装标志必须使用特定文字的，应予照办。

(4) 备货的数量应保证能满足合同或信用证的要求，一般要比合同规定稍多一些，以便在装船发现货物短缺或损坏时能及时补足或更换，从而避免发生少装。

(5) 备货时应注意信用证规定的最迟装运期与船期情况，尽可能做到船货衔接，以避免船等货或货等船的现象，从而节约各种费用。

(6) 若货物比较特殊、不易转售，出口方最好在收到信用证并审核无误后再开始备货，以免因对方违约拒不开证而造成被动。

（二）报验

针对不同商品的情况和出口合同的规定，对出口货物进行检验，也是备货工作的重要内容。出口商在货物备齐后，就应向出入境检验检疫机构申请检验。只有取得出入境检验检疫机构发给的合格的检验证书，海关才准放行；凡经检验不合格的货物，一律无法出口。

凡属法定检验的出口商品，必须根据《中华人民共和国进出口商品检验法》及其实施条例，《中华人民共和国进出境动植物检疫法》及其实施条例，《中华人民共和国国境卫生检疫法》及其实施细则，《中华人民共和国食品卫生法》与国家质量监督检验检疫局制定的《出入境检验检疫报检规定》的规定，在规定的地点和期限内，持出口合同、信用证副本、发票、装箱单以及其他必要的证单向出入境检验检疫机构报检。此时，出口商要填制“出口报验申请单”，表明货物的品名、规格、数量、包装、产地等内容。在检验部门对货物进行抽样检验合格后，对出口企业发给检验证书。应注意的是，若出口企业未能在商检证书的有效期内将货物运出，应向商检局申请复验，复验合格，商品才能出口。

对于不属于法定检验范围的出口商品，出口合同约定由检验检疫机构检验的，也需按合同规定，持买卖合同等有关证单向检验检疫机构报验。

二、催证、审证、改证

在凭信用证支付的交易中，落实信用证是履行出口合同至关重要的环节，因为它将直接关系到出口商能否安全、顺利地结汇。落实信用证通常包括催证、审证和改证三项内容。

（一）催证

催证是指卖方催促买方按照合同规定的开证时间及时开立信用证，并送达卖方，以便卖方按时将货物装运交付。在凭信用证支付的交易中，按合同规定及时开立信用证本来是买方的主要义务之一，但买方往往因市场行情变化或资金周转困难、进口国外汇管制加强、商品市场行情发生不利于买方的变化等原因而拖延开证。这可能会使出口方错过船期，不能按时履约。在这种情况下，出口方应催促买方尽快开证，并在对方仍不开证时声明保留索赔权，或拒绝交货。另外，如果我方根据备货和承运船舶的情况可以提前装运时，也可商请对方提前开证。

出口商可以信函、电报、电传、传真等方式直接向国外客户催证，必要时还可商请银行或我驻外机构等有关机构或代理商给予协助和配合代为催证。

（二）审证

审证是指卖方对国外买方通过开证银行开来的信用证内容进行全面审查，以确定是否接受或向买方提出需要其修改某些内容。信用证是依据合同开立的，信用证内容应该与合同条款一致。但在实际工作中，由于工作的疏忽、电文传递的错误或者进口商故意加列对其有利的附加条款等因素，往往会出现信用证条款和合同条款不符的情况。此时，如果卖方按信用证条款发货，在买方国家市场行情不好的情况下，很容易被其以货物不符合合同为由拒绝收货，从而造成损失；如果以合同条款发货，由于信用证的“独立性”，在卖方凭单索汇时银行经常会拒付，从而无法顺利结汇。所以，出口商在接到对方开来的信用证时，一定要严格审证，以便在信用证存在问题时及时通知对方改证。审核信用证的基本原则就是要求信用证条款与合同中的规定相一致，除非事先征得我方出口企业的同意，否则在信用证中不得增减和改变合同条款的内容。

在实际业务中，审核信用证是银行与进出口公司的共同责任。由于银行与出口企业的分工不同，因而在审核内容上各有侧重。银行着重负责审核有关开证行的政治背景、资信能力、付款责任以及索汇路线等方面的条款和规定，进出口公司着重审核信用证的条款是否与买卖合同的规定相一致。

一般来说，对信用证的审核应包括以下要点。

（1）对开证行资信的审查。凡是资信情况不好、经营作风欠佳的银行开来的信用证，原则上应拒绝接受，并请客户另行委托我方允许往来的其他银行开证。

（2）对信用证是否已经生效、有无保留或限制性条款的审核。遇到包含“详情后告”、“经我方确认生效”等字样的信用证，出口企业应及时与对方协商该证。

（3）对信用证不可撤销性的审核。信用证是否是不可撤销的，直接关系到我方交付货物后能否安全收汇。我方一般只接受不可撤销的国外来证。

以上三点是银行审证的重点，出口企业制作复核性审查。出口企业重点根据合同规定做好以下专项审核。

（4）审核信用证中对商品名称、质量、规格、数量、包装、唛头等的规定是否与合同条款相符。若信用证中对此加列某些特殊规定，要认真考虑我方能否接受。

（5）信用证中的货币与金额是否与合同规定相同。信用证所采用的货币及金额应与合同一致。若信用证规定商品在数量上可以有一定幅度的增减，金额也应规定有相同幅度的增减，否则，信用证金额不得小于发票和汇票金额。

（6）审核信用证对装运期、有效期、交单期及到期地点的规定。对装运期的规定应与合同规定相一致。若出口企业由于种种原因不能按时出运货物，应及时要求买方展期。若信用证中未规定装运期，则信用证的有效期即被视为装运期。有效期与装运期之间应有一定的时间间隔，以使出口企业在出运货物、取得货运单据后有足够的时间制单和议付。再者，交单期也应合理，以免因交单期太短而难以及时向银行交单议付。关于信用证的到期地点，通常要求规定在中国境内到期，如将到期地点规定在国外，一般不宜轻易接受。

（7）审核信用证单据条款。检查信用证中是否有要求合同规定以外的单据，是否对单据的内容、种类、填制方法等提出了特殊要求。若发现有我方不能同意的特殊要求，应立即要求对方改证。

（8）审查信用证运输条款。信用证对装运港（起运地）、目的港（目的地），以及对转运与分批装运的规定应与合同一致。除非合同中有明确规定，出口方应要求信用证允许转运或分批装运，或对此不作规定。另外，还应审查信用证对分批装运是否有特殊要求。

（9）审查开证申请人和受益人。开证申请人大都是买卖合同的对方当事人即买方，但也可能是对方的客户即实际买主或第二买主，因此对其名称和地址均应仔细核对，防止张冠李戴，错发错运受益人。

（10）审查信用证中是否规定有特殊条款。我方一般不接受特殊条款中的各种规定。特别要注意信用证中的“软条款”，如有“软条款”，应立即要求对方更正。

（三）改证

在审证时，如果发现违背国家政策或出口企业无法办到的、与合同规定不相符的内容，应立即要求对方到原开证行申请改证。对于可改可不改的，或经过适当努力可以做到的，则可酌情处理，或不做修改，按信用证规定办理。

对于收到的信用证修改通知书，要认真进行审核，如发现修改内容有误或我方不能同意，我方有权拒绝接受，但应及时将做出拒绝修改的通知送交通知行，以免影响合同的顺利履行。按照《UCP 600》的规定，对于信用证的修改通知书，卖方只能选择全部接受或全部拒绝，不能接受其中的一部分内容而拒绝另一部分内容。若出口方没有明确表示接受修改通知或按修改通知中的规定向银行交单，则可认为原信用证对出口企业继续有效。

三、租船订舱和装船

各出口企业在备货的同时，还应及时做好租船订舱的工作，办理报关、投保等手续。

(一) 租船订舱、装船

在CIF与CFR出口合同下，租船订舱是出口方的责任之一。我国出口企业通常委托中国对外贸易运输公司（外运公司）代办托运，对于数量大、需整船运输的货物，办理租船手续；对于数量不够整船运输的货物，办理班轮舱位。

订舱、装船工作的基本程序大致如下：

(1) 出口商向外运公司填写并发送订舱委托书，办理订舱委托。

(2) 外运公司填写托运单并送交给承运人或其他代理人，为托运人办理订舱手续。

(3) 承运人或其他代理人在接受托运人的托运单证后，即对出口企业签发装货单，作为通知出口企业备货装船与载货船舶收货装运的凭证。待载货船舶到港后，出口企业或外运公司在海关验货放行后，凭此装货单装船。

(4) 待货物装船后，由船长或大副签发收货单，根据装船货物实际情况在收货单上签字或作适当批注，即“大副收据”，作为货物已装船的临时收据。然后，由托运人凭该收货单向承运人交付费用并换取正本提单。

(5) 出口企业在货物装船后应向对方发出通知，以便其做好收货准备。由于在CFR合同下买方要办理保险，装船通知显得尤为重要。如果出口方未能及时发出装船通知，卖方因此耽误了办理保险，出口方要对由此给卖方造成的损失承担责任。

(二) 报关

出口报关是指出口人向海关如实申报出口，交验有关单据和证件，接受海关对货物的查验的过程。按照《中华人民共和国海关法》规定：“凡是进出国境的货物，必须经由设有海关的港口、车站、国际航空站进出，并由货物的所有人向海关申报。经过海关查验放行后，货物方可提取或装运出口。”在出口货物的发货人缴清税款或提供担保后，经海关签印放行，称为清关或通关。

报关时，出口商或其代理人必须填写出口货物报关单，并提交其他必要的单证，如出口合同副本、发票、装箱单或重量单、商品检验证书等，申请验关并办理货物通关手续。

(三) 投保

在CIF出口合同下，在配载就绪，确定船名后，出口商应于货物装运前，按照买卖合同和信用证的规定向保险公司办理投保手续，取得约定的保险单据。在办理投保手续时，通常应填写国外运输险投保单，列明投保人名称、货物的名称、唛头、运输路线、船名或装运工具、开航日期、航程、投保险别、保险金额、投保日期、赔款地点等。保险公司据此考虑承保并签发保险单或保险凭证。

四、制单结汇

货物装运后，出口企业应立即按照信用证的规定，正确缮制各种单据（有的单据和凭证在货物装运前就应准备好），并在信用证规定的交单到期日或以前将各种单据和必要的凭证送交指定的银行办理要求付款、承兑或议付手续。

（一）信用证支付对单据的要求

信用证作为国际贸易支付方式，实行的是凭单付款，从这个意义上讲，信用证就是单据的交易。在信用证条件下，不仅要求“单证相符”，而且要求“单单相符”。前者指信用证规定的一切单据在表面上要符合信用证条款，后者指单据之间不能出现彼此不一致的情况。根据《UCP 600》的规定，这里的“相符”必须是表面的严格相符。因此，出口商在缮制单据时一定要认真、谨慎，切勿因为疏忽而导致银行拒付。

对于结汇单据，一定要做到正确、完整、及时、简明、整洁。“正确”就是要求单据应与信用证条款的规定相一致，单据与单据之间应彼此一致；“完整”是指信用证规定的各项单据必须齐全，不能短缺，单据的种类、每种单据的份数和单据本身的必要项目内容都必须完整；“及时”是指出口商应在信用证规定的交单期和/或《UCP 500》规定的交单期内将各项单据送交指定的银行办理议付、付款或承兑手续；“简明”是指单据内容按信用证和《UCP 500》的规定以及该惯例所反映的国际标准银行实务填写，力求简单明了，切勿加列不必要的内容，以致弄巧成拙；“整洁”是指单据的布局要美观、大方，缮写或打印的字迹要清楚，单据表面要洁净，更改的地方要加盖校对章。

出口单据的缮制一般以发票为中心展开，海关发票、产地证、投保单及报关需要的托运、报关单等单证一般都是按发票为内容缮制的。各单据的填制内容除提单用概括性的商品统称外，须在措辞和用语方面保持一致。如发票上叙及的产地应与产地证上的产地相同；发票运费金额应与运费单据或运费发票上所列一致；检验证书上应注明关于货物描述、航运、信用证或其他单据的引证；各单据相应的重量或数量应完全相等等。涉及商品数量、尺码、重量、总价等方面计算的，制单前应按信用证要求和装运实际详细核算，须提供具体的细码单时还应逐码核对，并计算累积数量。

此外，各种单据签发日期应保持合理，符合逻辑性及国际惯例。一般说来，应特别注意以下事项：

（1）汇票日期应等于或晚于发票日期，且不能先于提单日期。

（2）保险单日期应早于或等于提单日期，除非信用证特别许可，或保险单据表明保险职责最迟于装船或发运或接受监管日起生效。

（3）装箱单、重量日期不得早于发票日期。

（4）一般产地证明日期不应迟于提单日期。普惠制产地证书签署日期不得早于发票日期。

（5）商检证书日期不应晚于提单日期，但也不能太早。

（6）出口许可证日期应早于或等于提单日期。

（7）受益人证明或声明、船长收据或证明的签发日期应等于或晚于提单日期。

（8）运费收据应早于或等于提单日期。

下面我们对信用证支付下的几种主要结汇单据及制单时常出现的问题，做一简要介绍。

（二）汇票

汇票是由一个人向另一个人签发的一张无条件的书面支付命令，要求接受命令的人见票或在特定的或可以肯定的将来某一时期，支付一定金额给特定的人或其他指定人或持票人。汇票按出票时是否附有货运单据可分为光票和跟单汇票，信用证下的汇票一般是跟单汇票。按照汇票由商业企业还是银行承兑，汇票可分为商业承兑汇票和银行承兑汇票，《UCP 600》禁止信用证申请人为汇票付款人，所以信用证下的汇票一般为银行承兑汇票。

在缮制汇票时，应注意避免以下几个问题：

（1）付款人误填。付款人名称必须填写完整。信用证项下汇票通常以开证行或其指定银行为付款人。《UCP 500》规定信用证不应开立申请人为付款人的汇票，如开立了该汇票也仅视作一种附加单据，而不能作为金融单据。

（2）期限与信用证不符。

（3）漏填日期或日期不符合惯例。出票日期应在提单日期之后（交货后付款），但不能迟于信用证规定的交单有效期限。

（4）汇票付款日期不确定。汇票必须列明付款期限，凡没有列明付款期限的汇票，根据汇票法应认为无效。

（5）出票人不是信用证受益人或出票人漏签字。

（6）漏列或错列信用证号码。

（7）没有按规定列出出票条款或利息条款。

（8）金额与发票金额不一致，或金额大、小写不一致。

（三）发票

发票的种类有很多，通常指的是商业发票。

商业发票是出口商开立的凭以向进口商索取货款的价目清单和对整个交易和货物有关内容的总体说明。发票的主要作用是供进口商凭以收货、支付货款和作为进出口商记账、报关交税的依据。发票无统一的格式，但主要内容及项目都基本一致，主要包括发票编号、开制日期、数量、包装、单价、总值等。

在缮制商业发票时，应注意避免以下几个问题：

（1）受益人名称不符。发票顶端应有醒目的出单人名、地址且必须与信用证上的受益人名、地址一致。

（2）抬头上与信用证上付款人不同。

（3）货物描述与信用证规定不同。货物数量、单价或发票总金额在不允许幅度内。

（4）交货条款或单价与信用证不同。

（5）发票列入了信用证没有规定的费用（如佣金、仓租等）。

（6）未按信用证规定细分费用支出。

（7）未经信用证规定的机构证实。

（8）没有按信用证要求加列声明文句。信用证要求加注细节条款或特殊条款的，制单时应照打。

（9）货物包装或标志注有未经信用证许可的“用过”、“旧货”、“重新装配”字样。

（10）发票的参考号与信用证上的不一致。

除商业发票外，发票还有形式发票、样本发票、领事发票、海关发票、厂商发票等。

出口商有时应进口商的要求，发出一份有出口货物的名称、规格、单价等内容的非正式参考性发票，供进口商向其本国贸易管理当局或外汇管理当局等申请进口许可证或批准给予外汇等之用，这种发票叫形式发票。形式发票不是一种正式发票，其价格仅为估价，不能作为结算单据。若信用证规定需“PROFORMA INVOICE”制单时名称照打，且发票内注明“供进口商申请许可证”或“本交易已经卖方最终确认为有效”等字样。

出口商在交易前发送样本，说明推销商品的品质、规格、价格，此时开出的为样本发票。样本发票不同于商业发票，只是便于客户了解商品的价值、费用等，便于向市场推销，便于报关取样。

有些国家法令规定，进口货物必须领取进口国在出口国领事签发的发票，作为有关货物征收进口关税的前提条件之一。领事发票是一份官方单证，与商业发票是并行的单据。有些国家规定了领事发票的固定格式，这种格式可从领事馆获得。在实际工作中，比较多的情况是信用证中规定由其领事在商业发票上认证，认证的目的是证实商品的确实产地，收取认证费。关于信用证上认证条款的内容，不同国家有不同的要求，是否必须认证须视具体情况而定。

海关发票是进口国海关当局规定的进口报关必须提供的特定格式的发票，主要作为估价完税，确定原产地、征收差别税或征收反倾销税的依据。海关发票在不同国家有不同的专门固定格式，使用时要注意不能混用。有些国家只要求海关发票，不再要求商业发票，这时海关发票就起到了商业发票和海关发票的双重作用。在缮制时应注意：如成交价为CIF，应分别列明FOB、F、I三块价格，且其和应与FOB货值相等；签字人和证明人均须以个人身份出现，二者不能为同一个人，个人签字须手签方有效。

厂商发票是生产厂商给出口商的销售货物的凭证，其目的是供进口国海关估价和检查是否有削价倾销行为，征收反倾销税时使用。若海关规定MANUFACTURERS INVOICE，发票名称应该照打，且缮制时应注意：①出票日期应早于商业发票日期；②价格为以出口国货币表示的国内市场价。价格应按发票货价适当地打个折扣，例如打九折或八五折，以免进口国海关视为压价倾销而征收倾销税。抬头人打出口商，出单人为制造厂商。除非有明确规定，不必缮制唛头。

(四) 海运提单

在使用海运运输时，海运提单是最常见的一种单据，也是各项单据中最重要的单据，通常由出口企业或委托运输代理制作，在货物装船后由船运公司签署后交出口企业。在缮制海运提单时，应注意以下几个问题：

(1) 提单种类不能接受。

(2) 提交货物承运收据而非提单。

(3) 提交“收妥备运”提单。

(4) 收货人名称、通知人名称与信用证规定不符。

(5) 货名不符。

(6) 装运港、转运地不符。

(7) 信用证禁止转运而实际发生转运。

(8) 没有“已装船”批注或货装甲板。

(9)“已装船”批注未签字并加注日期。

(10)“已装船”批注日期迟于信用证规定的装运日期。

(11) 信用证为CIF价而提单上无“运费预付/付讫”的说明。

(12) 提交不清洁提单。

(五) 保险单

保险单据即保险公司在接受货主投保后签发的承保凭证，该凭证既是保险人对被保人的承保证明，又是双方之间权利义务的契约。在CIF或CIP交易条件下，保险单是卖方必须向买方提供的出口单据之一。在缮制保险单时，应注意以下几点：

（1）被保险人即保险的抬头应符合信用证规定。一般谁投保，谁为被保险人，但遇特殊规定时，应根据信用证具体规定填制。若信用证规定以买方为被保人则卖方在收汇有保障的前提下，可以接受，将保单抬头填写为进口方名称；若信用证规定以开证银行抬头（或受益），则保单抬头应填具开证行名称；若信用证规定以第三者为抬头人，也应照制。

（2）保险金额及货币应与信用证规定一致。如信用证没有规定，一般按CIF或CIP价值或发票毛值加一成投保，至少等于发票金额（不足额投保除外）。保额尾数进位取整，金额大、小写必须一致，投保及赔款的货币名称必须与信用证的货币一致。

（3）出单日期不应迟于提单装运日期，除非信用证另有规定，或保险单表明保险责任最迟于装船日起生效。

（4）《UCP 600》第三十四条b款规定：除非信用证另有授权，如保险单据表明所出具正本单据系一份以上，则必须提交全部正本保险单据。

（六）产地证明书

产地证明书是证明货物原产地与制造地的文件，也是进口国海关采取不同的国别政策和关税待遇的依据。产地证分为普通产地证、普惠制产地证和欧洲纺织品产地证。

普通产地证又称原产地证。通常不使用海关发票或领事发票的国家，要求提供产地证明可确定对货物征税的税率。有的国家为限制从某个国家或地区进口货物，要求以产地证来确定货物来源国。原产地证一般由出口地的公证行或工商团体签发，在我国，可由中国进出口商品检验检疫局或中国贸易促进会签发。

普惠制产地证（Generalized System of Preference Certificate of origin form A）是普惠制的主要单据。凡是对给惠国出口一般货物，须提供这种产地证。由我进出口公司填制，并经中国进出口商品检验局出具，作为进口国减免关税的依据。目前采用普惠“Form A”产地证的有20多个国家。普惠制产地证书由出口人填制后连同普惠制产地证申请书和商业发票一份，送交出入境检验检疫局签发。

对欧洲经济共同体国家出口纺织品时，信用证一般都规定须提供特定的产地证，即纺织品产地证（Certificate of origin Textile Products）。此种产地证在我国是由出口地的经贸委（厅、局）签发的。

（七）检验证书

检验证书是由公证机构签发的证明商品检验结果的书面证明文件，一般由国家质量监督检验检疫部门指定的检验检疫机构包括设在各省、自治区、直辖市的质量监督检验检疫局与其他专业检验机构出具。另外，如买卖双方同意，也可采用由出口商品的生产单位或进口商品的使用单位出具证明的办法。

第二节　进口合同的履行

进口合同订立后，进口企业一方面要履行付款、收货的义务，另一方面也要督促国外出口商及时履行合同规定的各项义务，防止其违约而给我方造成损失。

我国的进口交易大多以 FOB 条件成交，以即期信用证作为支付方式，并采用海运方式运输货物。虽然不同的合同在履行中有不同的特点，但一般都要经过开证、派船接货、保险、审单付款、报关提货、商检、拨交、进口索赔等几个主要环节。

一、开立信用证

及时开立信用证是买方的主要责任之一，因此在进口合同签订后，进口企业一定要在合同规定的期间内及时向银行提交开证申请书及进口合同副本，要求银行对外开证。开证申请书的内容必须完整明确，为了防止混淆和误解，开证申请书中不应罗列过多的细节。银行一般会对进口企业进口所需外汇进行核查，并可能要求进口企业交付全额或一定比例的押金或提供其他担保，然后才按开证申请书的指示对外开出信用证。进口企业在填写开证申请书时，应在其中列明各项交易条件，并使这些条件与合同中的规定完全一致，这样才能保证银行开出的信用证的内容与合同一致。如果对方对与合同相符的信用证提出修改要求，进口企业有权斟酌处理。若同意改证，就要通知开证行办理改证手续。

二、派船接货

在 FOB 合同下，进口方负责派船到指定港口接货。通常情况下，卖方收到信用证后，应将预计装船日期通知买方，由买方向运输公司租船或订舱。我国进口企业往往将这项工作委托给外运公司代办。手续办妥，进口方要将船名、船期通知国外卖方，以便对方备货和做好装船准备。同时，进口方还要做好催装工作，特别是对数量、金额较大的重要商品，最好委托出口地的代理督促卖方按合同规定履行交货义务，保证船货衔接。

由于 FOB 条件下保险由进口方办理，我方应督促卖方在货物装船后及时发出装船通知，以便及时办理保险手续。

三、投保

FOB、FCA、CFR 和 CPT 条件下的进口合同由进口企业负责向保险公司办理货物的运输保险。进口货物运输保险一般有两种方式：预约保险和逐笔投保。

我国部分外贸企业和保险公司签订了海运、空运和陆运货物的预约保险合同，这种保险方式手续简便，对外贸企业进口的货物的投保险别、保险费率、适用的保险条款、保险费及赔偿的支付方法等都做了明确的规定。根据预约保险合同，保险公司对有关进口货物负自动承保的责任。进口企业只需按要求填制进口货物装货通知，将合同号、起运口岸、船名、起运日期、航线、货物名称、数量、金额等必要内容一一列明，送保险公司即可作为投保凭证。货物一经起运，保险公司就自动按预约保单所订的条件承保。

在没有与保险公司签订预约保险合同的情况下，对进口货物就需逐笔投保。进口企业在接到卖方的发货通知后，应当立即向保险公司办理保险手续。

四、审单付款

为保证对方提交的单据完全符合我方开立的信用证的条款，保证我方的权益，必须认真做好审单工作。审单是银行与企业的共同责任，因此必须与银行密切联系，加强配合。

在此需要注意的是，银行对任何单据的格式、完整性、准确性、真实性、伪造或法律效力或单据上规定的或附加的一般及/或特殊条件一概不负责任；对于任何单据所代表的货物的描述、数量、重量、品质、状态、包装、交货、价值或存在或货物的发货人、承运人、运输商、收货人或保险人或其他任何人的诚信或行为，或疏漏、清偿能力、履约能力或资信情况也不负责任。因此，进口商在审单时对这些方面可能存在的问题要特别谨慎，以便早日发现问题，及时采取补救措施。此外，进口商审单的其他内容和前述的出口商制作单据时的内容类似，在此不再赘述。

如开证行发现单据表面上不符信用证条款，一般会先与我进口企业联系，征求进口企业意见是否同意接受不符点。对此，我进口企业如表示可以接受，即可指示开证行对外付款；也可表示拒绝，即指示开证行对外提出异议，或通过寄单行通知受益人更正单据或由国外银行书面担保后付款，或改为货到检验认可后付款。

五、报关提货、验收和拨交

报关是指进口货物必须按海关规定的手续向海关办理申报验放的过程。货到目的港后，进口企业要根据进口单据填写进口货物报关单，连同发票、提单、装箱单或重量单、保险单及其他必要文件向海关申报进口，并在海关对货物及各种单据查验合格后，按国家规定缴纳关税。在此之后，海关将在货运单据上签章放行。我国的进口业务中，报送手续一般由外运公司代办。

进口货物到达港口卸货时，港务局要进行卸货核对，如发现短缺，应及时填制“短缺报告”交由船方确认，并根据短缺情况向船方提出保留索赔权的书面声明；若发现货物残损，则应将货物置于海关指定仓库，由保险公司会同商检机构及有关当事人进行检验。我国法律规定，凡属法定检验的进口商品，不经商检机构的检验就不得销售和使用。同时，若商检不能在合同规定的检验期内进行，买方即被视为放弃索赔权。因此，凡属于法定检验或合同规定在卸货港检验，或检验后付款，或合同规定的索赔期较短，或卸离海轮时已发现残损或有异状或提货不着的商品，均应在卸货港检验，其他进口商品则可以在用货部门所在地，由当地商检机构进行检验。

进口货物经报关、报验后，进口人即可按其与国内订货人的约定拨交货物。

六、索赔

在履约过程中，如果进口商的合法权益受到侵害，则应向有关责任人索赔。

如果出现卖方不交货或不按期交货、原装数量不足、品质低劣、规格与合同规定不符、包装不良使货物受损等情况，进口方应向卖方索赔；如果卸货数量少于提单记载的数量或由于船方过失导致货物残损，货损应由船方负责：如果因自然灾害、意外事故、其他外来原因造成了货物承保范围内的损失，或在承保范围内船方赔偿金额不足以抵补损失的部分，则由保险公司对进口方进行赔偿。

对外索赔必须在合同规定的索赔期限内提出，如果在索赔期内来不及出具检验证书，买方应要求对方延长索赔期，或向对方声明保留索赔权。若合同未对索赔期限做出规定，根据《公约》的规定，这一期限应为买方实际收到货物之日起两年。

进口方对外索赔时，应按合同规定提供索赔清单、商检机构的检验证书、发票、装箱单或重量单、提单副本、保险单及其他必要的文件及单据作为索赔的证据。

本章主要术语

出口合同　备货　报验　催证　审证　改证　制单结汇　海运提单

产地证明书　检验证书　进口合同　投保　审单付款　报关提货　验收拨交　索赔

复习思考题

1. 履行出口合同包括哪些基本程序?

2. 履行进口合同包括哪些基本程序?

3. 对信用证的审查主要包括哪些项目?

4. 在信用证付款条件下，出口企业在银行办理出口结汇时应该提交哪些单据? 信用证支付对单据的具体要求有哪些?

5. 买方在办理进口索赔时，应注意的事项有哪些?

阅读资料

[1] 逯宇铎．国际贸易实务 [M]. 大连：大连理工大学出版社，2010.

[2] 徐景霖．国际贸易实务 [M]. 大连：东北财经大学出版社，2003.

[3] 熊良福．国际贸易实务新编 [M]. 武汉：武汉大学出版社，2007.

[4] 吴百福．进出口贸易实务教程 [M]. 上海：上海人民出版社，2005.

图书在版编目（CIP）数据

国际贸易理论与实务／李铮，李刚，刘波主编．—北京：中国农业出版社，2019.8
ISBN 978-7-109-25894-5

Ⅰ.①国… Ⅱ.①李… ②李… ③刘… Ⅲ.①国际贸易理论②国际贸易－贸易实务 Ⅳ.①F740

中国版本图书馆 CIP 数据核字（2019）第 193329 号

中国农业出版社出版
地址：北京市朝阳区麦子店街 18 号楼
邮编：100125
责任编辑：赵　刚
版式设计：杨　婧　　责任校对：刘丽香
印刷：中农印务有限公司
版次：2019 年 8 月第 1 版
印次：2019 年 8 月北京第 1 次印刷
发行：新华书店北京发行所
开本：700mm×1000mm　1/16
印张：16
字数：300 千字
定价：45.00 元
